U0936984

珍藏本·增订本

纪念版

汉译世界学术名著丛书

自由竞争的经济政策

〔美〕亨利·西蒙斯　著

武黄岗　译

禚明亮　校

商务印书馆
SINCE 1897
The Commercial Press

Henry C. Simons
ECONOMIC POLICY FOR A FREE SOCIETY
本书根据芝加哥大学出版社 1948 年版译出

汉译世界学术名著丛书
（120年纪念版·珍藏本）
增订本出版说明

2017年10月，为纪念商务印书馆创立120周年，本馆推出“汉译世界学术名著丛书”（120年纪念版·珍藏本），计七百种。近五六年来，仰赖学界同人倾力支持，订正旧译，增补新译，拓展新著，积累日多。为满足读者需要，本馆在七百种的基础上，继续推出“汉译世界学术名著丛书”（120年纪念版·珍藏本·增订本）三百种。至此，“汉译世界学术名著丛书”累计出版已达千种。

今后，本馆将继续推进丛书的翻译出版工作，在积累单本名著的基础上陆续分辑刊行，汇印出版。为促进中外文明互鉴、推动我国学术发展，使“汉译世界学术名著丛书”这项对我国学术文化有基本建设意义的重大工程发挥更大作用，诚望海内外学术界、翻译界继续给予支持，帮助我们把这套丛书出得更好。

商务印书馆编辑部

2024年2月

汉译世界学术名著丛书
（120 年纪念版·珍藏本）
出版说明

2017 年 2 月 11 日，商务印书馆迎来 120 岁的生日。120 年前，商务印书馆前贤怀揣文化救国的理想，抱持“昌明教育，开启民智”的使命，立足本土，放眼寰宇，以出版为津梁，沟通中西，为中国、为世界提供最富智慧的思想文化成果。无论世事白云苍狗，潮流左右激荡，甚至战火硝烟弥漫，始终践行学术报国之志，无改初心。

逐译世界各国学术名著，即其一端。早在 20 世纪初年便出版《原富》《天演论》等影响至今的代表性著作，1950 年代后更致力于外国哲学和社会科学经典的译介，及至 1980 年代，辑为“汉译世界学术名著丛书”，汇涓为流，蔚为大观。丛书自 1981 年开始出版，历时三十余年，迄今已推出七百种，是我国现代出版史上规模最大、最为重要的学术翻译工程。

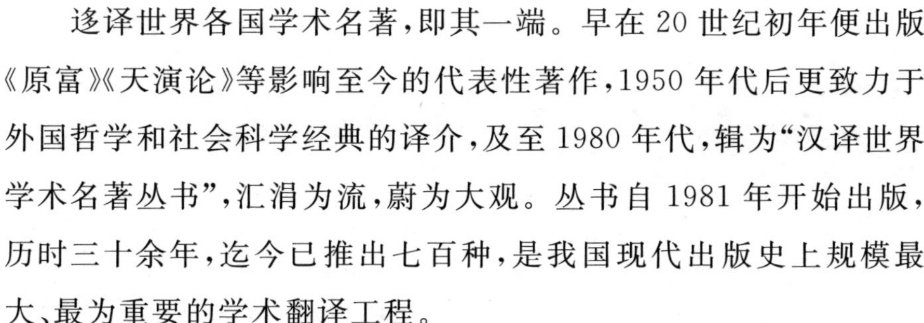

丛书所选之书，立场观点不囿于一派，学科领域不限于一门，皆为文明开启以来，各时代、各国家、各民族的思想与文化精粹，代表着人类已经到达过的精神境界。丛书系统译介世界学术经典，

引领时代思想，为本土原创学术的发展提供丰富的文化滋养，为推动中国现代学术和现代化进程做出了突出的贡献。

为纪念商务印书馆成立120周年，我们整体推出“汉译世界学术名著丛书”120年纪念版的珍藏本，寄望既利于文化积累，又便于研读查考，同时向长期支持丛书出版的译者、编者和读者致以敬意。

两甲子后的今天，商务印书馆又站在了一个新的历史时间节点上。我们不仅要铭记先辈的身影和足迹，更须让我们的步伐充满新的时代精神。这是商务人代代相传的事业，更是与国家和民族的命运始终紧密相连的事业。我们责无旁贷，必须做好我们这代人的传承与创造，让我们的努力和成果不仅凝聚成民族文化的记忆，还能成为后来人可以接续的事业。唯此，才能不负前贤，无愧来者。

商务印书馆编辑部

2017年10月

目　　录

序　　言

本书收录的大都是亨利·西蒙斯教授所写的除了有关税收的文章。实际上关于税收问题，亨利·西蒙斯教授出版了《个人所得税》(*Personal Income Taxation*)一书，有关联邦税改问题的书稿也将于明年出版。

除了《政治信条》一文，书中的其他文章都曾在专业期刊上公开发表过。人们开始逐渐讨论公共政策时还没有关注过西蒙斯的著作，这一点不足为奇，但是经济学家也没有关注过。西蒙斯对实际问题抱有极大兴趣，但他不是一位受欢迎的学者，他认为短期性问题在讨论前就已经解决了。西蒙斯告诉经济学界自己坚信经济学家的第一要务就是达成共识，这是决定长期及短期公共政策的唯一办法。经济学家之所以不太欣赏西蒙斯，部分原因是西蒙斯不是著书之人。希望读者读过本书结合有关税收的文章可以全面审读西蒙斯的学术成果，也希望西蒙斯杰出的学术成就得到广泛认可。

西蒙斯教授在美国经济学界的地位独一无二。西蒙斯教授的学术成果，尤其是在芝加哥大学的任教使其逐渐成为了学派领军人物。像凯恩斯勋爵为集体主义思想奠定了基础一样，西蒙斯为传统的自由与平等理念奠定了基础，其代表文章是《论自由放任经济的实证方案：关于自由经济政策的一些建议》。题目的后半部分可以看出西蒙斯支持19世纪的传统思想，题目的前半部分又可以看出他不同于那些保守派。保守派错误地认为这种传统完全是消极的。自由市场体制只有摆脱政府的广泛干预才能稳步发展起来，这种认识曾经有其价值。到1934年，这种消极的态度使得垄断势力不断扩张，政治势力的胡乱干预又使得垄断势力得以巩固。两者结合在一起，自由组织就面临着土崩瓦解的危险。只有政府采取最明智的措施才能恢复并维持自由市场体制。

这篇文章首次发表于1934年，确实是一篇佳作，不仅概述了当时所需的积极政策，也对当时的发展形势进行了预判。这种盛行百年的政治经济自由政策即将消失，而经济学家作为自由传统的拥护者，有责任摆脱这种混乱不堪的政治经济思想状况。西蒙斯在这篇文章里极力辩解道，重要的政治经济自由标准与自由市场中的权力分散有直接联系，他详细阐述了这一方案，因为它是自由市场体制存在和正常运行的必要条件。

西蒙斯文章的出发点都是一致的，只是在强调总体编排的某一方面有所区别。这也是本书的关键所在。前六篇文章包含了西蒙斯的整体观点，接下来的四篇文章着重强调货币财政与金融结构问题，最后三篇文章讨论了商业政策。

货币-财政结构是本书最重要的内容，体现了西蒙斯思想的独创性。西蒙斯长期关注货币-财政政策，主要是因为他非常重视货币不稳定性问题，认为这可以解释总产量与就业中的变化。其他两种情况也非常重要。政府不能推卸规范货币供给的责任，这恰恰证明了源于19世纪的否定论所带来的灾难性后果。政府通过具有自由裁量权的机构，即中央银行来推卸责任的做法最初背离了自由党人士的基本法治信仰。

我们可以从西蒙斯的著作中看到其独特的智慧。西蒙斯作为杰出的经济学理论家，见解独到，学术风格独特，著作水平高。西蒙斯一直在寻找有助于讨论但又不会发表的安排。西蒙斯没有幻想重建自由市场会面临的阻碍，但认为把本就不道德的事情当作不可避免的事情会有失道德。西蒙斯认为在民主社会里，经济学家一定希望开展严肃而认真的讨论，这对于制定公共政策具有启发性，同时又让人们坚信要进行讨论。我们相信西蒙斯教授原本计划完成的另外一本著作最终会有人完成，这对于他的那些友人而言是些许慰藉。

亚伦·戴雷科特

芝加哥大学

1947.3.1

第一章　引言：政治信条*

文集中的其他文章主要讨论经济政策中的专门问题。通常，作者会在开篇直述观点以引起读者对所讨论问题的关注，或是通过补充观点让读者意识到所讨论的问题。无论读者是否同意所讨论的内容，最好还是要知道这一点。

一篇好的引言会非常有条理地论述一种具体的伦理学方案、一种政治经济学哲学思想或是一种清晰的观点。限于篇幅和本人的能力，本篇直接阐述本人的部分观点。我希望这些观点容易被大家理解，同时也为其他文章的观点奠定基础。

自由主义是这一主要观点的特征。亚当·斯密、赫尔曼、杜能、穆勒、门格尔、布伦塔诺、西季维奇、马歇尔、费特、奈特、洛克、休谟、边沁、洪堡特、托克维尔、伯克哈特、阿克顿、戴西、巴克尔以及哈耶克等人继承了这一学术传统。

自由主义的一大特点就是强调自由既是进步的必要条件，也是进步的衡量标准。自由包括或蕴含着公正、平等以及符合良好社会的其他特点。这种社会不是具体事物的集合体，而是一个充满

* 本文写于1945年初，试图提出作者在文章中内含的政治倾向。后来，芝加哥大学出版社建议将此类文章结集出版，于是西蒙斯教授将此文作为了本文集的开篇之作。

活力、运行良好的组织。良好社会不是一个静态概念，本质上是社会进程。就普遍标准而言，社会进程中的美善就是进步，而进步本身也是一种标准。就价值观的表达与具体性而言，自由主义很大程度上是务实的。如果伦理道德也是务实的，那它也会把自由看作是“相对绝对的绝对”（几乎等同于平等）。

自由主义包括历史学理论或人类进步理论。就内容与方式而言，自由主义为政策提供了一般方法或理论假设。如果不考虑纬度或气候因素的话，自由主义的主张可能局限于某一社会或某种文化。自由主义为我们解答社会为何进步提供了思路，但是反对者认为这种联系有限，适用性低。自由主义旨在部分阐述进步如何产生，发达国家如何维持进步。不自由的社会如何向自由社会发展？知识的积累如何战胜迷信？经济发展如何超越无节制的生育率？西方的自由主义并未就这些社会问题提出明确或简单的解决方法，只是无尽的怀疑猜测与真诚的愿望。有些地区因发展势头强劲而不断进步，如西欧及其周边地区，这或许有助于其他地区共同进步，自由主义通过维持这些地区的进步为人类谋福祉。迷信会因外部接触而被消解，威权也会随着道德政治观念与标准的慢慢渗透而被削弱。人们的无助感也会因突然爆发的经济繁荣而减轻。偶然出现的经济繁荣会抑制而不是加速人口增长。长远来看，对我们自身文明保持乐观态度也是对整个世界的乐观之见。

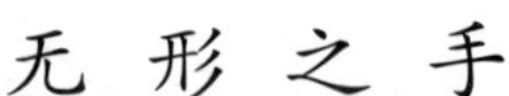

无形之手

自由主义对人类及社会持乐观态度。自由主义研究了近几个世纪，认为总体形势良好，每一世纪都优于前一世纪，进步飞快，潜力无限。现代历史证实了自由主义的优势之处，体现了人类不断获得自由，同时在获取自由的过程中获得了更大的自由。两场可怕的世界大战削弱了我们的坚定信念，但是它们标志着现代世界组织的开端。最终，人们认为两次世界大战是富有侵略性的、自我利益为中心的民族主义在垂死挣扎，而民族主义的膨胀又标志着教派专制、封建统治和贵族政治的消亡。

自由主义假设存在某只“无形之手”，对人类命运或潜能持乐观态度。自由主义中仁慈的力量被看作是自由社会的社会进程。自由主义的政策本质上是要求保持自由。自由主义认为，如果发达国家能保持自由，那么其他商品就能进入发达国家，然后逐步进入其他国家。自由主义要求每一个政策问题都必须当作维持自由社会这一重要进程问题来分析，所有以牺牲自由为代价实现其他目标（尤其是安全）的建议必须在假设失误的前提下进行讨论。

政治团体与自愿团体

自由社会必须通过自愿团体来建立。联合与否的自由和归属与否的自由非常重要，尤其在经济活动中。尽管缺少了千禧年的富裕经济，但是情况依旧如此。甚至在最富有的国家，人们也会忙于生计。人们在这种重要的经济活动中享有最广泛的自由。

团体自由当然也蕴含了团体的强制性，即强有力的政府与周全、稳定、有约束力的法律体系。自由主义者盛赞法治，认为法治与人治或权威统治相对立，只有在自愿团体的经济活动中才能实现法治。

归属与否的自由意味着工人、投资者以及消费者等可能会选择类似的团体，也意味着有效创建新团体的自由，即自由企业。经济学强调组织之间的竞争是一种资源分配与整合手段，也是一种交换正义的方式。有效竞争是实现真正的团体自由与真正的权力分散的必要条件。所有的垄断组织和超大型销售组织（或购买者）都破坏了这种自由，一定会被国有化，除非这种破坏是暂时的或微不足道的。这不仅因为他们存在剥削行为（背离交换正义），并且不经济，还因为强有力的政府不允许其强制权力被篡夺。

家庭处于自愿团体的底层。或许，自由主义政策最难的问题是家庭与政府的责任分工。自由主义理想包括机会均等，或者说是逐步消除不平等。这必然要求政府承担原本是家庭所承担的责任，如儿童的健康与教育问题，同时要求限制家庭的财富积累。在任何一种情况下，家庭自由都是受限的。随之产生的新问题就是如何快速找到平等的举措，又不会削弱自愿团体的基础结构。

交换正义与分配正义

交换正义是所有自愿经济团体的标准。这种正义意味着等价交换，是有组织市场的客观衡量标准。交换正义是陌生人，或者是不属于同一“主要”组织的人之间合作的自然基础，尤其是社会、企业与国家之间。这意味着每个人的所得都是基于自身在有组织的、合作的、联合生产中所做的贡献，用经济学话语来说，就是基于自身的财产、资本或能力（包括个人能力）。

交换正义只是考虑到了资本在个人、家庭、社会、地区与国家间现有的分配。大型组织与超国家组织必须从现实出发。一般来说，所有的参与者通过合作生产、劳动分工与交换都会富裕起来。诚然，只有少数人通过改变现有财产的分配获得财富，如偷窃、抢劫或发动战争。但是每次暴力再分配，或任意再分配都会阻碍或打破所有人依赖的精细化、合作性生产。大型组织更不可能从财富再分配中获得足够多的财富，以补偿其因生产混乱而导致的收入损失。像超国家组织这样的经济合作必须认可财产。

自由社会必须是有组织的，即使不完全是，但也基本上是这样的，可以进行自愿自由交换商品与服务。另一种情况是根本不存在大型组织。稍有了解区际贸易的人会认为除了自由交换盛行的地区、社会及国家外，不可能存在超国家组织。

强调交换正义不是说要忽略分配正义或真正的不平等问题，而是要力促两个问题在分析、讨论与举措上有所区分。自由交换社会的优势就在于其对这些问题进行了区分，也包括并允许逐步削弱不平等。实际上，它可以实现最大限度的平等。但是，我们面临的主要问题是生产。普通人或普通家庭在收入积累规模上的利害关系要大于收入再分配。大规模的高效生产需要类似的交换正义标准。如果实现或者接近这一目标的话，我们有可能显著改变自由交换的分配结果，长远来看，也可能会不断地改变。对自由主义者而言，重要的是我们要保留自由交换的基本过程，在这些过程中采取平等措施，实现后期再分配而不是生产与交易再分配。[1]

交换正义要确保无人面临生计问题。在家庭或主要的群体中，交换正义几乎被取而代之。在所有社会，尤其是自由交换社会中，交换正义被私人慈善、基层政府开支，特别是最高政府的征税所改变。如果仅就规划与核算目的而言，甚至极端的集体主义者也能区分清楚服务费与单纯的收入转移。减少不平等就是逐步实现个人或家庭对社会收入的平等贡献，而不是拉大贡献与收入之间的差距。良好社会不是要通过广泛的再分配或操纵收入而实现或增加平等，而是要享有基于交换正义的这种平等。完善的措施不仅会提高收入水平，也会提升能力，扩大资本与所有权。

机会均等是自由社会不断追求的理想目标，人们要为之付出高昂的代价。没有权力的自由，如同没有自由的权力，毫无意义。如今，具体的自由问题是组织间的权力分散或再分配问题。而不平等完全就是个人能力投资的问题，即健康、教育与技能方面的投资问题。财富再分配根本无法影响这一问题。[2]

在自由主义者看来，自由与平等内涵相似，互为补充。两者都隐含着负责任的个体或家庭、法治和权力分散。通过上述方式或权威强加的平等既否定了自由，也否定了平等。进步意味着人们不断提高能力去追求负责任的自由。这种能力就是权力，并且不断提高能力意味着个人资本在个人能力中的大量积累。除了与自由互补之外，如果未遭抵制，那么平等就显得苍白无力。最终的自由一定是人类权力平等的自由。

讨论与共识

良好社会进程中的一个重要因素就是开展有序且自由的讨论。在追求科学真理的过程中，自由的优势显而易见，毋庸置疑。如今，物理学或生物学问题要么是借助于有影响力的人物、政治权威或预言家来解决，要么是科学家用故意欺骗的方式构建学说。这简直难以想象。现代的真理检验只是自愿达成的理性共识，而科学讨论或争议的道德标准则是人类非常宝贵的成就。无论是道德还是自然科学，这些标准都会促进讨论、约束争议、服从对最佳答案的共同探索。

如果说自由讨论的社会进程对科学知识的进步至关重要，那它对道德进步则更加重要。追求真理本身就是道德标准问题。良好、进步的道德秩序必须依赖于人们达成的共识，也依赖于如同科学研究般自由的批判讨论。通过武力或欺骗、权威、当代或下一代惩戒威胁所强加的道德秩序显然是矛盾的。个体的道德行为仅在其负责的自由范围内才有意义，而社会的道德性，如同真理一般，是自愿达成共识的问题。自由主义者认为除了达成共识，无法检验道德真理或道德智慧。如果社会恰好是那种社会，那就是良好社会。如果没错的话，自由社会的社会进程是追求道德真理唯一可靠的途径，是法律框架下实现安全的最佳方式。

民主与通过讨论而实现的统治

自由主义者认为民主本质上指的是通过自由、理性的讨论而实现统治的过程。民主可以推动对突出社会问题的讨论，也可以通过边讨论边试验的方式持续改善道德秩序。这一过程意味着政治机构与代表大会体系完备，包括宪法、立法机构、行政部门、法庭与政党。如果不是成人普选，这意味着全体选民非常包容，选举者有道德、有智慧，虽然不应该急于排除选举权的定性选择。这也意味着追求真理的人或旨在解决问题的专家学者继续讨论相关问题。虽然极力远离政坛与派系，但他们通过讨论谨慎低调地指导或解决政治争论。有效的讨论假设煽动者与冷静的研究者、争论者与质问者、专家与哲学家、政治谋略家与议员等之间实行精细的劳动分工。很多学科的标准不同，各个群体对出现的不同问题进行讨论时，他们就从权威者变成了门外汉。

民主进程取决于代表协商议会，会考虑到各种担忧、讨论问题、提出解决方案并进行审议、不断妥协、修正议案，最终颁布法令。最终立法不是指票数接近或强烈反对；实际上在达成法律共识的过程中充斥着各种讨论与妥协。有时，在普选的问题上会出现“一致不同意”，尤其是由有组织的政府或部门与另一个相似的竞争对手所组成的两党制。

政府运转良好时，问题的讨论比问题引发的行动更重要。讨论会确定大多数人同意的方面（如果只是忽略的话）和少数人反对的方面，进而扩大或加深共识，这也是秩序的道德基础。所有的法案都是道德准则发生暂时的、试验性的变化，要么被废止，要么不断改进。这些法案最初可能只依靠大多数，因此一直有争议，在经验的基础上不断妥协，直到立法最终实现为法律，即直到大多数法令的反对声消散，达成共识。法案是主要的讨论议题，聚焦主要的争议问题，不断重新定义，重新阐述不容置疑的问题。

民主进程的必要条件——延续性

完善的民主必须不断坚信自身的民主进程，必须通过讨论与不断妥协，最终达成维护行动过程的共识。这意味着一致稳步前进，避免极端的、不可逆的试验。民主本质上是保守的，这让激进者感到失望。除了废除，即强制中断外，可以尝试寻找捷径。强制中断就是在否定民主进程。

民主是保守的，要捍卫自由、保护自由免受狂热的权力追求者、妄自尊大者与愚蠢者的破坏。在极其不民主的社会，革命推动社会向自由发展，良好政府取代糟糕政府。民主进程运行的情况下，革命意味着摒弃通过讨论而实行统治的方式，支持当权派，主张临时的独裁政权。这意味着改革得以巩固，但不是得益于妥协或试验性的渐进主义。无论当时的民主政府在选举或立法上的多数票占多大比重，它都不会严重破坏未来政府的特权；没有立法机构会限制未来的立法机构继续推行某些改革、无视经验、避免妥协、忽略持续的强烈反对声。占主导地位的派系不会推行变革，废除自己的法案。鉴于主要的政治自由，任何有价值的制度变革也无法阻止渐进的、不确定的、试验性的举措。无论如何，大家不会相信领导者能够构想或实施计谋，例如迅速烧毁敌人后退的桥梁。否则，信任就是相信揭露的事实而不是无聊的试验，信任就是相信人类、异教分子或者暴民而不是社会与自由的社会进程。

激进而富有想象力的社会构想构建了实行缓慢而有序的变革，有助于对当前的政策问题的讨论。每个人都应该根据这些具体措施所形成的整个体系来评判。就影响当前议案的长期目标而言，激进派系之间的差异可能会破坏民主。如果一个国家采取渐进措施，那么该国就可以逐步维持主要的共识，而不是瞬间陷入意识形态的争论之中。鲜明的意识形态差异本身也会被折中，逐渐被抹平。未来社会主义者与自由主义者之间的冲突就是鲜明的例子。民主活动必然不能否认异见，不能逾越一般的、根本性共识，或者说是不能浪费与反对党派和解的机会。必须要认识到民主的根本任务在于重建并扩大自由人之间的道德共识。

强大的有组织的反对党是负责任政府的本质所在，当然也是其最脆弱的一面。反对党可能会在一党制的统治下消失，也可能在党派层出不穷的过程中与强大的政府和谐共存。这些极端情况的黄金分割点又是执政党与在野党潜在的共识问题，很大程度上也是每一个组织内部的共识问题。在这种情况下，一致反对是双方有力的武器，实际上会产生容忍、有益妥协的压力。选举往往是围绕那些零碎的、可讨论的问题进行竞争。辩论受到学术标准的约束，而争议涉及政治教育问题。党派之争不是力求或渴望击垮对方，执政党与在野党可能会不断轮替，但权力不会发生太大变化。公众作为投票者，被要求回答那些能回答的，被期望回答应该继续推行法律或制度中的哪些方针政策和不确定的试验性变革。这种太平盛世从未普遍存在，当然也不会出现。实际上，民主运行良好的地方也有盛世出现。只有深入观察民主进程的规则才能发现，但是长期背离这种条件只会破坏或摧毁我们人类所获得的这种自由。

自由主义与联邦主义

传统自由主义高度赞赏宪法联邦主义。传统自由主义要求在政治体系中，组织更加松散、更为灵活，从地方机构到县郡、州（省）、中央政府，到超国家政府或世界政府的职能更为受限，更为负面。

良好的政府从属于社会，对社会非常重要，能够将权力集中的风险降到最低。这种风险指的是军队、派系或大多数人可能篡夺政权，利用政权统治社会而不是推行自由社会进程，促进社会道德的发展。

良好的政治体系应该类似于由不同社会、文化或文明形成的非正式组织或联合体。政府活动与不同级别法律的范围与类型应该反映已达共识与可达共识的范围与类型。个体从主要的群体通过小型社会，进入大型社会，再进入更加包容的社会时，个体的道德共识范围会缩小，道德共识的内涵变得更抽象、更模糊。在自由社会，不同级别的政府必须适应不同层次的道德共识，尝试构建或推动社会构建强大而稳固的道德体系。

中央政府与地方政府

人们在讨论个人主义与集体主义时，主要讨论政治团体（强制性）与自愿团体（自由性），政府垄断与竞争性私人组织问题。政府整个的活动范围，作为一个政策问题，不如大型政府与小型政府、中央与地方政府间的权责分配问题重要。广泛的地方社会化不必与自由社会相一致，或者不能威胁到自由社会。地方机构主要是自愿团体，人们有选择与流动的自由。地方机构本质上是互相竞争的，很少会过于限制贸易，即使可以这么做。自由主义者对“过度统治”的批评主要针对中央政府，而不是省级或地方部门，针对的是超级大国，而不是小国。

地方机构创造了民主进程，它不断向上延伸，直至世界性组织。

无论如何，现代民主依赖于自由而负责任的地方政府，永远不会比这一基础更强大。在政治体系中，自由而负责任的地方政府类似于良好社会中自由而负责任的个体、家庭与自愿团体。一个国家为了维护自由，会设法扩大地方自由与责任的维度与程度。这么做会牺牲掉有可能取得的成就。通过集权的方式去做好事总会显得那么有吸引力。如果一个国家不常想着进步之源，那么强制要求这些地方机构“进步”要比等它们自己进步容易得多。从上述观点可以看出，强制推行良好地方治理的社会在一定时间内会实现快速的发展。同样，一个社会可以通过积聚资本来扩大其经济生活水平。这种类比似乎很恰当。因地方自由、责任与试验而取得的进步可在短时间内提速，但也会受到集中行动的影响。为了实现短期繁荣，这种捷径会破坏或瓦解进步的根基。

地方政府的低效与腐败是公认的弊端，让我们对集权过于自信、盲目乐观。人们普遍认为大型政府会更加高效公正地履行所有职能。因此我们很容易认为政府通过监管或彻底转变职能或者两者兼之，来承担越来越多的集权责任。就腐败问题而言，除非我们采用狭义的、符合法律条文的定义，否则这种普遍观点就是错误的。如果观察一下为大众利益所投入的经费与为贿选所投入的经费之比，即服务于特殊利益与服务于大众利益相比，处于历史最佳时期的联邦政府要比最糟糕时期的市政府还要腐败（这是我个人的谨慎观点）。处于最糟糕时期的市政府挪用了一部分税收，其贪污与接受的赞助费占公共服务价值很小一部分。代表有组织、选票互助的少数派利益的中央政府任意开支，为见成效而动用一些大众福利经费。数十年间，以保护性关税的形式而挪用的补贴远超联邦政府其他项的开支总额，包括“银贴”。[3]

大型政府部门比小型政府部门更高效的认识是错误的，但是很难被抨击，因为效率这一概念在内涵上要比腐败更具歧义或迷惑性。只有当大型行政部门雇用更多人来提高效率而不是创设更多的机构时，其效率才会高于小型行政部门。政府的行政效率不过是让人崇拜的虚假之神，毫无益处可言。大型政府，正如大型公司一样，可以实现现有技术的自由流动，充分发挥自身的潜能。短期来看，这是进步的工具，但缺乏众多竞争性小型政府所具有的创造力。为了当前利益而牺牲未来的做法，就像“揠苗助长”。就治理能力而言，似乎法国的管理高手已经被高价引进了。就良好或高效政府而言，自由政府总要付出一些代价。[4]

成就唾手可得时，政治不可知论者或专业的改革家通常会向上移交自己的管理权或职责。自由主义者会提出更有胆识的计划，通过扩大地方自由以改善地方政府，铲除中央控制的根基。他们主张采取最主要的措施，便于地方政府履行职责。

政府的主要职能：发动战争

显然，政府的主要职能就是外部防御。终极联邦主义认为这种职能消失了，只有处于或接近这种极限时才能实现自由民主。全面战争，无论是发生的，还是即将发生的，都需要高度集中，即需要统一的军事化集体主义政府，这与自由社会相对立。高度集中包括道德、经济与政府动员，所有自由都要服从于最重要的目的。一旦紧急时期结束，再做这种动员就变得极为困难。为了实现各种有价值的目标，动员会引发其他的“紧急情况”，并长期处于这种状态。战争的情感经历与动员所取得的非凡成就让我们面对自由社会的乏味进程时措手不及，无法再坚信任何“无形之手”。

甚至外部防御的需求也是矛盾的。如果战争频发，胜利就属于那些时刻保持动员状态的人。否则，谋划和平之举将是最佳开战之策。如果复员可以释放出重要的创造力，回馈给自由社会，那么这个国家就有足够的实力弥补其所面临的风险。胜利属于那些为和平下赌注的人。即使会发生灾难性倒退，迈向世界秩序的进步仍会继续。

自由主义者要坚信这一点，因为战争是对自由社会的主要威胁。不可能用民主的方法解决外部防御问题，除非将联邦主义无限延伸为强大的超国家联邦，然后逐渐成为开放包容的国际组织，所有成员国都能负责地参与其中。商业政策方面必须采取重要的举措，接下来就是进行机构改革，成立具有强制司法权的国际法庭，虽然最初只在一些西方民主国家进行。自由民主可以脱离世界秩序而存在，但无法脱离这种秩序的发展趋势而存在。

其他主要职能

中央政府的基本职能是维护国内和平。内部秩序是外部防御的前提，也是世界联邦的本质。良好的中央政府是暴力垄断的代表，必须维持对所有政治部门以及政府以外机构的垄断，必须能促进各种文化与商业和谐交流，必须能明确阐述普遍的道德共识，通过自由而有组织的讨论与立法-司法的试验来扩大道德共识。

自由主义者强调中央政府具有另外两种主要职能：维护自由贸易与提供稳定货币。中央政府要想限制自身的暴力垄断，必须开展贸易或防止被其他组织有效控制。如果一个联邦连关税同盟都不是的话，那么它几乎不算是联邦。中央政府绝不能允许其成员加入经济战。联邦政府必须防止其成员擅自限制贸易或阻碍国家经济一体化。中央政府必须阻止、摧毁或控制所有人为的私人垄断，即全部有权限制贸易的超政府组织。这些组织不仅会危害经济，也会破坏或夺取政府的强制垄断与个体的联盟自由。

联邦垄断货币发行与联邦财政权暗含着货币稳定这一职能。法定货币及稳定的币值对国内井然有序的贸易和经济发展而言至关重要。货币稳定是制定财政政策的重要指导，是有效限制立法机构或管理部门滥用财政权力的准宪法法规。货币稳定的优势在于能够要求政府用适当的重税来偿付政治支出。[5]

服务职能与法治

除了上述所提及的政府职能，很难指出不同级别政府的权力或职能分配。必须说两点建议，虽然这两点可以简化为一点。

首先，政府的服务职能或称之为辖区的事务管理职能，应聚焦社会底层，而不是被上层社会所干扰。较大的政府机构可以全权包办，有助于地方政府履行服务职能。较大的政府机构可以开展调研、制定标准、公布相关信息、为地方人员提供培训甚至提供资金，但前提是这种援助不会牵涉其对地方政府的直接管制（长期管制？），本质上不破坏地方政府的职责。这也就意味着上级政府的所有拨款应该是分类财政补贴，并且是无条件的。拨款应该是最低限度的中央管制，不应该（永久地）用于专门用途。所有联邦拨款都应该通过各州进行，即便是针对地方机构的拨款也应该是无条件的。

这些建议需要一些限制条件。有时，对社会实行惩戒是可以接受的，正如惩戒罪犯或不负责任的人一样。但是这种干预必须局限于不断背离普遍认可的标准这种极端情况。有条件的特殊用途拨款，即使受到管制，有时作为地方试验的临时补贴也是合理的，假如人们认为补贴是权宜之计，故意偏离普遍认可的政策的话。更谨慎来看，更加极端的集中措施同样如此。

其次，人们在政府体制中不断晋升时，应该更加严格地解释传统的法治体系。对行政或管理部门的官员广泛授权应该主要限于地方机构。对高级别机构而言，应该节约法律裁量授权，但是一旦授权，就应该视为权宜之计或过渡性计策。国家政府应该依法治理，立法要以明确的政策规则为指导。国家立法机构应该利用约束性规则来约束行政机构，由独立的司法机构强制执行。至少，执政党与在野党应该利用约束性政策来规范约束自身，阻止彻底的机会主义或“牵着鼻子走”战略。

就服务职能而言，第二种方法与第一种方法重复，但是更加重要。地方政府作为服务机构，必须是人民的政府。立法与行政几乎无法区分，负责的行政机构受法规的约束，教育、健康、警察、消防与其他地方公用事业方面受到的约束无法想象。地方政府汇集了必须照这样经营的商业或服务企业。另一方面，州政府，尤其是联邦政府的职能不是提供服务，而是为地方公共商业和私营商业的有效运营创建机制。当然，这一机制包括了多种服务，前提是这些服务不是最终服务而是主要提供给企业。

法治与通过讨论而实现的统治

这些方法有助于通过讨论实现统治，达成共识，从而得以巩固。高级别，尤其是最高政府的政治讨论应聚焦明确而普遍的法规与政策。这种讨论可以促进基本道德共识的发展及普及。通过讨论而采取稳步的行动，一个国家方能逐步构建起维护其政治安全与经济稳定的法则与运行制度。只有坚持法治与明确的政策规则，一个国家才能实现强大的统治，不需要赋予当时的统治党派过度的专制权。只有这样才能确保政府权力服务于共同利益，或避免特殊利益集团通过选票互助以寻求支持，削弱统治。只有这样自由才不会受到大型政府权力的影响，要广泛讨论那些能够有效讨论或通过讨论可以有效解决的问题。

另一种方式就是与自由主义政府相对立的"公投式民主"。选举只在领导者与派系之间进行。到处宣传竞选口号，向少数族裔做出一切承诺，除了替罪羊、荒唐的颂词和中伤之外，这些竞选活动只不过是为了权力竞争。竞选纲领本身毫无原则可言，只有在竞选期间才有约束力。政党仅承诺互惠互利或施予恩惠，仅代表执政党或在野党无限的机会主义特权。无论如何，这就是与法治相对立的人治的内涵。

在服务职能（集中于底层政府）与法治（最高政府严格遵守）方面，这些方法就像联邦主义一样，旨在确保最低限度的权力分配与分散。大型政府拥有行政管理自主权不是一件好事，就像为了某些领域、行业、生产商或压力集团的利益而制定的专门法律一样。法院强制执行宪法条款是限制中央政府行使权力的一种手段，但是宪法条款弱于其阐述的道德共识。宪法条款仅能抑制权力滥用，直到动用道德压力。如果权力被公然滥用的话，权力抑制必然无效。

保护性关税与白银补贴这两种情况具有启发性，但不属于可讨论的政策规则。如果有政党建议对所有的国内生产和国内企业实行统一的补贴，那这种建议简直荒唐无比。如果有人要制定高度差别补贴体系中隐含或应该隐含的规则，即制定如何确定或应该如何确定这种差别的制度，那么他很快就会放弃这种做法。这里的补贴分配不遵循任何规则或法则，有可能继续被操纵为用于赞助或贿选，并通过选票互助的程序确定下来。由于缺乏政策规则，因此不存在有效讨论或辩论的问题，不可能做出明智的选举决策或达成共识。竞选讨论，比如立法，强调每个社区或生产者集团的特殊利益，但是基本的政策问题被混淆了，也被忽视了。相较于无规则，糟糕的规则在农业补贴问题上的优势显著。如果不考虑局限性问题的话，“平等原则”值得讨论，但这使得农业补贴的政治地位弱于糟糕的关税补贴。平等原则本质上是荒唐的。如果应用到所有的商品中，人们就会明白平等原则的含义。但是保护性关税根深蒂固，它们毫无原则，承认讨论不是一种政策，只是些令人费解的权宜之计而已。[6]

联邦主义与国际组织

大国实行极端联邦主义或分权的一大优势是，有助于大国发展为世界组织，或容易兼并为更大的联邦。如果拥有未行使权力的中央政府只是为了限制政府内部机构或政府外组织行使各自的权力，那么即使无正当理由，也很容易出现超国家组织。实际上，这种大国分权或去组织化是国际组织形成的目的与方式。

战争是一个不断集体化的过程，而大规模的集体主义本质上具有好战倾向。即使不是传统的军国主义国家，高度集权的政府利用必需品维持其高度的“非自然”集权，威胁其他国家政府的政府动员，在政治经济国家阵营内将贸易往来引变为经济战争等一系列做法必将使其成为具有军国主义性质的集权政府。拥有大国的世界固然不会有真正的和平或稳定的世界秩序。

指望俄罗斯或美国破裂瓦解简直是空想，尽管全世界都希望如此，但让俄罗斯或美国内部稳步实现分权并非空想。以下的事实让我们有理由相信这一点。从顶层来看，第三世界是理想的联邦体，不集权，因此也就不存在所谓的中央政府。第三世界的主要国家在朝着高度集权化方向发展。英国推行大陆化只是暂时偏离轨道，很快就会消失在繁荣有序的世界里。英联邦的自治领地区也走上了同样的发展道路，但是加拿大和澳大利亚的集权面临着宪法等多方面的阻碍。美国仍然崇尚传统的联邦主义，并要复兴联邦主义的本质。俄罗斯已经实现了新一轮集权的宏伟目标，即抹去了战败德国、遭德国摧毁的耻辱，通过迅速有序的分权来巩固国内取得的成就。俄罗斯已经呈现出一种向宪法民主与民主联邦制发展的态势。虽然这些做法的重要性饱受争议，但是我们要意识到这恰恰证明在有序的世界里，真正的抱负与国家目标可以逐步实现。

分权化与和平

集体主义是政府高度集权或权力高度集中的代名词。社会研究者认为集体主义一定是完全非自然的，完全不稳定的。集体主义可以服务于某一时期的有效目的，但不是一种可行的社会秩序或政治秩序。这种秩序是人为强加的，不堪一击，而真正的社会秩序是不断发展的。无法想象存在高度集权的世界政府，除非是敌对政权为实现其险恶目的。这可能是军国主义国家的强制性要求，如果不是和平的对立概念，仔细思考一下其内涵，也可能是现代世界最不稳定的和平基础。

如果秩序不仅是社会良好运行的一个特质，如果秩序可以具象化、人为化，可以像滴滴涕一样扩散到全世界，那么这种秩序的广泛应用必将引发迅速彻底的分散化或去组织化。集权是无序的产物，在发达社会集权是一种退化，因灾难而起。当然，最明显的例子就是发生战争或有可能发生战争时，所有人都会去寻找最强大的可靠组织，要求动用集权。即使这还只是一种恐慌，也会引发战争。大萧条或通货紧缩时发生的经济灾难也会发生同样的情况。实际上，可以说经济灾难是第二次世界大战爆发的最直接原因。经济灾难引发政府动员，与第一次世界大战后逐步的非动员情况相悖，这种情况进而加速了冲突的爆发。

意识到有序世界是高度分散的世界（仅从定义看的话），某种程度上就可以理解如何追求持久的和平。如果能理解有序世界的方方面面，某种程度上就清楚如何逐步实现这一目标。

权力导致腐败

传统自由主义坚信自由人与自由社会进程的潜力无限，但一想到“沉闷的科学”，它就成了一种狭隘、消极、悲观的学说。谈及马尔萨斯人口论中的社会，尤其是印度时，悲观主义者的指责是正确的。所有乐观或悲观的解决方案必然会产生消极的影响。上文已有所述，这里顺便强调一下其中的一种影响。

自由主义者的基本观点是权力不可以赋予任何人，如领导、派系、党派、阶级、多数派、政府、教会、公司、贸易协会、工会、农场、职业协会、大学以及任何大型组织。行使权力的人、屈服于权力的人，甚至是全社会必须永远强调阿克顿勋爵的名言：“权力导致腐败。”唯一合理的权力是指基于自由人自愿达成的共识，通过逐步试验、有组织的讨论与妥协而建立并重建的法律权力。他们不否认集权作为一种权宜之计有时可以促进人类进步，但他们否认在先进国家行使这种权力，除非是在重大军事危机时期，以及最危急的时刻结束时。但凡虚张声势的自由主义者都自动失去资格。

自由主义与商业政策

自由主义因强烈反对政府限制或操纵对外贸易而臭名昭著。涉及世界性问题时，或许可以谈一谈自由主义的消极面，即绝对的自由贸易建议。

当今世界，集权的核心就是控制对外贸易。亚当·斯密主要抨击的就是重商主义这一点。同样，政府在这方面的问题仍旧或者一开始就是自由主义者主要关注的问题。商业政策不仅是糟糕的国家集权的核心，也是糟糕的集权在其他方面的先决条件。历史上，糟糕的中央计划始于商业政策，并从多个主要方面要求专断限制对外贸易。自由的对外贸易很大程度上让所有处于经济集权或联邦直接管制相对价格、工资或生产的企业感到失望。明确规定中央经济计划或管制应该在自由的对外贸易框架下推行，就是要说清楚合理“计划”与糟糕“计划”之间的区别。实现自由贸易就是直接或间接实现自由主义者所主张的分权。

民族主义要求实行国内自由贸易，是实现繁荣与和平的一种途径。战争动员要求控制对外贸易，再控制国内外贸易，它不仅会瞬间破坏世界秩序，长远来看，也会削弱国内和平的道德基础。

自由民主的未来取决于商业政策的未来，尤其是美国。如果缺乏自由或更加自由的跨境贸易，美国也不可能长期实现自由的国内贸易。即便如此，美国越来越被各种对立的体制所孤立，不可能一直保持自由的政治经济体制。美国可以充分利用权力在盟国或邻国内重塑自由民主，而重建的自由民主仍然可以重新逐步和平地“征服”世界。

近几十年来，保护主义抬头，大萧条时期以灾难性的经济战告终。在平等待遇或非歧视性规则的框架下，这种内含相互克制法规的国际组织会突然消失在双边主义、配额限制、清算协定与外汇管制的洪流中。这要归咎于美国，美国制定了愚蠢的关税法律、不可宽恕的货币贬值方案，作为占主导地位或世界性货币的管理者，美国无法防止长期严重的通货紧缩。无论过去的责任该归咎于谁，的确是美国带领世界重回良性的商业政策轨道。

我们要就主权大国的各种模糊决议与文件框架进行协商，因为这是实现理想目标的开端。在不久的未来，贸易关系领域会实现超国家秩序的本质。这里所述的组织，尽管微妙、模糊，但事关国家行动的持续化、日常化。组织的发展或解除，与每一项政治决策密切相关，无论是立法决议，还是行政决策，都会影响世界贸易和金融。商业政策多少带有歧视性、制约性、集体主义化，多少会受到国家或国家集团在相对权力上狭隘利益的影响。贸易往来多少会受到专断控制的影响，多多少少是政府性的、自由的。

这样的变化是否会引起或反映国际组织的变革与稳定程度是学者思考“主要原因”时的一个主要问题。这是一个何种抽象特性具体化的问题，也是一个一组原因能否转变为另一组原因的问题。未来十年，世界商业组织、生产组织和金融组织可能会走在前列，或体现基本的变化方向。商业政策领域重大的国家问题似乎是庸人自扰，做出的重要决策要么填补政治体系，要么将其瓦解。

自由贸易是联邦稳定的一个重要特征。真正的国际组织要消除主权国家操纵贸易的特权，就必须经过讨论、试验与妥协而逐步形成。废除这种特权的最佳方法就是逐渐放弃该国主导的这些措施，因为该国非常有影响力，敢于冒险，多数情况下能够取得成功。

但凡有利于机构发展的领域都要全面推行国际组织。除了敌对国目前的问题与政治妥协，还存在经济不稳定和商业战等长期问题。为了能逐步缓和经济民族主义、集团主义和商业分裂主义，美国要提供无法遏制的领导力。美国应该废除关税，应该向全世界保证美元具有高度稳定的购买力，同时在货币稳定方面谋求合作。美国向其殖民地和属地出口时，应该避免享受优惠待遇，应放弃捆绑式的外国贷款，除了贷款与减少借款国贸易壁垒和歧视捆绑的情况。依此，美国可以领导世界成为一个有序的世界，一个与自由主义政治经济体制相符的西方世界经济体。这种大胆的国家权力投资为我们乃至全世界带来了丰厚的回报。

私有财产

鉴于私有财产在意识形态争论中的重要性，有必要谈一谈私有财产。私有制是一种简称，指的是极为复杂的政治经济体制，实际上是一种可能的替代性体制。私有制意味着一无所有，也意味着拥有一切，是愚蠢的保守派与浪漫的激进派闲谈或热情洋溢地讨论的话题。自由民主依赖私有财产这一论述纯粹是赘言。讨论“财产”的政策问题就意味着讨论社会中几乎所有的经济政策问题。这里，我就这一话题略论一二。

生产工具中的私有制作为一种制度性方法，可以分散权力，维护有效的生产组织。唯一简单的财产体制就是奴隶社会只有一个奴隶主，显然这可以限制专制与垄断现象。背离这种体制可以公平地衡量人类的进步。相反，自由主义者主张的良好社会在于最大限度地分配与有效生产相一致的财产，或逐步缓解平等与效率之间的冲突。这一过程包括不断分配个人或家庭财富，不断分散企业或公司的生产管制。

自由的基础就是劳动或个人能力中的财产权。废除奴隶制与农奴制才能通向自由，有效缓解生产与分配之间的冲突。只有购买者足够多时，个人服务中的财产权才会可靠。这意味着其他资源中存在私有财产，独立的劳动力出售者拥有在独立自主的组织或企业中选择与流动的自由。[7]这也意味着独特的现代制度，即经济与政治的分离，即维持名义上权利的政治秩序以及赋予其本质的独立的经济秩序。签订服务合同的自由仅仅是一种异常的人为的行政概念，依赖于“平台”或“行政法”，即与单个购买者签订合约的自由或是从单个权威者提供的东西中进行选择的自由。

就实际目的而言，我们建议避免，或者最小化不可转让的资本或个人资本与外部财产的显著差异，将所有的财产权视为个人能力不可或缺的部分。两种财产都是投资的结果，都可以继承，与家庭有着密切联系。两种财产主要靠运气获得。每一种财产都是父母转让给子女，为此会嬗变为另一种财产。就特定收入水平而言，任何一种财产都不会出现过度的相对投资，但是比较幸运的家庭让子女获得政治权力而不是“物质”财产，这是否会带来社会利益呢？这一点令人生疑。绝非偶然的是，收入所得税代表了税收领域现代制度的重要成就；财产税服务于某一特定目的，与个人不平等无关；继承税仍然不够完美、不公平、无效，充斥着各种无法根除的异常情况。

建立在自由而负责的个体或家庭基础上的社会必须包括广泛的财产权。家庭的经济责任是他们获取自由的重要代价，如同无法分割的道德责任，有助于促进道德的发展。在西方国家的家庭中，家庭财产主要为了防止人口增长，努力提升世世代代的个人能力，即成功抚养孩子，并且家庭生育注重质量而不是数量。

如果只把私有财产视为一种行政手段，那么它在现代大规模生产组织中是不可或缺的。这种组织可以是国家的，也可以是超国家的，要求广泛授予或分散管控权，要求获得开创新事业的自由与机遇。管理部门或公司实行负责的控制意味着对财产负责。成本责任意味着获得收入的权利，尤其是在有冒险开创精神，并不断进步的情况下。

自由论者的社会主义

我们对现代社会主义保持着清醒的认识，因为其最初并未成为一场消极的革命运动，所以现代社会主义的学者们已经开始起草积极的方案，制定容易理解的革命之外的行动纲领。

现代社会主义主要关注财富不平等（权力不平等？）与工业垄断问题，这也是自由主义者主要关注的问题。不平等最多是一个税收问题，但是税收不说明任何问题，这就需要将社会主义者与自由主义者分开，如果社会主义者对这一话题抱有极大的兴趣，或者问题显而易见的话。就垄断问题而言，至少存在技术性区别：社会主义者讨论的是企业垄断问题，而自由主义者讨论的是企业垄断与劳工垄断问题。真正的区别仅体现在各自的基础工业政策方面。社会主义者通过扩大垄断、巩固垄断、使垄断政治化的方式来解决垄断问题，即废除相对“不纯”的领域中存在的竞争。自由主义者直接管制或使一小部分难管的“自然垄断”政府化，主要是移交给地方机构，然后采取许多部分直接但主要是间接的政策手段，确保其他领域更加有效的竞争。

社会主义者开始讨论分权化问题时，这种区别注定空洞、虚无。“分权化的社会主义”作为间接的理论试验，或许有很大的优势。如果基础工业因管理混乱而瘫痪，陷入困境，那么明智的做法就是问问政府该如何做。当然，第一步应该对基础工业强制实行组织化，或许可以让军队的军需官来负责。理性追求间接试验可能会形成一个金融-管理机构，其中的行政部门如果是自主企业的话，要足够多才能确保有效的竞争。如果行政领域实现了分权化，那么社会化工业转让的时机就成熟了，实际上，转让必然会实行分散管理。如果只是为了制定标准，那么明智的集权会越来越依赖于无数类似的管理部门之间的竞争。为维持竞争所采取的管理方法可能会使中央集权从业主向债权人或优先债权人转变。此时，公共管理部门会变成私营企业，但是其金融结构可能是最糟糕的。接下来是从发行普通股所得的收益中清偿政府的固定债权，进而减少政府债务。

可以将“分权化的社会主义”视为一种反垄断政策，一种促进经济学理论与政治理论发展的方法。作为一种社会试验，“分权化的社会主义”无法实行，除非它完全是一种替代试验。根本无法制定出有关产量、价格、工资与边际成本的社会主义制度来应对压力集团的诉求。统治派也无法避免大量的赞助，对权力与职位的欲望也会阻碍合理的行政分权。[8]然而，这种试验最终不会废除私有财产，反而会产生新的财产制度。如果在这种替代试验中，有人能够理解这种合理的财产制度，那么他对真正的试验就会有很好的方向感，就能更清晰地看到未来的发展道路。社会主义者制定的分权计划越明智，社会主义就越能适应渐进有序的自由的财产分配过程，以及财产制度本身持续的试验发展进程。

进步与财产安全

在民主政治进程中，不能过度强调财产制度的可持续性有多么重要。如果生产为了维持生活水平，将来要保护或积累真正的社会财富，那么在发达国家财产必须安全。[9]财产不安全指的是生产转向贵金属与珠宝，即对那些允许隐藏并且以较少服务性财产拥有的资产进行较高估值。财产安全指的是生产非常有用的物质，尤其是改良的生产工具。一方面，财产指的是从社会有用的生产中获取资源，并以社会无用的形式积累资产。另一方面，财产从纯保护性财产中释放资源，以提高当前的有效产量和生产能力的形式积累资源。

经济进步要求财产安全，否则掌握财产的政府、组织或个人必然会使用财产（与个人能力）来保护财产。这种用途包括隐藏重要的贮藏物品，或者全社会滥用敌对军事组织的财产。反对集体主义的鲜明例子就是将财产放在最不安全的地方，这样更不安全。如果只是威胁其他国家，极端的国家集权会让世界变得不安全，而极端的国家集权又认为这种外部威胁有助于维护国内秩序。财产的非自然积累充其量只能确保暂时相对的外部安全，但代价却是给周围的人带来更多不安全。反对政变或内战实际上是对外部攻击的不断恐惧的结果。

财产安全意味着灵活的财产制度，意味着要坚持逐步地解决问题，因为这些问题进入了民主讨论的进程。激进运动直接威胁财产安全，会破坏经济组织，扰乱经济进程。激进运动会让我们专注于那些对民主有利的可处理的小问题。激进主义是否在任何时期都是过分的或不充分的，这不是当代人要判断的。无论如何平衡利润与成本，主要成本在于让学者与政客不再关注那些小问题和无聊的排他性讨论、妥协、立法与试验。激进分子忽略财产制度比抨击财产制度更容易损害财产安全。迅速巨变比缓慢微变更容易、更有成效，这种认识最阴险，可能会导致只说不做，只做不说，在日常事务堆积但被忽视的情况下民主会崩溃。让大问题增多的方法就是忽视那些小问题。我们的财产制度或制度体系没有问题，除了我们会浪费时间去抨击或捍卫它和忽视要通过集体试验来不断改变它的任务的情况。

民主与工团主义

有效的竞争有助于行业与职能集团内部权力的充分分配。与竞争性经济体对立的不是社会主义，而是工团主义。工团组织与民主社会主义及自由民主是矛盾的，实际上与秩序也是矛盾的。工团组织禁止集权与分权。

所有的垄断或议价权意味着限制生产，限制进入行业及职业，由此向整个社会征税。但实际上，集权与个人财富的集中几乎没有关系。

一方面，这是企业帝国主义与大型企业集团不加控制的问题。根据公司法，挥霍无度的特权加速了美国的工业化进程。现有的公司法某种程度上适用于决心迅速变革的农业国家。它们本可以通过挥霍的方式加速进展，但是糟糕的方案无法维持这种进展或经济运行。如果拥有过度权力的公司变得松散，那么大多数行业会过于组织化。美国主要受益于公司组织，如果这种公司形式从未出现过或不适于私营企业的话，那么美国现在的形势会更好。

过度集中的传统有助于新兴行业与新兴技术的快速成熟，对于新型政府职能与服务而言同样重要。无论如何，美国现在面临着行业去组织化和分散管制的紧迫任务。有必要直接废除企业帝国集团。主要的政策关注点应该是有助于新兴企业的发展，增加中等规模公司企业的数量。大型企业存在严重的生产不经济问题，但是可以通过更大规模的人为的私营经济结构得以补偿。合理的公共政策应当排除这种经济结构，尤其是国家广告业、大型销售组织（有关消费者教育、消费品标准以及技术信息问题）、不同的技术知识[10]（专利共同制度与研究）以及各种新型资本（债券市场的过度集中）。所有这些大型垄断规模的私营企业的优势也带来了挑战。新型中等规模的公司进入市场、获得技术与资本将意味着企业垄断的终结。

工业垄断还不算糟糕，其组织非常表面化，权力非常有限、不稳固。虽有政策，但会慢慢瓦解。工业垄断的威胁仍然是潜在的、互补的。在一心维护自由民主的社会，企业垄断像是一种皮肤病，很容易治愈。

比较难处理的垄断问题是劳工组织。无论是已有的，还是将有的垄断组织都有强大的经济、政治及军事权力。一旦劳工组织发展壮大，很容易像企业集团那样分崩离析。工会像公司或同等规模组织一样，有实际的社会用途，这一点比滥用重要。劳工组织的规模和对权力的渴望甚至要超过公司。劳工组织更像军队而不是企业，不存在生产不经济性问题，因为它们本就不生产任何产品。劳工组织会吸纳所有的竞争者，疯狂地公然运用手中的权力，然而真正有资格的工人却被排除在外。劳工组织不愿自身的规模发展趋势受到法律或政府政策的抑制。似乎也没有稳定的或可实现的好办法。强大的劳工组织要么“胎死腹中”，要么成为令人无法接受的垄断组织。劳工垄断组织与企业垄断组织两者互补，互相孕育、彼此强化、团结一致、最大限度地榨取公众利益，当然也会因为战利品分配而彼此竞争。[11]

自由主义者面对这一难题也没有提出任何具体的方案。他们建议理智地解决其他问题，希望其他问题的解决能够缓解这一难题，不再那么难处理。

就关税与其他的生产商补贴而言，糟糕的问题就是民主保护共同利益或公共福利不受垄断组织影响的能力。劳工组织是民主面临的最严峻考验。民主无法承受住这种考验，除非它能更好地解决其他少数派问题，如贿选中的受益者和胁迫所有私营企业限制贸易的篡夺者。传统的简单考验是显著的腐败问题，即政府收买出售选票的集团。未来的严峻考验除了这些，还包括组织的权力竞争，它们采取暴力与胁迫的能力堪比政府。在现代劳动分工的背景下，任何大型劳工组织都可以阻止或破坏整个生产过程。这种胁迫权力主要依赖于暴力，滥用（实际上是协商）团体自由。必须抑制垄断与私人卫队以限制这种自由。一个长期问题是压力集团会演变成内战威胁，政府暴力垄断遭到破坏，导致无法找到与民主政府相符的可行方法。

不平等与工团主义

现代的不平等问题不再是普通财产或个人财富的问题，已经成了组织（如政党、派系、公务部门、大型公司、工会与农业组织）内部地位、高薪与权力的问题。随着政府分权化，只有政府外的职能“政府”去组织化，才能解决不平等问题。整个社会必须为少数人提供最高的权力与收入，因为他们的职责就是团结那些本就不存在的组织。这也把那些最能干的、最上进的人卷入反社会活动中。自由社会存在许多小型组织，为数百万领导者提供了舞台，组织内部官员的权力差异适度。自由社会非常重视个人素质与技能，即使在最坏的情况下，这些素质与技能也是人们所需要的，可以在良好社会进行培养。自由社会通过权力分散，避免政府外部产生大型组织，限制大型政府部门的权力行使，来保护人们不受强权腐败的影响。在政府内部，制宪会议规则可以限制人的权力；在政府外部，松散或小型的组织可以限制人的权力。在企业组织内部，最好的办法就是让组织处于激烈的竞争之中以限制官员的权力。除了战争以外，中央政府行使权力的需求随着政府外组织的规模与权力的变化而变化。强大的政府外“政府”不存在时，极端联邦主义最容易形成。

“财产”未来的变化

自由主义政策提出的财产法方案既稳定又灵活，但是如果把过时的内容删除掉，会变得愈加复杂。这显然需要实质性改革。累进个人所得税方案仍然不够严密，漏洞百出，在现实情况中还存在不平等现象，但可以使之更有效地减少收入与机会不平等，同时不会损害那些合理的激励性举措。非永久性物质，尤其是石油领域需要制定新的财产制度，需要重新思考知识、技术与命名中的财产权，需要对农场租佃与城市住房法律进行试验等等。

现在是时候解决现代企业，尤其是金融公司强制实行的财产中的大多数难题了。在良好的社会，私有财产仅包括对政府的债权（货币与公债），无抵押的有形资产所有权，企业的同质股，以及收债与人际债务的最小账目。仅以公债形式发行的利息型政府债款，只有在战时紧急状态期间才应该增加，战后应该迅速偿还。因个人财富产生的纯利润应该仅归于有形资产的所有者和风险企业中的纯粹所有者、合作伙伴和普通股东。

这里的主要问题是公司财务问题，公司发行权问题和金融公司，尤其是银行的问题。虽然受政府政策的影响，但企业金融最近朝着正确的方向发展。政策任务相对简单，首先能够解决问题（如税改），其次，具有引导性，可以加速既有趋势的发展。目标非常明确，只有采取渐进措施才能实现：在经济中，私营企业的债券主要是普通债券，金融公司只是一种纯粹的投资信托公司（仅限于投资组合与股东），只有纯粹的投资信托公司才可以持有其他公司的债券。

自由主义政策也需要一种具有稳定购买力的货币，即公司需要传统的财政政策规则以防止出现通货膨胀或通货紧缩的异常情况。任何发达国家都没有良好的货币体系或金融结构与制度来保障稳定的就业与有序的经济发展。只有货币稳定，减少货币不稳定，自由政治经济体制才能释放出巨大的潜力。美国的货币稳定是美国可以对国际组织做出的最大贡献。我们上一段谈到了财务问题，后文还将重点讨论。

第二章　论自由放任经济的实证方案：关于自由经济政策的一些建议*

这就是一篇宣传短文，旨在捍卫以下观点：传统自由主义提出了摆脱当前政治经济思想中的道德困惑的最佳途径，为经济重建方案提供了最佳依据。但这种观点近来一直被共产主义者、法西斯主义者、大多数自由改革者与有政治抱负的学者嘲讽。传统自由主义者，甚至是更为传统的经济学家基本上无力回应抨击。只有他们的观点没有在当前的激烈论辩中充分体现出来。因此必须有人尝试谦逊但不妥协地阐释这种观点，说明在自由信念的指引下如何实现经济重建。

在美国，人们一致认为经济政策的目标是提高实际收入，加强生产与就业规范，减少不平等，保护民主制度。真正的问题只是方式，而不是结果(或意图)。我们国家的未来凶吉未卜，因为这些问题已经确定了。最近爆发的危机让政治领袖与学术大家在经济病症与方法效果问题上缺乏洞见能力。

海外国家历经宪治向独裁的演变，自由向权威的倒退。对于我

* 本文发表于《公共政策短论》(第 15 卷，由 Harry D. Gideonse 编辑)，芝加哥大学出版社，1934 年版。

们大多数人而言，这种境况令人生厌，必须不惜一切代价杜绝其发生。但是，面对同样的问题时，我们往往采取“美国式妥协”的措施与政治口号，即重权威而不是自由的方法。因此我们要让政策合理化，朝着我们反对的道路加速发展。

在美国，自由的真正对手是管理经济或国家计划的幼稚主张，但是我们都同意现在需要提出一个全面而实证的经济法方案。我们的经济组织几乎要土崩瓦解。早期，只要避免过度的政治干预，经济组织就会变得强大。但现在，只有政府采取最为合理的措施才能挽救经济组织。现代民主出现时，经济法知识的需求微乎其微，但这种需求越来越大时，民主能否幸存还有待观察。

本文的主要目的是明确一种不同方案中的主要观点，对当前政策进行评判。第一部分主要进行一般分析，第二部分提出具体的建议。

第一部分

应该关注资本主义与民主同时发展的重要性。实际上，除了重要的企业自由（竞争性管制与政治之间的劳动分工）之外，以前的各种自由都无法拓展，甚至难以维持。私营行业中存在的竞争环境可以使主权政府的责任最小化，可以使政府摆脱为不同行业的参与者之间和不同生产性服务的所有者之间无休止的激烈争辩进行裁决的义务。总之，自由放任的政治政策有可能实现。

这种政策和相应的政治学思想，即 19 世纪的自由主义，后来被严重曲解，在新经济学时期遭到挖苦讽刺。将自由放任政策简单理解为无为政策是不恰当的，具有误导性。在这种政策下，政府的责任是维持这种法律和制度框架，在这种框架中，竞争才能成为一种有效的管制手段。因此应当积极制定这样的政策，只有这样，政府才能去创造并维持这种环境，避免管制合约之关键的必要性，即规范相对价格的必要性。在这种劳动分工的背景下，政府被控诉责任太大，管制职能范围大：要维持行业的竞争环境，管制货币（货币量及有效货币的价值），明确财产制度（尤其与财政有关的），更别提许多社会福利活动了。

就政治过度干预相对价格和忽略自由企业体制背景下政府的明确责任而言，过去一个世纪里，很明显出现了严重的经济政策失误，但现在的许多难题是可以解释的。一方面，我们的政府已经在不断地调整相对价格（例如关税）；另一方面，政府从未真正地去维持工业领域有效的竞争环境（例如"合理原则"和向企业荒唐授权）。还未滥用之时，政府就逃避了管制货币的责任（例如私营银行的发展，除了小部分有效通货外，私营银行提供了一切，但有可能破坏这一切）。政府没有意识到应该通过适当的财政手段，即制定相应的财产制度来减少不平等。因此所谓的资本主义失败（自由企业体制失败和竞争失败）可以解释为政府在资本主义背景下推卸最小责任的失败。这种观点让人有理由怀疑当前普遍采用的解决方法。

显然，企业自由与讨论自由有着密切的联系，政治自由只能存在于有效竞争的经济体制中。民主的强敌是所有形式的垄断：巨型公司、贸易协会与其他的价格管制机构、工会，或者职能阶层内的权力组织与权力集中。有效的有组织的职能集团手握自由剥削社会，甚至破坏体制的大权，但是这种集团内部的竞争可以保护整个社会，增强经济的灵活性。在经济层面，竞争的消失必将破坏有组织的少数派在经济斗争中的体制；在政治层面，竞争的消失将导致进退两难的困境。如果让有组织的经济集团行使垄断权，不受政治约束，结果就是这些集团会篡夺主权，或许还会主导政府。如果政府容许这些组织存在（而不是摧毁），规范管理，那么政府会承担不符合长期民主的任务与职责。

对赞同政治自由的人来说，组织的迅速发展会带来什么后果这一问题不容乐观。如果民众政府（或其他形式）在确定相对价格与相对工资方面以管制取代竞争，那么必将出现混乱局面。国会通过关税法来干预相对价格并未给我们带来严重的影响，因为我们在关税壁垒内已拥有一个庞大的自由贸易区。美国关税立法史表明政治操纵整个国内价格体系会造成一定的后果。我们的政治体制不可能承受住这种管制产生的经济影响或这种管制对政治道德造成的影响。

如果民众政府可以在一段时间内实现合理有效的竞争管制，防止经济崩溃，那么这种体制不可能存在。政治决定相对价格、不同行业投资所得的相对利润和不同职业的相对工资，意味着通过和平协商冲突来解决问题，虽然这对裁决与妥协来说太痛苦，也不可调和。集团内部竞争带来的微薄福利保持在一定水平的话，可以保护并提高大众福利。有组织的经济集团，相较于国家而言，其福利不可能更加可控或不被摧毁。实际上，民主政府很难像国际联盟与国际法庭一样有机会仲裁这些冲突。

在管制经济集团内部竞争，经济集团集体竞争所营造的环境中，只有残酷的独裁可以维持秩序，确保民众能够在劳动分工复杂的经济体内生存。在这样的情况下，有可能改变国家的权力分配，以利于那些服从的人和不被危险的人权理念毒害的人。在西方社会，这种政治制度下的短期安全长远来看可能更加不安全，因为它们可能要求不断更换独裁者，甚至不惜以动乱、国家机构解体和采用激进的政治经济分裂主义手段为代价。

当前的发展形势与中世纪早期有很多相似之处，这绝非是幻想。如果国际自由贸易彻底消失，帝国主义将不断巩固，国际利益冲突也会愈加激烈，不可调和。如果国内自由贸易消失，有组织的经济集团之间也会产生无休止的毁灭性冲突。要不是国际战争，这足以摧毁西方文明及其制度遗产。

因此利益集团高度的组织化程度（垄断）与重商主义（“计划”）[1]的复活预示着复杂的经济组织将会消失（从国内外来讲，有着广泛劳动分工的经济组织），政治自由也会终结。如果技术上的难以回头（我不愿意相信这一点）倒让这一情况还有希望的话，那么我们定会失望，因为我们这一代人似乎不太关注。对民主的渴望过时了，对制度的未来发展抱有些许兴趣不过是让我们借着经济学发表些具有浪漫主义色彩的文章罢了。

竞争与自由放任没有将我们带到天堂。严重萧条是竞争的产物，而不是缺乏竞争的结果，它削弱了我们对这种体制的喜爱。普通大众不愿，也无法认真思考真正的替代方案是什么，即新出路在哪里，或是人们要承受几多方能到达彼岸，这似乎可以解释制度遗产为何被广泛抨击。很少有人愿意评估旧体制在其根基未毁的情况下得以重塑的可能性。最糟糕的是大众更认可那些狂徒之士拯救制度的方法，实际上这最能削弱制度的权威。

现在，让我们思考一下在旧体制内对创造社会收入（经济效率）非常不利的情形。经济组织的有效运行需要充分利用包括劳动力在内的现有资源，利用最好的技术，对可用、可替代的资源进行节约性分配。这里强调的是后一种。

评价效率意味着评价价值标准，自然效率只是一个荒唐的概念。就经济分析而言，这种价值标准适用于商品市场价值（价格）。这些市场价值是人们根据意愿自由使用购买力进行竞争性购买的产物，可以大体衡量不同事物的自然单位（商品）的相对重要性。这些价格都是不同收入背景的人自由使用购买力的结果。如果我们认为提高效率与减少不平等的方法不同，那就需要将效率问题与不平等问题分开来讨论。

资源的高效利用意味着资源分配，目的是各种生产性服务部门都能以各种使用方式对社会产品做出同等重要的（有价值的）贡献。如果在高度竞争的环境中，资源从低效的职业向高效的职业自由流动，那么这种分配就可以实现。垄断的主要目标是维持极为高产（生产率）的领域，防止资源的大量涌入，因为这会导致垄断行业的生产率降至普通水平。为此，任何有效的有组织的集团都会充分行使组织化带来的权力。

垄断意味着按照市场价值标准，排除可用资源的重要用途，将其转移至非重要用途。每一个有组织的集团，无论是雇主，还是雇员，都手握剥削消费者和损害其他生产商集团的大权。对其他生产商集团来说，资源通过垄断限制被转移。

最强大的、最有竞争力的垄断组织都有此特征。对于那些更典型的部分垄断组织，从整个社会的视角来看，情况略有不同，有可能更糟。《国家工业复兴法案》旨在到处建立组织根基。为了维持价格，控制产量，更为松散的组织很少能够抑制投资的增长（控制公司的数量与规模），虽然它们可以限制现有公司的产量。它们的地位也不允许限制行业新来者的产量配额。这种制度会严重浪费投资，剥削消费者。维持价格可以创造高额利润，新公司被吸引而开设工厂，它们会被组织吸纳，获得相应的配额（可能是根据产量而定）。这意味着其他公司的配额会减少，整个行业越来越少使用设备容量。尽管组织内的生产商会维持价格，但是却无法像在竞争领域里那样获得较高的投资回报。该组织的政策导致消费者以高昂的价格进行支付。虽然该行业总投资高得多，但最终获得的产量比竞争环境中获得的产量少得多。在技术语言层面，卡特尔组织或贸易协会垄断下的平等意味着平均成本与价格之间的平等，虽然边际成本与价格之间存在巨大的差距。一般而言，这是"计划者"有意引导的目标。

这种情况与工会垄断有显著的相似性，通常包括类似的部分垄断权。工会的主要策略是通过集体谈判来维持标准的报酬率。在高于竞争水平的领域，通过胁迫方式来提高的工资率可能会减少该领域的员工数量，也就是说通过机械或其他劳动力的替代和相对缩减需要这类劳动力的行业，以刺激这类劳动力经济。如果组织自由接纳新来者，定量配额就业，那么该职业可能持续扩量，或者说不会减少，尽管总的就业量在减少——提高报酬率不只是会抵消人均就业量的减少。有了工会，组织成员会增加，直到他们不再比没有任何组织时过得更好。

相关行业的产品价格会提高，大部分社会劳动力资源会被浪费，中西部煤矿企业的近况就是如此（除了结局）。如果工会可以阻止进入贸易，如果在新员工被雇用前，老员工实现充分就业，或者如果这种劳动力需求是弹性的，那么该领域工资管制的效果就将都体现为劳动力向不重要的低报酬职业转移。无论如何，这种不经济性很明显。

垄断中获得的收益源于弱者，却归于强者。对于生产商而言，组织化成本低，易实现，也非常有效，其成员在组织化开始时异常强大和富有。对于工人而言，偏见则较为明显。需要高技术人才的高薪行业是指那些最易实现组织化，而一旦实现组织化，其竞争力最强的行业。无论是通过归纳还是分析，没有证据可以证明工会主义能够提高底层人民的收入。工会主义可能会提高工人贵族[2]的地位，但是主要以工人为代价。垄断中获得的收益具有剥削性。高薪领域的就业限制会伤害到其他劳动者，因为这种限制会让其他领域的消费者与服务销售者变得更加富有。

资源分配不充分的另一个主要因素是政府调控与干预。关税法又可以说明这一点，因为保护性关税实质是迫使资源从高生产率用途向低生产率用途转移。此外，有理由相信政治控制一般采用这种方法来解决问题。政府干预相对价格就是对少数生产商集团与消费者（整个社会）之间的利益冲突进行仲裁，并且这种干预必然包括以少数派利益为主要考虑的决策。从政治角度来看，生产商是有组织的能言善辩的群体，安抚这类群体是政治进程的本质。如果任何人都能从消费者的视角来看问题，他就可以发现经济谬论，进而看到合理的政策原则。但是并没有人期待政治家这么做，除非立法者希望在下一次选举时退休。人们作为消费者，是无组织的，不善言辞的，并且只代表整个群体的利益。这一事实证明了有关放任政策的重要论断，反对现在盛行的“计划”政策。

虽然关税是政治进程如何管制相对价格的绝佳例证，但是我们在所谓的“自然垄断”管制方面也积累了有益的经验。就铁路行业而言，滥用私营垄断权最终会真正控制服务价格。我们已经在州际商务委员会中建立了相关的公共机构。但是荒唐的相对收费制度（货物分类）、萧条时期刚性的运费率体现了管制的缺陷。铁路行业固有的地位说明了政府是如何调解有组织小集团的利益与整个社会的利益。在地方公用事业领域，半个世纪的管制可以让人大体审视哪种管制政策可以抑制人们对带有政府管制的私营垄断体系的热情。

公众对私营垄断的管制充其量是一种不合常规的制度，只能视为权宜之计。不认真的、分散的、无原则的管制对所有行业来说都是不幸的，以明确而充分的原则为基础的系统管制将使得私营业主不需承担解雇的职能与责任。通过分析问题，考察经验，明智的做法是摒弃铁路与公用事业领域的现有计划，而不是将其延伸至其他行业。有必要对公用事业费用实行政治管制，因为竞争无法有效发挥管制的作用。我们要实行一段时间的管制，前提是政府能够管制，而不是操作。一般而言，政府有必要实际接管、拥有和直接管理铁路与公用事业，以及无法维持有效竞争环境的其他所有行业。对于除了公用事业以外的其他行业而言，还有一种真正替代社会化的方法，即建立并维持竞争。

现在再来看公正问题和平等分配问题时，我们认为权力的平等分配与经济商品或收入的平等分配同等重要；如果好心的改革者能够认真思考他们在权力分配领域的政策内涵，那么就有助于实现公正。与中世纪的思想相比，现代思想在任何一种形式的不平等问题上都存在令人生厌的内容。严重不平等对于动机是不可避免的或至关重要的，但是只有当权宜之策非常明确时，这种不平等现象才应被视为有害的，应被容忍。

如果我们厌恶极端的权力不平等现象，那么审视政治管制相对价格与收入（垄断）时就会有所顾虑。社会化或“国家计划”混合制度意味着，同时也要求政治权力集中，尤其是在非民主制度背景下。诚然，民主社会主义制度是理想制度，但对于未来仅仅是幻想。握有独裁权的统治者即使才华出众，也不可能做出明智的决策以确保经济组织免于解体。即使存在这种可能性，为提高效率，也要付出无法承受的代价，即统治者与被统治者之间的权力划分。

庞大的公司是目前收入不平等和权力不平等现象的一个重要因素。我们意识到政府对公司无限授权是政府对自由企业制度犯下的重大过失之一。除了部分特殊的行业，没有理由允许公司持有其他公司的股份，市值达数亿美元的公司更没有理由这么做（除了公用事业以外），无论其资产形式是什么。即使常做广告的庞大金融集团是实体经济，完善的政策也会牺牲这些金融集团以保护经济自由与平等。

政府对自由企业制度犯下的另一个过失就是政府将财产制度强加给整个体制。在政府权力范围内，界定财产权与继承权以防止现在出现的极端不平等现象，在不严重影响体制效率的情况下进行适当的改革。实际来看，除了税收制度，财产制度没有太多问题。政府没有通过这种方法敛财以降低财富与收入的集中，而是依赖整个税收体制，虽然这实际上会加重不平等。直到近期（现在的情况并无明显差异)，政府才向处于收入底层的人们进行各种敛财，为其活动融资。现代的财政制度，如同中世纪的大亨到处敛财，哪个行业容易征税，就向其征税，从来不考虑经济效率与个人公正[3]。

稳定问题和资源的合理充分利用问题要求我们重视两大因素，其中的一个因素就是垄断。如果所有价格均匀波动，那么一般价格水平的变化对生产量和就业产生的影响就较小。循环现象中的一个重要因素就是不同的价格弹性与价格粘性，两者决定了企业亏损的运营(边际)成本。价格黏性，首先反映的是限制竞争的组织，其次是牺牲数量以追求价格，这是典型的行使垄断权。整个情况中，重要的是工资极度不灵活。要解释这一点，就需要考虑很多因素，而有效的劳工组织只是其中一个因素。某种程度上，在雇主方面只是名义上具有竞争力的市场中，工人通过防卫合作来保护自己。某种程度上，雇主会遵从公众的看法，因为公众谴责削减工资，但公众又承认解雇雇员是不可避免的，不应受到指责。更有趣的是那些基础产业在萧条时期的价格政策。面对“不公平”竞争，这些基础产业早已按照被广泛认可的方针来约束自己。同样重要的是铁路运费与政府管制下的其他公用事业费用出现的萧条情况。价格体系大部分领域存在的极其不灵活是萧条现象的主要因素之一。这种不灵活导致经济损失，人们贫困，同时伴有一定的通货紧缩，并且通货紧缩比想象的更严重。

工业严重不稳定的主要责任在于政府。自由企业制度的良好运行是政府有效发挥基本职能的前提，即通货(货币)管制。我们认为快速扩张，然后缩减流通纸币数量的政策非常愚蠢。独裁者很容易这么做，先是发行货币以弥补财政赤字，然后从剩余收入中收回货币。这种货币政策实际上是通过私营机构(存款银行)篡夺政府提供通货(和私有的“现金”准备金)的基本职能。毫不夸张地说,当前危机的主要原因就是商业银行业务。但不是说私营银行家应该受到指责,他们也只是在遵守政府主导的规则(总体来说是公平的),那些政府逃避或否定其主要职责的规则。到处都是竞争管制失败和计划经济混乱的声音,尤其是政府在其无法发挥作用的领域依赖竞争管制所导致的混乱。自由放任意味着竞争管制与政治管制之间存在任务分工。如果体制失败了,那么这种失败会被视为政府失职,尤其在货币领域。

我们现在所处的境况是私营银行信用仅代表整个有效通货中的一小部分。在这种经济体制中,经济的平衡运行受到干扰,严重加剧了而不是纠正了最初的失调。营业收益变得极为有利时,银行信用就会提高,驱使敏感的产品价格不再与粘性的、不敏感的成本保持一致,营业收益会变得更为有利,银行信用会进一步快速提高,周而复始,直至成本最终赶上产品价格,或者直到某种投机风潮恰好改变了最初的失调状况。营业收益前景不理想时,信用合同与营业收益会变少,变得更不理想。在成本(尤其是工资、运费以及基础产业的垄断价格)极不灵活且呈现下降趋势的经济结构中,如果政府不干预(通货膨胀)以挽救银行或减少贫困,通货紧缩会持续下去,直到所有人都失业。

因此政府从一开始就已经迫使自由企业制度与糟糕的货币制度共存。如果重商主义的复活(那些前途未卜的人付出的努力)能够很快扫除资本主义与民主,那么商业银行不确定是否会迈进新时代。即使我们的机构这次摆脱了其被误导的保护者的关注,这种情况也有可能发生。资本主义保有活力，但无法幸免于萧条再次发生时的政治困境。银行业借助于垄断定然能够造成更大的萧条，除非政府能够明智地承担并履行管制通货的责任。

第 二 部 分

现在，我们必须用自由主义的传统含义去界定真正的自由方案的主要特征。如果这种方案在政治上可以实现，那么它将确保自由企业制度良好运行，阻止（或延缓）整个制度框架中的革命性变革。对于那些渴望将资本主义打造成更优制度的人和厌恶革命，拥有不太自由观点的人，紧密合作的时代已经到来（有些人会说这种时代已然过去）。因此我们希望并不天真烂漫的自由派与并不保守的保守派能够认真考虑下面提出的建议。

这些必要的建议相当极端。自由-保守运动现在必须抵制，克服既有的思想，必须与历史相抗衡。我们正迅速陷入政治经济混乱的局面。因此目标保守的政治运动必须采取激进的方法。那些渴望无产阶级式或法西斯式独裁的人抱有不切实际的幻想，他们坚信未来形势一片大好，只是因为未来形势必将如此，尽管我们不这么认为。经济自由主义与政治民主事业面临的形势不利，因此需要大胆而明智地制定出一套战略。

可以用五大建议或目标来明确完善的自由方案所包含的基本内容（按照相对重要性降序排列）：

I. 消除各种形式的私营垄断。

1. 采取激烈的措施在所有行业中建立并维持有效的竞争环

境，因为竞争可以发挥管制的作用（确保有效利用资源，防止剥削）；

2. 在竞争无法发挥有效管制作用的行业，逐渐向政府直接所有与运营过渡。

II. 通过以下方式建立更明确、充分的货币“规则”：

1. 废除以部分准备金为基础的私营存款银行[4]；

2. 建立完全统一的国家通货；

3. 创建一种经济体制，让联邦货币局对管制有效货币数量负有直接且不可逃避的责任（不是广泛的自由裁量权，而是法律制定的简单明确的规则）。

III. 深入改革整个税收体制，主要是税收对财富与收入分配的影响。

IV. 逐步取消现有关税体制中的各种差别补贴。

V. 限制广告与销售活动中的资源浪费。

自由-保守政策必须依赖第一条建议，即废除私营垄断，因为它是这类政策的必要条件。虽然在方法上可能会出现合理的意见分歧，但是在目标上，自由派与保守派可以秉持一致的观点。

这条建议旨在故意避开这种管制之策，或者如你所愿，坚持只有通过保护竞争管制方能发挥作用的管制之策。这意味着每个行业都应该是有效竞争的或者社会化的，政府应该制订明确的计划，让铁路与公用事业领域和无法保护竞争环境的行业实现社会化。主要的政策目标应该是，在其他行业中阻止发展需要政治管制价格或社会化的条件。这里必须充分概述一些必要措施。

必须彻底消除庞大的公司，不断起诉不择手段地维持价格或限制产量的有组织的生产商。必须明确坚决地否定所谓的“合理原则”。立法部门必须禁止，同时管理部门必须有效阻止任何私营公司或公司集团获取垄断权，无论它们多么合理地行使垄断权。联邦贸易委员会必须成为最强大的政府机构，坚持以最高标准委任官员，招募技术员工。简言之，必须将限制贸易视为重罪，并受到行政机构的不断起诉。

该方案的主要特征是必须对私营公司彻底实施“新政”。许多学者认为政府向这些合法公司授权时出现的疏忽与过度授权让公司逃避了经济(政治)体制的约束。下面这些建议非常翔实，虽然涉及范围不广，但也说明了改革势在必行：

I. 将向普通的私营公司颁发营业许可的特权移交给联邦政府，然后取消政府授予的所有特权。

II. 颁布联邦公司法，包括以下具体条款：

1. 参与商品与服务生产和销售的公司不可以拥有其他这类公司的债券。

2. 限制任何一家公司所拥有的总资产：

a)限制所有的公司；

b)法律要规定防止任何一家公司垄断整个行业，联邦贸易委员会决定不同行业的实际最大值。[5]

3. 公司按照法律规定发行少量简单的债券形式，债券形式不得超过两种(或三种)。

4. 依据不同的法律成立投资公司，不同的法律可以阻止这些公司成为控股公司或垄断控制机构，限制其总资产以及持有任何一家运营公司的债券股份比例，限制其对任何一个行业的总投资。任何行业都受联邦贸易委员会的管制。

5. 投资公司可以持有运营公司股份，但是无表决权，不得影响运营公司的管理。

6. 任何人不得在同一行业的任何两家公司任职，投资公司的官员不得在运营公司任职。

7. 以这种方式对股东的所得营业收入征税，防止他们在未分配收入上逃避缴纳个人所得税。

大公司作为一种有效的方式，可以拥有并管制具有规模的运营公司，以实现统一管理下大规模生产的实体经济。就生产管理而言，独立的（或没有严重的效率损失的）运营公司进行财务合并不可行。公司不得横向合并，只有与维持实际竞争一致时，公司才可以纵向合并。不得维护少数庞大的公司，因为其现有规模可以合理充分地剥削生产经济：创办人获利的机会、工业与金融行业“拿破仑式”的个人企图以及垄断权的优势可以解释这类公司的存在。我们应该关注这样一种情况：每个行业里，生产厂区的最小规模会限制所有权单位的规模，因为生产厂区有助于促进高效的专业化生产，如果必须维持企业的自由，那么所有权单位的规模会更加受限。

只有特殊的投资公司可以持有其他公司的股票，但要限制其权力，确保其履行投资信托公司这一重要的、合法的职能。这些公司应该是被动的投资者，通过多样化投资来保护自己的股东，而不是控制运营公司，应该采取措施防止它们成为控股公司或是生产商组织的工具。

所有公司都应该拥有简单的资本体系。业主与债权人之间应有最明显的区别，这种区别因财政困境而变得不明显时，必须立即重组。要求维持剩余权益与限制合同义务在总资产中的比重（比如说限制到20%）是明智的做法。

在劳工市场建立并保护有效的竞争是非常困难的。如果雇主之间存在实际竞争，那么就可以提倡在劳工市场禁止贸易限制。如果阻止工会纵容限制性的垄断做法，那么工会就可能成为非常重要的机构，让劳工表达政治诉求，阻止对工人的专制压迫，为会员提供特殊服务，促进消费者在商品与各种社会保险上的合作。然而，这样的政策从政治角度来看却是不切实际的。整个社会认为工会代表劳工的利益，不是剥削机构。受到这种剥削影响的弱势群体会与其有组织的同胞相互协作，为他们的胜利欢呼。

有人可能希望最好的情况是如果政府不扶植劳工垄断，劳工垄断的权力就不会再扩张，甚至会衰退。近年来的发展形势也证明了这一点。如果雇主之间建立真正的竞争环境，如果我们拥有一套高效的公众就业交流体系，劳工垄断必将面对更为充满敌意的舆论。通过公众就业交流，将无法在各行业中就业的合格劳工的数量完全公开，这会给不合理的工资要求造成更大的压力。在完善的货币与信用体系中，更加稳定的生产与就业应消除组织快速发展的繁荣期，生活成本提高时，也要减少克服工资率滞后的压力需求。

几乎无人认为建立良好的公众就业交流对经济体制的巩固与完善极为重要。

这里不再评述摒弃对铁路与公用事业领域管制的建议。我们会在很长一段时间里担心现有的制度，然而重要的是我们应该认识到这些制度的内在局限性，然后制订计划，逐步改变。只有认识到终极困难才可以帮助我们不再拓展不必要的管制范围。

如果只是为了让政府履行这些职能，如果经验能够让我们理解逐渐扩展公有制范围的方法，那么我们要讨论一下铁路领域早期的社会化问题。根据公共管理效率与政治道德水平，公有制的可行性与其他公用事业的运作因地而异。如果只是因为现有的管制体系彻底失败的话，那么就有理由开展广泛的试验。

采取相当简单的（如果是激烈的）货币与信用措施就可以阻止生产与就业出现极端波动，因此我们提出了有关银行业与通货的建议。建议包含以下具体的措施：

1. 联邦对联邦储备银行拥有完全所有权。

2. 取消现有银行的执照（关于日期，如今后两年），颁布新的联邦法，完全区分不同公司间的差异，以及现有存款银行存款职能与贷款职能之间的差异。

3. 制定法律，要求所有保持存款债务和（或）提供检查设备的机构应该保持100%现金准备金和联邦储备银行存款。

4. 整个过渡期，联邦储备银行信用逐步代替作为通货的私营银行信用。

这意味着要增加投资和储备银行的即期债务，例如长期持续的公开市场购买可以注入替代性信用中介，并逐步清偿现有储备银行的投资。过渡期结束后，联邦储备银行拥有的投资占联邦债务很大一部分，因此不需要通过征税或通货紧缩就可以消除债务负担。

5. 联邦储备银行的钞票与存款代替其他所有形式的通货，成为统一的国家通货。

这意味着所有的美钞、白银、银元券、金币、金券以及所有的国有银行钞票都将不再流通。补贴性白银可能会保留，虽然可能会有一种便宜、更耐用的金属取而代之。只有联邦储备银行会以金条的形式持有金币，但仅用于国际结算。

6. 法律规定简单明确的货币政策原则，成立委派的行政机构（国家货币管理局）来具体执行这一规定，但在基本政策方面没有自由裁量权。

7. 废除对联邦储备银行钞票与存款的法定存款准备金，赋予国家货币管理局更大的权力，以履行其严格的管理职能。

上述举措着重考虑的是经济中明白易懂的货币"规则"，但不够灵活。这些政策旨在避免现有体制的无规则性，避免以专户管理为基础建立任何体制。缺乏固定的管理制度的"管理通货"是最具风险的"计划"形式。作为自由企业经济的一部分，建立货币管理局，使其有权随意改变金融合同中各方的地位，似乎是不切实际的。

在这种体制下，具体的货币政策应该是什么样的？对此众说纷纭，这里不适合讨论不同政策的相对优势。但要说两点：第一，优秀的研究者提出了几条明确的规则，采纳其中一条比选择哪一条更重要；第二，对其他国家的汇率（以黄金为标准）非常稳定，这条国家货币政策根本不充分，也不合理。这些值得考虑的规则在主张的通货数量变化程度上是不同的。一个极端是确定数量或总营业额规则，另一个极端是稳定某商品价格指数规则。前者是联邦开支与联邦税收收入平衡政策，后者则要求仅发行通货来确保连续的开支费用。重要的是要考虑不同规则在价格体系刚性的前提下如何运行，同样重要的是，选择该规则是为了确保在没有实质改革的情况下长期坚持遵守该规则的政治可能性。（这种规则必须是强烈反对"胡乱修补通货"。）

有关银行业的建议是至少用两种不同的机构来代替现有的存款银行。首先，就储户而言，存款银行必须是拥有100%准备金，不能倒闭，不能创造或摧毁有效货币。这些机构吸收存款如同仓库入货，收入仅源于服务费，或通过支票或汇票进行资金划拨时适度收取的费用。如果联邦储备银行能够慷慨合作，那么存款银行应该可以以合理的成本为顾客提供便利。有时，我们可以让邮政储蓄体系为顾客提供像活期存款账户那样的服务。

另外一种机构就是以投资信托公司的形式发挥现有银行的借贷职能。这些公司通过出售自己的债券获得资金，其融资能力限制了贷款能力。于是出现了各种机构，他们成了未来的借贷者。总之，短期借贷与长期借贷的管理方式是相同的。私营机构无法创造或破坏有效通货。[6]

这些建议确定了消除私营商业银行中不合理的信用弹性的方法，以及中央政府恢复对有效货币量及其价值绝对控制的方法。要成功地实施这些措施，就要采取完备的货币规则与财政政策，根据这些规则实施有效管理，确保规则高度稳定。无论构想得多么完美，执行得多么到位，在价格体系缺乏合理弹性，即在企业与生产服务业主之间缺乏竞争的情况下，任何货币体系都无法让自由企业体制实现高效运作。[7]

我们的税收建议基于以下几点：1. 减少贫困非常重要；2. 在现有制度框架下，累进税制既是一种有效手段，也是实现其目的的唯一有效手段；3. 在消费竞争激烈、不公平的世界，只要收入排行不变，那么低收入者与高收入者相比获得收益时不会有明显的损失；4. 可以通过征税来减少不平等，不会给体制造成效率损失，不会影响这场经济游戏的吸引力。[8]

税收一定会影响收入分配，这不以我们的意志为转移。实际上，除了对高收入阶层产生些微相反的影响外，这也会加剧不平等。对此，我们主张必须要求税收体制减少各行业间的收入差距，通过对各收入阶层实行累进税制来获得政府所需的资金。

这样的政策需要确立个人所得税在整个财政体系中的核心地位，拯救失败的遗产税。为此，提出以下重要举措：

1. 消除各种收入免税，建立纯粹的个人税收，在法律中明确规定税收根据收入向个人征税，而不是向收入征税。

   a. 废除免税债券，将所有利息与薪水款项计入应纳税收入，无论是源于政府机构还是私人。

   b. 废除对资本收益（和资本损失）的各种特殊待遇，在简化的平均体系下引入退税，避免过度惩罚年收入不稳定的纳税人。例如，如果纳税人每年的应纳税收入已经是该时期的平均收入[9]，那么对于实际缴税额超过总缴税额5%的纳税人，每五年可以获得退税。

   c. 所有投资资产未实现增值时，按照个人所得税对遗产征税，即根据当时的估价对遗产征收个人所得税，即使后代在其去世时已经将其全部财产出售。在对资本收益征税的繁荣期，除了非理性行为，这会消除一些不利但被夸大的影响。现在有新的激励措施鼓励老年人坚持增值投资，只是因为一旦持有者去世，可以实现增值，不用纳税。这就合理地解释了为何在债券市场繁荣时期，债券仍旧在大保险柜里而不是销售给中低阶层！通过这种制度，我们可

以根据“实现标准”，即根据“未实现收入只有出售才算收入”这种异常但有效的规则来消除最糟糕的收入计算错误。[10]

d. 就公司的未分配收益而言，制定有效的规定以防止股东逃避缴纳个人所得税。这里的目标应该是对公司股东征税的方式应与对其伙伴的征税方式相同。或许，在当前的环境下这是不切实际的，但是就上述提出的有关公司法的“新政”而言，这是合理的。

e. 规定计算个人所得税时，必须包括所有者为消费目的（如居住）而使用的全部房地产的净使用价值。忽略这项收入是美国所得税的特殊之处。如果要想实现平等的个人所得税，必须考虑这类收入。最好的解决办法就是采取澳大利亚的做法，按照固定比例（比如5%）的财产资本价值来计算这类收入。这可以消除贬值与维持津贴的复杂情况，可以极大地完善现有制度，即使这项收入只按照当前地方的实际财产估值来计算。

2. 应该将所有遗产、遗赠以及生者之间的赠与视为接受者本年度获得的个人收入。这条建议是确保遗产税原则有效应用的唯一可行做法，即避免去世前通过财产分配逃税。要采取这种做法，就要废除现有遗产税。可以保留合理的遗产税。

3. 必须保留只有联邦政府可以征收的遗产税，继承税以及个人所得税，但要规定与各州慷慨分享税收。有人建议根据征收情况，即纳税人的住所，将50%的税收返给各州。或许只有这样才可以废除州及地方税收体制内过时或倒退的规定。

4. 加快改革个人所得税的税率结构，尤其是对中低收入阶层大量征税。有必要说一下保留当前“消失”的免税，也就是说免税是依据税款数额而不是收入数额认定的。可以要求所有的收入所得者填报税表，支付一小笔费用。鉴于当前的免税情况，我们应该有至少20%的原税率（正常税），而该税率应该至少达到当前的最高值。从税收收入角度来看，高收入阶层的税率是否应该高于当前的税率水平似乎不那么重要。如果向中产阶层课征重税是客观的，那么应该谨记另一种办法就是保留对一般消费品征收累退税的做法。我认为真正重要的问题是政府的税收收入是否应该主要来源于对中低收入阶层的征税。

这些建议让政府通过个人所得税的方式掌握约10%的国民收入。这些建议主张废除所有普通消费商品的消费税，最终废除所有不合理的税收。例如，最好永久保留汽油税，这显然是政府向不享受补贴的阶层（或某种消费形式）提供特殊服务而收取的费用。也要保留不动产税，不能降低既有税率。这些税款很大程度上是固定的，代表政府在不动产中拥有的既得权益。这种不动产不断买卖，就要不断征税，而降税是社会通过提高资本价值，赠与当时不动产所有者的礼物。

就开支问题，以政府提供的商品与服务继续提高民众的自由收入，要么不收费，要么大幅调整普遍的价格管制政策。有机会拓宽医疗服务、娱乐、教育、音乐、戏剧等社会化消费的领域，尤其是社会福利活动的领域。只要我们过去所依赖的税收涵盖这类开支，这些领域的前景就不具吸引力。也就是说，政府一方面给予民众，另一方面又从民众手中夺走。

自由派反对关税。我们的关税体制本质上是凭借商品税收进行补贴的体制。对理性的人来说，同样明确的补贴与税收体制像一只怪物，补贴开支远远超过了其他所有的联邦开支，同时还有繁重的累退税。有两种主要的反关税观点：1. 如果我们要获得大量补贴，消费者不应该按照消费比例来承担；2. 政府对某行业给予大幅度补贴是荒唐的做法。生产商集团既分享又贡献的补贴体制是荒唐的。统一关税补贴肯定不可能统一，它只适用于其产品可能以其他方式进口的生产商集团。但是这也提出一个问题，那就是为何应该将公共补贴限定于这类生产商集团，为何要让以出口为主的生产商承担不可避免的负担。

因此我们的关税会大幅减少实际国民收入总额，显著加剧收入不平等。但还要强调一下其他两种观点。

第一点是在消除私营垄断、恢复价格体系合理弹性的方案中，降低关税很重要。某些行业在国内建立充分的竞争环境方面存在技术难度。有了高关税壁垒的保护，要确保实际竞争，必须强制实行公司小规模化，这对进口自由来说并非必要。尽管有强大的国际卡特尔组织，但事实上，国际范围内维持价格更加困难。很难想象出一个不折不扣的整治方案，既确保国内的竞争与灵活性，又避免与国外的激烈竞争。

第二点与一般观点有关，即反对公共监管私营行业价格及其对政治道德和未来民主的影响。渴望保护民主制度的国家不允许其立法机构混乱分配特殊补贴与特殊恩惠。一旦发生这种情况，整个社会的利益将无法得到保护，更重要的是政治制度本身无法自保。

在政治上，关税法首先使得民众政府退化为利益团体之间的冲突。很显然，这对政治道德很重要。与关税不同，各种“恩惠”与“分肥拨款”政策似乎不太重要。

降低关税的方法就是降低而已。有一种重要的情况有利于循序渐进。必须认清最不可接受的补贴中的合法既得利益。理想的做法是按比例持续降低关税，目标是在十年间将关税降为零。[11] 如果减少的关税能从其他国家获得，也算好事。但是要知道如果按照合理的规则去管理独立国家的通货，那么这个国家从降低关税中获得的收益绝不是建立在降低国外关税的基础上。

这里简述一下第五条建议，不准确的内容暂不讨论。滥用商品推销手段极大地分散了我们吹嘘的生产效率，这是常见的事。对将资源引入间接金钱需求最大的行业的人与将金钱需求转化为生产的产品的人来说，这种经济体制会为他们带来回报。要么生产消费者所需要的商品，要么让消费者想要正在生产的商品，这两种方式都可以获取利润。有利地利用资源来操纵需求的可能性或许是导致现有体制不经济的最主要原因。如果当前趋势继续下去，我们可能很快就会面临一种情况：利用大多数资源劝服人们去购买某种商品而不是另一种，而实际上只利用一小部分资源生产人们要购买的商品。

如果只是想抵消竞争者的开支，公司必须在广告上投入巨资，最终所有公司都可能有等量的业务，就好像根本没有做过广告一样。每位生产商必须提供“加价”来贿赂商人，推销自己的产品，只是因为其他生产商也会做同样的事。必须禁止消费者进入批发市场和了解价格，以保护零售商的非法牟利行为，因为个体生产商要求与他们进行合作。随之而来的是小型零售商如雨后春笋般增加，这些零售商在小额贸易中做出了很大的贡献，现有的制度允许他们成为商人而不是消费者。这些领域似乎没有明确限制愈发严重的经济浪费现象。每位生产商都必须跟上其他生产商的步伐。

在这些商品推销做法中，可以找到一种促进合并和生产商组织化的激励措施。开展合作的公司可以节省竞争性销售活动的费用，组织化允许有利可图的合资企业以其他行业为代价建立其对普通商品的需求。因此彼此竞争的公司实现组织化可能改变其做广告的方式，而不是必须减少这种总费用。行业间的销售活动充满了竞争，不只是行业内部。广告大战成了有组织集团之间的竞争，而不是同类商品生产商之间的竞争。虽然组织化并未通过商品推销为社会带来丝毫益处，但是个体参与者却受益很多。此外，做广告意味着对参与竞争的新型小公司设置经济壁垒以巩固垄断。因此对商品推销体系进行适当改革比肆意浪费资源更有助于就业，这可能会消除破坏行业真正竞争的某个主要因素。

商品推销改革带来了巨大的经济回报。但这种改革与其他建议不同，不是我们的政治经济体系生存所必需的。即使在没有为此目的采取任何政治行动的情况下，商品推销也有待完善。批发价格与零售价格，批发市场与零售市场之间的显著差距可以被视为重商主义体制的残迹。重商主义体制，作为一种抑制贸易的庞大体制只是最近才开始被削弱。邮购商店和连锁店式大型零售店的快速增长是有益的，前景非常广阔（如果没有过多愚蠢的法律的话），可以通过增加单位规模，形成良好的经济形势，而不会产生真正的垄断问题。

像消费者研究公司这样的企业代表了革命性发展的开端。我们希望这些企业能够繁荣发展，希望私人捐赠基金可以促进企业发展。很难想象出更让人尊重的慈善机构。或许可以会成立受资助的非营利性机构，准许生产商（免费或适当收取费用）使用该机构的认证，或贴上定型产品的标签。最终，更多的日用商品会根据标准局的标准进行贴标与分类，这样消费者就可以知悉（坚持要求知悉）哪些品牌商品满足政府采购的要求。或许，我们还希望广泛建立消费者合作组织，开展集体研究与消费者教育。

约束性法律早期无法根除商品推销恶势力。人们不接受疗法比病症效果更糟的观点。对广告业高额征税就是最好的例证，只要税率可以高于收入所要求的税率。可以根据销售费用在总费用中的占比向生产商与批发商征收累进税。主要目的是消除竞争性广告业，人为分离批发市场与零售市场。消费者应该自由购买商品，不论现有零售商是否提供服务，正如消费者应该自由选购不同价格的牛奶一样，不论是否送货上门。

目前为止，我们几乎没有提及当前的经济萧条问题。第一条和第二条建议表明我们可以采取适当的措施以防止极端的经济萧条情况再次发生。然而，目前我们要关注的是如何摆脱当前极端失业和生产不足的困境。除非马上解决危机问题，否则讨论长远政策毫无意义。

经济萧条问题的实质是决定成本的价格相对缺乏弹性的问题，也是有效通货数量紧缩和流通速度减缓的问题。这种情况的主要特点是生产价格与运营成本不一致，因此没必要抑制通货紧缩和减少就业。合理的方案就是先降低粘性价格，然后提高弹性价格，这样才有可能创造企业盈余。可能无法快速实现黏性价格下降，因此必须依靠通货再膨胀的政府开支。

通货膨胀的财政政策的确很危险，但不如其他方案危险。应该首先明确宣布一项目标，或许可以用稳健增长的指定价格指数来说明。要快速实现该物价水平目标，制定政策时要着眼于最大限度的弹性，以确保将通货膨胀抑制在指定范围内。必须采取这种措施确保体制的运行，因为银行业和垄断导致该体制陷入了困境。

这种政策考虑的是让弹性价格与最能抵抗下行变化的价格保持一致（如运价、钢轨价格、电子设备与铝价格、高度有组织贸易行业的工资等），以及普遍提高产量。如果下行的粘性价格在随着通货膨胀而上行的过程中有弹性，那么整个方案就是失败的。虽然政府不会降低上涨的价格，但推动价格上涨的恢复计划极为愚蠢。如果非竞争性价格随着通货膨胀而不断抬高[12]，那么这种刺激效应会被抵消，政治手段无法避免越来越频繁的通货膨胀。《国家工业复兴法案》及其法典最糟糕，其设计的有效机构延缓或阻止了国家复兴，让我们偏离了民主。

对罗斯福方案与所谓的"新政"进行言语上的谴责并非难事。一方面，人们犹豫是否要谴责，因为谴责会让他们获得与自身政治理念缺乏共识的人的支持。另一方面，人们犹豫是否要疏离那些自己认同其目标与志向的热忱人士，无论他们如何看待容易达成一致目标的方法。

如果不赞成前任政府的政策，就不能批评现任政府的政策。事实上，人们必须谴责民主党，因为民主党整体延续了过去最糟糕的政策。《国家工业复兴法案》只是罗斯福的信任策略和工资政策。

农业措施与其他规划建议是共和党保护主义的逻辑对应和自然延伸。黄金政策与白银法律，如美联储，只会让原本糟糕的货币与银行体系变得更加糟糕。

然而，仅仅谴责某些具体举措和建议毫无意义。真正的批评必须基于批评者对合理政策明示或暗示的理解，并且具有重要意义。本节已经根据合理自由政策的明确准则，对当前的经济政策趋势进行了批判。那些认可此观点的人认为没必要详尽地指出自由政策存在的风险，因为自由政策得到了政治领袖和新闻记者与经济学家的青睐。其他人认为自由政策的确毫无意义。

这里概述的计划为热忱人士和理想主义者提供了出路，现在可以有效运用。这项计划似乎满足了最狂热的改革者的需求，为真正的经济规划提供了足够多的机会。整个交通与公用事业领域逐步扩张政府企业。实行竞争和商品推销改革需要政府采取慷慨措施来管制私营企业。计划并建立一个强大的收入和遗产税引擎是一项伟大事业，很难吸引那些真正关心不平等的人才。以政府服务的形式，尤其是拓展社会福利活动来提高并改善社会的“自由收入”，这有着无限的可能性。最后，或许最难的是构建完善的货币与银行制度。

当然，无法就具体措施达成一致。没有读者能发现所有措施都被接受（我必须承认在许多方面都有自己的顾虑）。如果为简单起见，那么根据可能的解决方法来确定问题，根据具体的措施来确定自由政策的总体目标就是合理的。我们希望集团内部能就这些总体目标达成共识，从这种共识出发，我们又能提出具体的建议，既充分又明晰。[13]

本文希望促进在学术领导力方面发挥重要作用的集团内部达成共识。曾经辉煌数百年的政治经济自由政策很快会被摒弃。经济学家守护着自由主义传统，因为经济学源自自由主义，他们要指明如何摆脱混乱的政治经济思想，这种思想预示着未来将要发生的事情。

第三章　自由竞争的必要条件*

自由竞争的必要条件是采取必要的政策和措施，以确保既有政治经济制度的存续。当这一话题分配给我的时候，我遵循的不仅是我自己的兴趣，还有整个计划委员会的建议。

我的任务是以《有关自由经济政策的一些建议》为题重述并讨论我早先提出的观点。时间有限，我只概述之前的观点，简要提及具体的建议。我要确定基本目标，详细描述政策，根据最近目标与具体措施阐述总体建议，评论当前的政策与观点。我可能无法完成所有这些工作，只是抛砖引玉。

诚然，保护自由是最重要的政策目标，也是实现其他合理的社会目标最有效的手段。我憎恶暴力、革命和独裁，我认为我们必须在自由竞争和与日俱增的政治控制之间做选择。考虑到实际政策，我们只能在竞争性体制与独裁式集体主义之间做选择。折中计划和所谓的美国折中主义只是幻想，让我们远离我们真正重视的一切。

有很多条道路可以回到权威。我们要么故意摒弃政治经济自由，要么继续缓慢前行、拖延时间、不断试验，根本无须任何政策。

* 本章经《美国经济评论》(增刊)(第26卷第1期,1936年3月第68—76页)授权重印。

为了保护自由，实际上，为了保护促进人类思想进步的一切，必须推行积极的经济政策，改变长期制定的政府政策。传统的自由主义观点指出了唯一可行的办法。

当今，可以根据货币、垄断与管制和不平等三大问题来决定传统自由主义经济政策当前的目标，我会具体阐述。这些建议是激进的、必要的。现在需要全面实施保守的政策。现在需要的不是采取激烈措施，而是要彻底改变政策，明确法律指向，只为实现明确的长期目标。否定按部就班主义，就得否定整个自由主义信念。因此必须将以下的建议视为确定的政策方向，而不是大刀阔府的改革方法。

第一部分　有关货币的建议

一、建立明确稳定的货币法规，换言之，创建国家货币体系，减少货币不确定性，为预期货币值提供安全和稳定的基础。

二、聚焦遵守和执行货币规则的责任。

这两条建议可以解释为：

1. 否认中央银行业务，以及有关具有货币自由裁量权和决策权的货币当局（独裁者）的所有计划。

2. 把货币规则建成一种宪法以外强制约束中央政府预算的制度。必须贯彻执行货币规则，货币规则必须决定财政政策。

三、金融改革（主要是银行业改革）要明确区分货币与私人债券。

不断集中中央政府手中的权力，以创造货币和有效的货币替代品。(我所说的“货币替代品”指的是所有广泛接受的债券，不仅可以用作流通媒介，也可以在现金准备金或储藏中使用。)

这里无法捍卫某些人提出的逞强的银行业改革计划，总体评论几句足矣。

我们必须摒弃并避免一种金融体系，在这种体系中，实际投资于生产和贸易的资金，同时对即期或短期的债权人来说是合法可用的。我们必须防止货币替代品周期性增长，也必须面对大量投资无法变现的情况，因此必须重新改革允许的金融政策。只有严格限制私营企业的借款权，通过特别宪章、法规、审查、担保等措施收回政府赋予银行债券的特殊地位，才能找到解决方案。

之所以进行彻底的银行业改革，主要原因是如果银行业坚持目前的方式，那就会被国有化，至少会受到政府的不断管控。无论哪种情况，结果都是政治对投资方向的管制。如果我们能够区分清楚发行货币职能，资金入库存储与转拨职能和用于投资的资金流通职能，那么政府对履行最后一种(或最后两种)职能的企业的管制很容易局限于为企业提供保护措施以防受骗，使政治影响对投资资金分配的威胁减少到最低程度。

货币改革迫在眉睫，前景广阔，因此这是我们要讨论的重点。如果资本主义从荒谬的经济体系中解放出来，就会不断忍受其他痛苦。如果继续存在愚蠢行为，就要从学术上考虑如何拯救这一体系。缺乏明确的政策规则必将导致愚蠢的行为。

我们必须减少货币不确定性，采取普遍接受的政策规则，防止经济繁荣出现混乱局面，因为信贷扩张和减少货币持有量现在严重威胁经济繁荣。我认为建立规则，确保包容性商品价格指数稳定在当前水平，可以让我们摆脱目前的混乱局面，为未来真正的货币体系奠定基础。根据这样的规则，我们可能会获得有利的财政和中央银行措施，否则这在政治上是不现实的。有人否认我们提出的刺激经济繁荣的方案，但长期的经济萧条又迫使我们想去拉拢他们。然而这种规则只能自我拯救，别无他法。

货币改革可以是非常有益的，而不是激烈的或令人苦恼的，并且政治形势相对有利。目前根本不存在货币体系，也不存在与之相当的体系。保守派在货币议题上的观点很薄弱，学术保守派比政治保守派更加薄弱。幸而，左翼阵营根本就没有自己的观点。

第二部分　有关垄断的建议

一、在所有有效价格竞争的行业中谨慎营造并维持竞争。

一定会有人不断检举限制贸易的阴谋，尤其是公司法的全面改革。只有联邦政府可以赋予大公司特许权，必须谨慎赋予这些大公司权力，并对其权力加以制约。（从政治改革的角度来看，垄断问题和经济问题主要与公司形式被滥用有关，比如粗心大意、过度地分配公司权力。）

必须明确区分运营公司与投资信托公司，制定约束条件和禁令，将每一类公司的活动限制在各自所属的领域。应该否决运营公司可以拥有其他同类公司债券的权力，应该预防连锁控制，预防试图影响价格的投资信托公司的做法和其他公司出台的政策。联邦贸易委员会针对特定行业设定了特殊的限制条件，必须据此来限制运营公司的规模，使其符合维持实际竞争的政策。

管理部门和新闻界已经把某些人抬高到经济学大家的地步，他们认为这样的建议极其荒谬，已然过时，并强烈谴责这些建议会牺牲大规模生产的经济体。然而理性的支持者不会要求完全竞争，即使刚正不阿、才华卓越的批评家也不会把这一政策说成是需要生产组织进行彻底的改革。改革主要针对的是产权单位和控制手段，与运营无关。大量公司会分化为更加专业化的公司，不同生产阶段的所有权分离，因为不同生产阶段的产地与管理已经分离了。就横向合并而言，该政策要求运营公司的所有权分离，因为运营公司通过普通的广告公司和销售公司联系在一起。特殊制度可以满足开展有序、联合资助的工业研究的需求。如果实际生产经济体需要超大型单位以实现的有效竞争，那么应在两方面做出牺牲。实际上，我们有理由建议行政机构拥有某些自由裁量权，尽管这种权宜之计普遍令人反感。

我将以两种形式提出另外一条垄断建议。

二、要明确区分要求并乐于由政府管制价格的行业和其他行业，并严格限制第一种行业。

避免调控成为铁路和公用事业领域的永久措施，尤其是要彻底否决这种权宜之计成为其他行业在社会化与自由竞争之间做出的合理妥协。

鉴于当前的法律和观点，这是一条重要而独特的自由主义信念。

第三部分　有关不平等的建议

为显著减少当前财富不均、收入不均与权力不平等，要重新调整政府开支（包括公开的和未公开的补贴）和税收。

可以采取如下措施实现该目标：对个人所得税采取更宽泛且不那么诡辩的定义；为避免累进税堵住大量明显的漏洞；确立正常税率，比如 20%；与各州共享因个人所得税而产生的联邦税收收入；从联邦税收体系和各州税收体系中废除所有消费税，保留汽油税。

我想详细地讨论前两条建议，但是我只能在这里附上一些一般的观点：

1. 根据上述的建议，当前多愁善感的自由主义者找到了唯一安全、合理的解决方法。

2. 减少不平等是改革目标之一，可以且必须独立开展。就提高购买力、防止生产过剩、投资过剩或储蓄过度而言，这都是一种完全荒谬的方法，无论这些词语意味着什么。从这方面认真思考就是天真地思考纯粹的货币问题，研究货币政策的落实情况。

3. 为了利用减少不平等的方法管制相对价格和工资，我们必须放弃那些令人困惑的措施。经济学大家和江湖骗子的区别在于经济学大家有时会适当思考交换经济的机制问题，克制自身的多愁善感。

还有两条建议需要补充到自由政策的三大目标中，虽然也可以归入其他三个目标但也要引起特别关注。

第四部分　有关对外贸易和农业政策的建议

逐步废除关税体系中隐含的巨额联邦补贴，直至彻底废除，迅速终止对农业的补贴和生产管制。

关税改革至关重要，是清除政治日益干预相对价格的关键一步。只要国内贸易本质上是自由的，关税法律就不会伤害到政治领袖及其代表们所有反社会、分肥拨款和选票互助的行为。现在，如果整个国内价格领域不再是政治操控和民主腐败的温床，那么代表特定生产商集团利益的特别法律必然会遭到整个领域的抨击，尤其是其传统应用方面。禁止对消费者的自由抨击，因为如果不改变关税改革的方向，我们就无法阻止关税政治大规模干预国内贸易。我希望《国家工业复兴法案》只是一个令人不悦的回忆，但我们不能依赖最高法院来保护我们免受代议制政府自杀行为的影响。

对外贸易更加自由，就更加容易维持国内市场的有效竞争，对公司规模的限制就不那么严苛。合理的货币改革会大大削弱普遍的关税分配观点有利于降低关税。这里或许需要进一步讨论货币政策。

价格指数稳定在当前水平可以让我们无限地自由出口黄金，维持当前的黄金价格。这些制度依赖于我们持续降低的关税，能够防止储藏大量黄金，交换大部分货币黄金以换取有用或可获利的东西，促进有黄金需求的国家的经济复苏，改善世界贸易和国际关系环境。这种计划主要是让出口主要产品的生产商获得因近期贬值而产生的收益。如果根据既有的货币政策进一步降低关税与以普遍价格自由出口黄金相矛盾，那就应该继续降低关税，黄金价格和汇率应有各自的标准。

我提出的第五条建议也是最后一条，可以看作是另一条有关垄断的建议。显然会有人指责我根据政策目标给政策下定义。

第五部分　有关商品推销的建议

广告业与商品运销浪费大量资源和恶意迷惑消费者将被视为公共政策领域的主要问题。

但是我没有时间，也没有能力讨论这个问题。正如一位诗人朋友所言，主要的机会在于开展有组织的消费者教育或为购买者提供保护伞。但是可以对其他改革抱有希望：为了给消费者提供信息和建议，开展消费者合作，更重要的是建立政府机构与私营机构，制定标准，进行标准测试，确定统一的等级，为消费品制作信息准确的标签。政府机构可以做很多工作，尤其是通过引导和鼓励，来推动这些变革，实现高效的运销。

如果仅是出于服从礼貌话语的压力，现在必须回到管制话题，进行简要评述。

在我的书中，我曾建议铁路尽早过渡为国有，然后其他公用事业也逐渐过渡为国有。坦率地说，我认为这些行业的形势不容乐观，我对国有问题不感兴趣。目前，一些重要领域普遍认为铁路领域的制度为管制其他行业提供了一种简单且极佳的模式，然而我提倡这种改革主要是为了抨击这种观点。这是近期以工业规划为主题演讲的实质，也是“管制大公司”提倡者的核心观点。竞争与集体主义之间的合理妥协只是下行期的一种幻想，无法回头。这种观点是一位狂热的法西斯分子提出的，缺乏智慧和洞察力。

伦敦的一位经济学家批评我的观点，指出完全的、未经管制的垄断适合于铁路国有化。先将争议搁置一边，我要补充一点，即显然这也适合于其他行业的国有化。未经管制的法外垄断还可以忍受，但是得益于管制和法律援助的私营垄断就是整个体系的毒瘤。在现实世界，将管制视为保护公众免受垄断剥削的手段很重要，是对政府在没有法律支持的情况下维持高于垄断的最低价格和工资这种观点的辩解。有趣的是，铁路管制过去常被视为降低价格的手段。

我并不太苦恼于私营垄断权力问题。如果进行合理的货币和银行业改革，我们的制度就能够生存，整个体系茁壮成长，不受大量私人诈骗的影响。抑制非法暴力和严重的不公平竞争可以防止出现严重的剥削。当然，劳工组织可能会导致都市人口减少，工业生产能力减弱，迫使我们放弃铁路运输。企业组织也可能会阻碍经济进步。然而，竞争的方式是狡诈的，除了政府干涉以外，对竞争的报复合乎需求，令人称快。

真正的垄断问题源于政府几乎不会允许私营垄断为自己的行为承担相应的后果。垄断主义者会寻求政府的保护，防止对其不稳定均衡的任何威胁，正如他们面对国外竞争时总是采取这种做法一样。政府有可能被迫执行最低价格。在政治经济学所有的模糊概念中，没有一个概念像“公平价格”这样具有误导性，不可预测，会破坏合理的政策。长期抑制的竞争再次复苏时会引发混乱局面，因此需要重新调整。虽然重新调整是为了公众利益，但这种做法太痛苦，立法机构无法承受，能言善辩的少数派也很担忧。

然而，这是杜绝私营垄断令人信服的理由。每次抑制竞争就会催生管制的需求，每次管制都需要更多次的管制，在有序的例行程序中，每次代表某集团利益进行政府干预都需要代表其他集团利益进行再次干预。结果便是：政府对许多行业的不断管制带来的都是社会化困苦，而不是益处。企业经济因政治控制而瘫痪；无数压力集团为争夺特殊的政治恩惠而导致代议制政府道德沦丧；出现专制独裁（我略去了通货膨胀，将其视为一种症状而不是疾病）。

如果你们只能在遥远的未来设想这些问题，那么我认为美国是更广大的世界的一部分，我会提醒你们注意最近的白银法律，尤其是《烟煤保护法案》，该法案完美地证实了我对垄断与管制的整体观点。如果根据明显的权宜之计可以原谅这种法律，那么负责的领导人只能通过证实该体系已经道德腐化，决策错误以自证清白，无论起源多么遥远。如果有人认为这些开端之举对计划经济、有组织协商和管制的前景的描述是不公平的，那可以说他缺乏政治洞察力。

针对有关关税和近期的法律的各种解释，经济学家认为需要得到武力或法律支持，但价格或工资太高了，其他人和我们都发现尤其在民主社会，必须节约使用武力和法律。因此对自由主义者来说，根本问题还是老生常谈的保护问题，代表特定集团而不是社会的利益进行政府干预的问题。如果我们现在无法制造并保持强大的道德压力来限制政府使用权力为有组织生产商少数派牟利，那么代议制政府大势已去。我希望这体现并解释清楚了我要表达的观点。

货币问题很突出，也很有趣，再加上不平等与商品推销问题，自由主义改革并未遇到强大阻力。政策或观点并未有强烈反对声，只是学术界存有困惑与犹豫。在反对政治控制相对价格与工资的过程中，自由主义明确了自己的立场，坚持反对强大的历史潮流；反对无数受到保护的少数派的既得利益；反对重商主义的新旧诡辩论，反对被误导的盟友的做法。

这场竞争的赌注巨大。现在美国掌握着自由主义信念与民主理想的未来。忽略掉我能力之外的因素，我承认在更加自由的竞争和加强管制价格与工资之间做选择会决定我们是带领欧洲走出低谷，还是跟随欧洲继续沦落下去。

第四章　主张自由市场的自由主义*

瑟曼·阿诺德的《商业瓶颈》（*The Bottlenecks of Business*）[1]是这一时期重要的政论性著作。总体而言，本书可以理解为是作者表达恢复美国自由市场的诉求，即保护民主生活方式，保护作为政治自由基础的国内自由贸易。最近，则是一项拨款诉求，以资助执行《谢尔曼法案》（Sherman Act），保护该法案、司法部反垄断局和阿诺德先生不受集体主义者的攻击，因为"新政"与国防委员会将左翼和右翼集体主义者吸引到了华盛顿。有人以政治清算威胁阿诺德及其计划，然而阿诺德本人似乎不甘于接受这种命运，或是为了隐瞒其辞职所牵涉的问题。最近，有人已经运用政治手段谋划、公开、完成了对他的起诉。本书极力呼吁继续实施这一计划。对阿诺德的清算现在还未提上日程，如果不能揭露上级领导极力避开的问题和政策影响，不可能完成清算。无论如何，阿诺德后来还是单凭一己之力预先阻止了制度的行政合法化，这些制度自谢克特案[2]之后鲜有公开。法律外通过的"工业自治"仍受到政客的青睐，同时缓和了商业领袖与劳工领袖之间的关系，军事紧急情况提供了一个看似合理的理由。

---

* 本文经《芝加哥大学法律评论》（第 8 卷第 2 期，1941 年 2 月，第 202—214 页）授权重印。

阿诺德目前的立场责任重大，但又充满机遇，这让他变得谨慎、负责。如果读过阿诺德早期著作的读者[3]不了解他最近的活动，会惊讶于这种变化。对政治传统和象征主义愤世嫉俗、善于诡辩的评论家如今却成了这项伟业的狂热拥护者。阿诺德长期以来认为可能性就是一种讽刺，然而有些人认为他在这方面的努力总是让人失望，在学术上有点令人怀疑。人们很少发现阿诺德抨击世俗谬误和神话的真相，如果在不同的语境中进行推理，这种真相就如同他所嘲笑的事物一样荒谬。真相在于阿诺德对准则的非规范批判。如果阿诺德从未不厌其烦地审视或揭示他自己的准则前提，他不会被当作愤世嫉俗、自作聪明，人们可能会忽视他。这反映了只有道德厌倦与困惑曾经（现在呢？）是这个冷漠幻灭的民主社会的民意。阿诺德现在既不感到厌倦，也不感到困惑。此外，阿诺德是这种经济唯一重要的提倡者，只有在这种经济中我们才能在国内保留为对抗轴心国而提出的建议。

还有其他的例子可以说明人们的政治经济学观点不断适应他们所面临的特殊任务。最著名的代表性人物就是亨利·华莱士，他在华盛顿自然无法与曾经主张自由市场的自由主义者和谐共处。华莱士构想并公开提出了另外一种政治经济信条，将其农业计划概括并解释为永久性国家政策。现在学者们都认为华莱士先生极力主张在有组织的不断垄断的职能集团中推行极权主义或前极权主义协商经济。作为神秘的、多愁善感的、感性的民主拥护者，华莱士在国际上热心支持民主，同时捍卫在国外遭到削弱和破坏的国内政策。如果华莱士利用了贸易限制，那么政府中其他突出问题则为财政政策提供了合理的理由，这些财政政策是内战的适当补充。这些同事已经把这种合理的情况延伸到了突发的通货再膨胀，并提出了无限增加联邦债务的观点，尽管华莱士已经简洁明了地提出过这种观点。由于其他的领导人被要求去解释补贴与垄断特权的混乱分配问题，因此他们利用具有吸引力的购买力学说蒙蔽能读懂、能听懂的公众。购买力学说华而不实，胡话连篇，共和党演说家过去常向农业投票者兜售工业关税。

负责的官员应该向公众揭露他们的观点和构成其观点的具体内容，这才是正确的做法。这种做法有助于判断官员在权力方面是多么危险，在少数情况下可以揭露个人被赋予其拥有的权力。在政府机构和领导人的公共关系活动中，现在终于发表了一份强有力的、巧妙的、有说服力的政策立场声明，它与保护政治自由和民主制度相一致。瑟曼·阿诺德发现在自由市场观中，有些观点值得信任，有些观点值得为其辩解。这一观点并非原创，但是让人感到惊讶的是所有学者中只有阿诺德再次发现，并将其用作政策指南。如果说旧观点是本书的主旨，那么本书仍旧是创新之作。经济学家在这里不会找到这种观点的最佳定义或丰富内涵，实际上他们无法理解阿诺德真正要表达的思想，然而这种观点经过包装解释给敌对的选民和立法机构时他们就会发现情况会怎样。

如果我没有弄错的话，阿诺德早期著作的实质是不着边际地讨论如何成为一名成功的政治家（不做独裁者的话），如何用政治做派行事。我们中有些人无法从这些书中收获一二，但阿诺德截然不同。阿诺德对策略和战略的看法，即使不是以其社会学著作中的一般理论形式深受启发，也算是让人印象深刻，因为他的观点体现在了具体实践中。说服自己后，阿诺德将关于自由市场的自由主义中最具说服力的观点当作一种随处可见的、迫切而具体的方案。整体而言，这本书还是有很多真理与智慧能够满足严苛的学术读者的需求。就细节而言，书中愚蠢的观点和半真半假的陈述能够满足当前构建良好公共关系的专业标准。如果要找到这种观点可抨击的地方，那就很难了。

表面来看，本书对总体观点进行了最含糊的表述。如果要把阿诺德对不同集团的让步加起来，不考虑讨论中的总体观点和言外之意，那么可以得出结论：除了《谢尔曼法案》，阿诺德没有什么可以反对的。每当想象着对手即将到来的时候，阿诺德抱着自由贸易的橄榄球跑向并越过自己的球门线，他从未被击倒，随时保持进攻。最终，他坚定地朝着正确的方向前进，如同起跑时那般精力充沛、身强体壮。他的对手们却疲于看他令人胆战心惊的冲跑。

换言之，阿诺德不像不切实际的传统经济学家那样，乐于抨击那些坚不可摧的观点。少数派主导着这种政治形势，尤其是在限制国内贸易方面有巨大利害关系的少数派。有些人以漠然的、学术上孤立的方式来怒斥少数派，然而阿诺德正在进行一场真正的政治斗争，与逆境做斗争。阿诺德无法与所有的权势少数派一一较量，甚至无法在缺乏政治庇护的情况下惹恼他们。阿诺德只是抨击那些土匪（对少数派最狭隘的定义）和相对无恶意的怯弱的垄断者，他们不受欢迎，但其垄断做法却奇迹般地摆脱了当前的政策与舆论中隐含的一般制裁。重要的是以《谢尔曼法案》的名义起诉某人。必须以某种方式继续抨击贸易限制，继续反对某些事情。阿诺德更有兴趣保持自身及其观点的活力，而不是绘制最终的征服范围。

阿诺德对现有贸易限制的兴趣与其重要性成反比，这并非贬低之言。他善于发现神牛，并对神牛表现出极大的尊重。神牛在他经过的地方随处可见，但是他从不猛然撞到一头神牛，经过附近的神牛时也不会轻抚它，给它喂好吃的。轻抚远处的另外一头神牛时，阿诺德不再提起一些非常污秽的玩笑，他在周围的举止一贯是毕恭毕敬。奇妙的是，由于他的服从、退让、否认以及致歉，阿诺德总是能够到达某地，宣传某些重要的观点，保持高涨的情绪，无论他多么频繁地认输。

阿诺德的所作所为通过对比就可以体现出来。如果现在写一篇有关阿诺德一般主题的文章，那我在文章开头（和结尾）会写劳工市场和工会垄断权力中存在严峻的、糟糕的垄断问题。其次，我认为企业垄断主要是企业规模过大问题、企业帝国主义运营之风问题、异想天开问题以及企业大量整合问题，如同我们的大都市，我们错误地认为这是经济效益的典范。再者，如果单位部门大到只能实现大规模高度专门化的生产经济，那么我们无须过于担忧生产商串通定价。在拥有巨大财权集中的巨型企业集团所主导的行业中，阻止有效勾结是一项糟糕的任务。最后，要在广告活动，尤其是全国性广告和全国性或区域性销售组织中找到真正有竞争力的企业和为消费者提供高效服务面临的主要障碍。我提出这些观点（可以归结为劳工组织和工业组织中的规模问题）时应该说实话，我自己和真相应该也会受到很大的伤害。

阿诺德准备讲述，也许只能看到现在告诉他们的真相是安全的或有用的。但是阿诺德屈服于集体谈判权，否认起诉工会垄断劳工组织的意图。在这一方面，阿诺德承诺遵守少数派制定的限制条件，服从最高法院的大多数观点。阿诺德认为《谢尔曼法案》不关注工资，工时、工作环境和工会认证方面的工会行为，只关注敲诈勒索行为，只关注工会与雇主的合谋定价行为，即滥用工会来监督限制产品贸易的行为。虽然该计划忽略了问题的本质，但仍旧引起了一时轰动，如果继续下去，必将使许多组织和领导人感到不安，因为其公共关系已经让他们从流氓土匪站到了对立面。尽管阿诺德全然退让和放弃，但仍手握利器。实际上，阿诺德不自量力，但他的立场是禁止直接攻击劳工。

阿诺德非常重视规模生产经济，谴责《谢尔曼法案》中的普遍观点，认为这是对大企业的抨击。阿诺德从未提出过生产经济是否曾经或不断要求真正的垄断规模，或者是否还有地方解释真正的企业集团（这是实际垄断问题非常重要的一方面）这种幼稚问题。阿诺德也没有明确大规模生产经济和广告经济与销售经济之间的区别。大规模生产经济从社会角度来看是合理的；虽然广告经济与销售经济对于企业而言非常真实，但对于社会而言很不经济，会造成浪费。阿诺德没有谋划过大规模问题，除非该问题落入坏人之手，变得非常恶劣。鉴于当前的政治环境与普遍的谬见，阿诺德又会对广告业与垄断之间的关系问题谨慎地保持沉默。

同样可以解释阿诺德对体系构建者、详尽的改革计划和有关政府政策的一般学说的讽刺性评论。阿诺德的讽刺言论恰当、贯穿始终，不同于共产主义者、社会主义者和集体主义规划者。但是与阿诺德最近计划和目标一致的计划的拥护者呢？与阿诺德的计划有一定距离的目标，只是让其当前的措施具有实际意义的世界或制度体系的拥护者呢？如果阿诺德在这方面只是欺骗公众，故意为之，是易看穿的伪君子，那倒也还好。如果阿诺德认为自己具有宽泛主义的色彩或展示出自己建议中的表面含义，那他就很愚蠢。

对首席检察官助理而言，明智的做法是让自己表现为一个朴素、简单、纯真的人，去质疑理论与体制，坚决依本能行事，发现时坚决执行法律。如果阿诺德没有发现，那么观察力敏锐的读者会发现阿诺德的书满是普遍观点和理论，正是这些观点让他的书成了佳作，而不是一无是处。在与我们讨论的问题相关的观点中，自由市场概念高度概括、高度抽象。自由市场概念作为一项政策准则内涵丰富，但就具体细节而言，阿诺德不愿模糊地阐释，或者如果对手并不太强的话。此外，阿诺德在贸易限制与财政政策和货币前景的关系方面有很多尖锐的观点。如果明确构想的货币和预算政策准则不会影响这些明智的观点，那么它们简直就是欺骗行为。

我相信这些评论不会让阿诺德产生心理阴影或者精神分裂，但是我必须说体系构建者与具体举措主张者在有关贸易和货币政策准则上有细微差异。有的人根据自己的喜好提出宽泛的制度模式，然后根据模式与自己理想的远近来评价具体的计划。其他人则对具体举措感兴趣，为了支持这些措施，构建了总体方案。传统经济自由主义、自由市场与稳定货币的倡导者不希望这种制度体系一夜间就建成，或以革命的方式来实现。这种信念会让人完全忠于渐进主义，面对极为不利的形势时会忠于阿诺德过度强调的机会主义。

如果我这里显得啰唆，那是因为评价阿诺德及其著作时我很恼火。由于不明显的教条主义，即这种观点依赖准则的模糊性与灵活性，人们更加强烈地呼吁立即建立初步方案。然而，我难免怀疑阿诺德害怕其思想中的真理，[4] 害怕他自己秉持的道德前提，就像在政治领域一样。如果真是这样的话，那阿诺德就不值得信任。目前，阿诺德更加急切地提倡自由市场自由主义，因为他能把大话与宏伟的计划混在一起。我们需要有能力的人去做华盛顿正在做的艰难而又乏味的工作。然而，我们要考虑到如果阿诺德依旧凭直觉行事，那他有可能明年会继续凭直觉做其他事情，即便需要一套不同的准则，需要一个完全不同的世界来证明它们的合理性。事实上，我相信阿诺德，但我希望他足够自信，能让我所说的这些话成为其他人相信他的理由，而不只是我的直觉。

重要的是阿诺德不希望产生新的法律，甚至都不想考虑这一问题。这里和其他地方一样，我不反对他的观点，除非他自己这么想。这时向国会寻求帮助不是明智之举，除非是为了拨款。如果阿诺德建议应该坚持《谢尔曼法案》，某天早晨醒来他会发现国会在没有点名的情况下就已经废止了该法案。华盛顿有很多商业领袖和劳工领袖，传统自由主义者只会悄声谈论或婉言论及《谢尔曼法案》。其他人提及该法案时，我们和阿诺德应该坚持认为该法案除了对坏人以外毫无效力，并且无论有无紧急情况，都和宪法一样灵活。

阿诺德的战略是正确的，但这些战略是否受到任何策略的影响或指导呢？我对阿诺德的理解是垄断起诉应该是一种永久的政治迫害，让那些通过销售赚取巨额利润或为生产付出巨额开支的人备受折磨、遭到驱逐。反垄断法从行政上来讲应该重新解释为禁止不合理行为。换言之，根本不存在法律，只有政府律师与被告辩护律师之间无休止的争辩，双方旨在让陪审团相信具体行为属于或超出了当下流行的情感口号所定义的道德范围。

律师不喜欢法治，无疑会喜欢阿诺德这一时期的观点。只有奇怪的经济学家才能理解阿诺德的观点与他自己以及其他人所遵循的奇怪且毫无必要的规则有相似之处，比如建筑行业。如果阿诺德独行其是，那么贸易管制一定会和联邦法一样充满神秘色彩。实际上，阿诺德对《谢尔曼法案》的豪言壮语无法辨别（或质疑）这种法律思维的模糊性和深刻性。该法案非常明确、非常灵活，反对一切不利情况，无需具体应用于任何方面。该法案是抗衡私人篡权的壁垒，是经济领域的习惯法。但是《谢尔曼法案》究竟是什么？好吧，在首席检察官向法院提出要查明案件的情况下，这是法院的说法。把这些整合在一起，就是该法案应该有的样子。法院是理想之地，首席检察官与律师是理想之人。公众相信法院、首席检察官和律师可以解决问题。立法机构和外行在这些细微方面应该听从律师的建议。如果给予律师完全自由，将问题留给他们的话，他们可以更好地解决。

但是我不喜欢这种合理原则（无论是阿诺德提出的还是法院提出的）。我对《谢尔曼法案》作为政府的一项普适宪法原则表示怀疑。我没有信心把垄断问题交给那些总是误解该问题的人来解决。实际上，我们从未有过反垄断之策。从未有律师或法院会容忍这种政策。我们在法律、法院判决以及偶尔发生的无关痛痒的起诉方面对提倡自由市场的倡导者做出了些许让步，这可以让我们延缓采取有效行动直到垄断形势得以稳固，感兴趣的少数派不断壮大，公众支持其他相矛盾的缘由，以至于当前不可能采取有效行动。

当前任职的阿诺德正享受着一段蜜月期。《国家工业复兴法案》开创了定价先河，要求商人作为爱国者做他们之前在做的事情，但暗中肯定是不怀好意之举。由于谢克特案的判决，那些无组织、无纪律、不受尊重、有工业自治经验的集团各行其是，其他集团则省去了公众听证会的不便，但是显然无需用各种手段或私下限制贸易。商人们对他们的共谋计划感到自豪，并非常谨慎地解释给所有人听，甚至包括传统经济学家，更别说他们不小心提交了有罪的文件。

我们无法否认阿诺德做得很出色。即便考虑到他所面对的有利情况时，他的成就依旧让人印象深刻。不过，我们要谨慎推断。阿诺德减少了许多的起诉机会，减少了国家复兴的阻碍，最重要的是他从彻底的道德败坏中挽救了自由市场观，因为在缺乏抑制或惩罚的情况下公然限制贸易一定会导致道德败坏。如果阿诺德的起诉计划只是为了让密谋变成合理的秘密，那这本身就是一种宝贵的收获。我认为阿诺德能做的事情远非如此，但是我认为他没有为解决垄断问题做出更大或永久的贡献，无论是借助于他已经在使用的方法还是根据现有法律运用任何可行的方法。阿诺德提供的方法是现在或不久的将来可以安全尝试的。另外，只有失败主义者的态度会劝我们忽略一个问题，那就是如果成功了，接下来会发生什么。

诚然，要想通过垄断改革取得重大成就，一开始就要拒绝胆小拘谨，这是合理原则。律师们试图区分合法的限制贸易和非法的限制贸易，结果就如同坐过山车。这种观点指的是在不给他人带来不便或限制他人自由的情况下禁止涉及限制贸易的行为。目标值得称赞，但结果是一些人突然被捕，垄断继续增长，只是做了某种形式上的调整。

我认为不能废除合理原则，或者说普适的一般政策原则很有价值。法院通过的反垄断法是集体主义暴雨中的避难所，但这依赖于明确的法律执行和确切的法律规则。如果这些规则可以阻止贸易限制，那一定也可以阻止许多人在既不打算限制也不可能限制的领域做事。问题是为了实现禁止而选择有效抑制竞争的某些做法或制度，对于竞争性企业的行为并非重要或有效。狭义上讲，这也是剥夺企业权力与特权的问题，因为这些权力与特权被赋予的方式很不明智，显然已被滥用，但对高效组织和高效运营与管理来说非常不必要。整个公司法就像专利法一样需要全面改革。[5]

阿诺德感到忧虑，指出我们应将所有的工业视为公共事业，反垄断局应该成为超级公共事业委员会，有权打击那些不合理要价的组织，直至它们放弃这种做法，而不是定价。阿诺德憎恨这种诋毁，但是我们建议用消费者服务效率来测试遭到起诉的情况时，又意指什么呢？只要垄断企业要价有竞争性，那阿诺德对垄断企业就束手无策。如果企业员工依照实际价格，计算相应的竞争性价格会是多少，阿诺德便会伺机攻击出现的价格差，并用我不了解的方式去控告这些违法者。我印象中铁路和公用事业领域得到了许多专门机构的关注，但不鼓励诉诸于不可避免的管制制度。除了国有制这种更加危险的方式，价格管制并无实际的替代方式。两种方式都不可能很好地发挥作用。如果公用事业领域更广的话（集体主义者喜闻乐见），我们的政治经济体制早就土崩瓦解了。公用事业领域外，我们乐于保护有效竞争，让竞争决定价格。或许这就是阿诺德所坚信的。若是如此，那阿诺德就应注重维持有效竞争，而不是借助于陪审团让垄断价格回落到竞争性价格的水平。

关于劳工垄断问题，我和阿诺德一样厌恶新法律，喜欢着眼于当前。读心术是假的，甚至思考一下都很危险，任何时候都无法积极地思考。我们可能面临着企业规模的问题，要着力解决；我们可以修补糟糕的专利法造成的损失，全面实施一些与专利目标毫不相干的垄断安排；我们可以轻而易举地解决贸易协会和生产商集体谈判的问题。然而，我要问的是，如果国会或法院试图限制全国工人组织的权力的话（无论是贸易组织还是工业企业铁路组织），那么他们会怎么做。一旦特定组织强大起来，如何迫使或劝服它们接纳新的下岗工人，即接受符合自由进入该行业、职业或贸易领域的工资率条件。如果不采取某种方法解决自由劳工市场和职业自由流动问题，如何保护可行的民主制度？我对这些问题不清楚，我也不会因为阿诺德没有提出这些问题而去指责他。

阿诺德即将面临的政治清算表明了劳工问题的严重性。他没有对工会做任何事情，也不会去做但凡理性的人都会质疑的事情。但是劳工对阿诺德的做法深感厌恶，也不信任他，正如劳工不相信所有的自由市场观点一样。劳工想要关税，渴望从《谢尔曼法案》中获得完全的自由，实际上也需要能够共谋决定售价的雇主。美国商业与工业工会主义仅对秩序井然的工业有意义，只有作为强大的工业卡特尔组织的一部分才有意义。无论是在自己的市场还是在其雇主的市场上，劳工都不希望国内外存在竞争。如果雇主不愿或不能确保产品市场不受欺骗，那么工会就会担起大任。确定工资就是确定价格；劳工垄断就是产品垄断，即使雇主之间存在有效竞争。与相互竞争的雇主相比，彼此没有竞争的雇主会给出更高的工资。

在各个领域，我们都可以听到这样一种说法，那就是富足的方式就是多索取，少销售，即组织起来、限制生产、提高价格。农业领域的垄断是人道主义改革者吹嘘的成就。人们可以质疑劳工市场垄断，只不过会作为保守党党员或法西斯主义者和工人阶级化的敌人遭到驱逐，即使有人把劳工收入最大化和不平等最小化作为政策的目标或考验。如果因为实践者是经济保皇派而指责产品市场垄断，那么人们就越来越认为这有助于保护劳工垄断，确保特定行业秩序井然，虽然这是美国政治经济生活不断混乱的序曲。

阿诺德通过巧妙而有说服力的方式呼吁更加自由的市场。阿诺德的努力会让宝贵的思想或智慧继续存在下去，要是生活于不幸的时代，或许会让我们构建起一个100年前在英国和美国预示的自由而富足的时代。如果我们不屈服于德国，那我们可能不支持德国的经济思想，虽然我们和同盟国上一次战争前后普遍接受了德国的经济思想。我知道在战时很容易找到敌人身上的各种邪恶，很容易把我们自己所犯的错误归咎于敌人。然而，正如阿诺德所言，19世纪早期英国的自由市场自由主义与德国的政治经济信念之间的冲突是现代主要的意识形态冲突。德国的政治经济信念强调国家管制经济生活和工业发展。德国从不认可英国的自由主义思想，即使德国最优秀的学者对亚当·斯密和杰里米·边沁及其思想传统都知之甚少。另一方面，德国的信念与我们当中寻求政府特殊恩惠的少数派、靠这种制度生存的政治家的思想相一致。德国的政治经济信念激发了最细腻的情感，使得对所谓“落后”敏感的我们采取了与我们民主传统相左的效仿性举措。一方面，我们纵容贪婪的少数派和多愁善感的改革派，另一方面，我们忽视，也似乎否认了竞争管制与政治控制二元论是我们迫切所需的东西，否则我们的国家无法长久地保持富足、统一或自由。

奇怪的是，现代独裁主义由各种宗派组成，其领导者为权力而竞争，毫无意识的信徒众多，但实际上对手只有一个，那就是英国的自由市场自由主义。如果我们像英国那样摒弃政治和学术遗产中的这一部分，我们可能要为获得重回权威统治道路的特权而努力。但是我们无法把自己当作任何一项伟业的捍卫者。

我认为，亚当·斯密和杰里米·边沁是现代民主领域杰出的政治思想家。他们独到的见解是，在自由世界里政治权力与经济权力要进行广泛分配和分散。为此，经济管制必须与政府分离，在竞争过程得以实现，其中的参与者相对不重要，名字不公开。政府必须维护其管制相对价格（和工资）的特权，不是为了直接行使特权，而是为了防止有组织的少数派篡夺并使用特权对抗共同利益。正是阿诺德的著作及其大胆的普及让这种智慧继续存在于美国舆论中。

如果我痛斥他目光短浅，缺乏长远考虑，那我这么做的主要目的是建议提出我认为至少应该在学术圈被讨论的问题。只要他愿意，阿诺德会不明智地提出这些问题。阿诺德已经勇敢到快要荒唐行事的地步了。阿诺德说得更多，讲得更加坦率，如果只考虑他自己的政治生存问题，那他言之有过。如果阿诺德的言行讲究政治策略，工会领袖和贸易协会领袖就很难清算他。但是阿诺德的热忱和目标很明显，这很容易让他自己遭到清算。如果阿诺德没有逃脱清算，那么他确信如果被清算，那会非常光荣。阿诺德会继续做目前的工作以大力推进这项事业，但由于他自己的立场而丢掉工作更会让他推进这项事业。毫无疑问，这会阻止他的对手前进。

第五章　经济稳定与反垄断政策*

高度竞争的自由市场和自由企业制度的支持者一直被该制度体系本质上不具有稳定性的言论困扰着，常常在论辩中名誉扫地。竞争和管制分散被归因于过去就业、收入和生产领域中的大幅波动。过去不稳定的情况很普遍。同样不可否认的是面临普遍不稳定性时，有效竞争不显著的产业（尤其是企业）要比更加有效竞争的产业（例如农业）发展得好，或者说要比有了更多竞争或管制分散的时候发展得好。为此，外行人士很轻易就得出结论，认为竞争环境意味着不稳定，解决方法在于消除竞争，并支持其他的管制手段。而且，诡辩者和辩解者为了无数生产商集团的利益不断地利用这一结论的合理性。这种粗俗的经济分析既是一些左翼激进分子和革命者，也是极右翼垄断者和卡特尔组织者的惯用手段，更别提计划经济的倡导者了。

激进–保守派或传统经济自由主义者认为根据合理的分析，普遍的严重不稳定性主要归因于错误的货币制度，广泛意义上来讲，归因于不成功的财政政策。实际上，阿诺德走得更远，他坚持认为

* 本文经《芝加哥大学法律评论》（第 11 卷第 4 期，1944 年 6 月，第 338—348 页）授权重印。

垄断价格与工资率会加重货币的不稳定性，会严重抵消或挫败已经采取的合理货币政策和财政补救措施。

无论如何，这里不适合思考商业周期理论中的争议性问题。为了达成当前的目的，我们承认刚性的垄断价格和工资即使不是在经济上，也是在政治上限制了一般价格的波动（如果不是产量和就业问题的话）。更重要的是，我们承认由于财政稳定措施失败，我们没有在政治上限制价格的不稳定性，尤其是在过去的制度下可能发生的通货紧缩程度。考虑到所有商品与服务高度竞争的市场，价格水平的极端不稳定性是否会导致就业与实际收入波动是一个空洞的学术问题，因为这种价格不稳定性在其他重要方面是不合理的。我们无法通过价格与工资弹性程度，来确保货币极其不稳定时生产和就业保持合理的稳定性。

有关金融制度和财政政策最佳方案的特征仍然饱受争议。只有少数不愿妥协的经济学家会质疑是否有必要采取政府行动（国家层面和超国家层面），以阻止有效货币（储蓄）在数量和速度上的反常变化。我们可以信任旧的经济体制（到目前为止它具有竞争性）能够系统地、自动地纠正相对价格和商品与服务相对产量中出现的混乱情况。经济体制运行中发生的意想不到的变化可以自动地改变生产和价格，能够经济地再分配资源，然而一般价格（价格水平）的波动不是纠正，而是会加剧最初的混乱情况。因此我们熟悉的现象就是累积性通货膨胀和累积性通货紧缩。如果自由市场体制要有效地分配资源，有效地决定产出构成的话，就必须在货币稳定的情况下运行。体制本身无法实现货币稳定，只有政府才能确保货币稳定。这仅仅是明确一个定律，即管制货币（例如货币稳定）是政府的最小职能。

人人渴望总体收入稳定和就业稳定，这在任何一种极端的政治体制中都可以实现：(1)本质上自由的商品与服务市场，同时政府维持了财政稳定与货币稳定；或(2)政府完全管制所有生产(准许行使权力的人完全集中、理智行使、牢牢把握政治权力)。第一种政治体制意味着政治要集中管制货币价值，坚持能够降低价格水平变化的财政政策规则。第一种政治制度也意味着分散管制特定商品与服务的价格与数量。分散是政府依照宪法中的政策规则所建设并保护的一项主要职能。第二种政治制度仅仅是极权的集体主义政府。

就这两种体制而言，提出具体的经济政策问题并加以分析是相当容易的。当然，这两种体制只是理想情况，从未以纯粹的形式存在，也不会存在。过去讲英语的国家所处的政治体制接近于第一种，因此可以将它们的经济政策问题视为第一种体制中的经济政策问题。如果这些国家在市场组织方面已经脱离了第一种体制，那么它们或许在金融结构和财政实践的变化方面朝着第一种体制发展。实际上，我们失去或放弃分散管制相对价格和相对产量后，我们或许可以首次实现一种适合于自由市场社会的金融体系。无论如何，我们当前应该向哪种制度发展或许是公共政策领域的关键问题。

20 世纪 30 年代让我们有了应对不安全和经济波动的紧迫感。虽然不负责任的战争援助把极端通货膨胀的恐惧视为未来巨大的不确定性风险，但是我们仍然主要关注接下来发生的经济大萧条和通货紧缩现象，关注最近反复出现的失业和私营企业破产现象。

如果我们将通货紧缩风险视为国内问题或国际问题，那么解决办法就相对简单，成本较低。实际上，我们会留下一个私人债务和复发性、突发性通货紧缩蕴藏风险和威胁的时代，进入一个政府债务持续增长而导致货币彻底贬值的时代。反复摆脱货币作为政治经济安全的主要威胁可能会取代反复努力实现的资产流动性。同样糟糕的事情不是采取合理有效的财政政策手段，而是特定生产商集团采取行动去不断追求安全与稳定。

盲目的乐观主义和过度怀疑货币与财政管制的可能性加剧了这种不幸的趋势。新货币学说的支持者过于夸大这种管制的潜在优势，他们很自信单凭财政政策就能解决主要问题，尽管政府和私人会不断加强对贸易的限制。虽然有时他们主张（错误地）严格管制垄断价格与工资有利于整体的货币稳定，但是他们通常认为垄断限制不是阻碍充分生产的一个重要因素。热衷于货币改革会严重忽视民主社会政治秩序和经济效率的其他重要方面。

另一方面，特定行业和职业的代表严重质疑货币整体稳定的可能性。为了解决 30 年代（货币起源时期）的冲突，他们要求分批地、分少数地采取排他的保护措施。这些要求一般会被接受，但很少有人主张应该关注货币整体稳定的问题，并且如果按照成功率，每个生产商集团都应该愿意冒险，无需特权。

战略性集团（如农民、基本原材料供货商、生产资料供货商等）的合理要求是不受普遍萧条和通货紧缩造成的严重贫困的影响。民主政府可以且应该保障这一点，但是要采取一般的货币政策，不需要专门区分生产商集团与企业家集团。如果接受并追求这一目标，联邦政府可以稳定货币价值。联邦政府拥有充分的征税和开支权力，为实现该目标而行使的权力不能牺牲其他价值观或目标。通过对开支，尤其是对税收的适度改革，联邦政府可以注入和收回货币稳定所需的购买力。这不意味着或必须继续增加有息债务或阻止分期偿还现有债务。

按照这些方法，我们可以实现竞争性自由市场和自由企业体制的稳定，不会破坏其竞争性，不会用政治垄断取代特定商品与服务市场中的竞争管制。如果不是直接给予特定行业或生产商集团特殊补贴的话，采取排他措施来实现稳定就需要用中央集权（政府或私人）来取代分散的竞争管制。因此这就需要彻底脱离传统的制度体系，向集体主义模式发展。这意味着民主政府胡乱分配特权的情况不断恶化，容易受到有组织的能言善辩的少数派生产商的影响。当然，形式主义者会明确区分负责的政府机构行使的管制权（例如根据商品协议）与不负责任的私营企业和卡特尔组织行使的管制权。虽然两种情况都存在风险，但是行使管制权时，私营集团要比对特定生产商集团负责的政府机构更加重视公众利益。总体而言，以一种名义上不负责任的方式行使这种权力有一定的优势，因为如果这种权力无法牢牢把握的话，那么行使这种权力更有可能受到约束。

在国内和国际整体货币稳定的形势下，一般的公众利益如同消费者利益，几乎不会表现在政治进程中。虽然只有不负责任的保守派反对，但是没有杰出之士会大力支持与宣传。对特定生产商集团来说，稳定计划得到了大力拥护与支持。因此农业领导者推行国际计划来决定价格，限定产量，通过定额分配划分出口市场。基本工业原料生产商（如橡胶、锡、铜等）要求政府更多地参与限制卡特尔组织。卡特尔化制造商（如化学制品、钢铁、电子设备等）支持类似的制度，要求政府援助或至少不因垄断做法而被起诉。在任何情况下，就安全与稳定而言，即就防止经济大萧条时期竞争的恐怖性而言，这种观点是可行的。

如果准予更多这种特殊要求，那就很难理解该如何抵制他人，或者说我们如何才能继续在国内推行反垄断政策或起诉限制贸易的情况。同样，很难理解我们如何开展有效的国际经济合作或实现长久的和平。如果这就是未来的趋势，那我们要敢于乘风破浪，确立像德国那样的贸易体系，将和平只视为贸易诉讼的机会，将之视为经济战争，纯粹是出于军事目的。

如果把浪费在国际卡特尔组织建议上的一半时间和精力投入到国内外货币稳定问题上，那么特殊利益集团会得到更好的待遇，更别提我们中的其他人了。排他主义者的稳定观点使得当前的国际计划彻底偏离了其任务与目标。凯恩斯和怀特的报告一开始很成功，但是这些报告主要关注的是汇率，而不是美元或英镑（尤尼它或班柯尔）购买力的稳定性。这些报告主要关注的是国家外汇管制及其贸易结果，几乎没有提及有关关税或私营垄断的贸易限制问题。实际上，他们已经接受了商品协议。因此在不太限制贸易的情况下，基本的经济稳定和国际经济合作计划完全受阻，国际垄断计划在全球兴起并蓬勃发展。早期减少关税壁垒的论调完全消失了，反倒是国际反垄断计划现在发展迅猛，因为完全缺乏负责任的政治领袖。如果缺乏这样的领袖，政治上唯一可行的办法就是代表特殊少数派利益采取措施，即采取卡特尔计划，诚邀消费者代表。在政府部门的全力支持下，我们期望除了不太重要的汇率计划外，只有大量关于私营国际垄断扩张及合法化的建议，而不是让政府部门支

持并谨慎指导我们制订完善的国际计划。生产商集团为了提高价格和减少产量而进行更广泛合作的形式正在毁掉国际合作的美好愿望。

这种计划不仅让人们转移了对货币稳定和其他国际经济合作形式的关注，也增加了货币整体稳定的难度。要想通过货币手段保持就业和投资，就必须解决产量和投资限制的问题，这是政府或私营机构稳定特定价格的基本职能。这种稳定性必然是单向过程，即提高通常认为过低，很少认为过高的价格。

经济萧条时期，避免特定价格普遍下降和保持稳定有助于将大萧条的负担转移到其他生产商身上，从而增加有效货币或财政冲抵的难度。维持这种价格意味着大规模减少就业，削减开支，意味着特定企业大幅减少开支，从而加剧其他经济领域的不景气。

相反，即使两种方式都能实现价格稳定（卡特尔组织很少有这种情况），经济繁荣期管制价格的刚性问题也同样很糟糕。如果经济繁荣期通过常规的产能过剩来压低钢铁价格，那么就不用限制经济繁荣期的过度投资。如果私人定量配给可以压低钢铁价格，那么至少可以公开质疑这种手段的效果与目的。资本货物成本的变化当然无法代替货币-财政的稳定，但是不能否认资本货物成本的提高在某种程度上会减少经济繁荣期的投资，或者资本货物成本的降低会填补经济萧条期的投资低谷。相反，如果资本货物的相对价格及其主要成本构成能够积极应对一般经济形势的变化，那么货币稳定的任务就不那么困难，或许能够更好地完成。

从现实的角度看未来，我们必须关注垄断的工资价格管制对抑制持续性通货紧缩的贡献。我们太关注价格和工资刚性（稳定）产生的影响，实际上，管制或“管理”工作只能抑制经济下行过程中发生的变化。如果战略联盟和企业家垄断者坚持利用改善性需求条件来提高工资和价格，而不是增加就业、投资和产量，或是维持价格（技术改进会显著降低成本），那么任何货币或财政刺激措施都无法为我们提供充分的就业和投资。拥有充分组织权和政治权力的有组织生产商集团没有理由放弃机会去改善各自在这种环境中的相对地位，虽然它们采取行动是为了各自的利益。它们会伤害到自身和社会，所有或大多数采取限制措施的生产商集团要比没有采取任何措施的生产商集团境况更差。但是每个集团都会比其不太具有垄断时的境况更好。一种极端是缺乏独裁，另一种极端是实际竞争，似乎找不到办法让这两种集团采取协作或合作行动。

最终，随着生产商越来越有效地组织起来，经济越来越工团化，只有国内竞争或权威独裁才能保护生产商集团免受自身各种愚蠢的限制行为的影响。主张货币稳定或持续性通货紧缩可以克服广泛垄断的限制做法或让灵活的竞争性价格与管制价格与工资保持一致，就是要预测最不可能发生的事情。如果常识不能帮助我们做出合理的预测，那么战时通货紧缩的经验，如工资率、农产品价格和白银战略，应该能够有助于我们做出更合理的预测。经济萧条和通货紧缩时期刚性的价格与工资在通货膨胀时期有可能变得更加灵活。在任何一种情况下，有组织的、政治上能言善辩的垄断集团者阿能会自保，服务于自身的特殊利益，与公共福利，甚至自身的共同利益背道而驰。因此我们可能无休止地让通货膨胀持续下去，还会发现相对价格与工资率失调问题比一开始更为严重。

随着经济日益垄断和集团化，任何程度的货币稳定或刺激都无法让经济有效运行。广泛应用的限制措施必定会导致严重限制、失业、经济不景气或萎缩。考虑到广泛的竞争、自由企业和自由进入特定商品与服务市场的情况，经济易受货币管制的影响。如果有限的财政刺激措施与稳定的价格水平和稳定或下降的公共债务保持一致，那么也能实现经济繁荣。

只有在富有竞争的经济中，我们才能靠注入购买力来不断提高产量而不是价格，不断增加就业而不是只提高工资率。只有竞争能够确保通货紧缩期间所维持的价格不会在通货再膨胀期间被拉高，也就是说只有竞争能够确保已经抵挡住下行趋势的价格不会再出现上涨。预期另一种缺乏竞争的模式就是期望这些最有野心、最强大的集团表现出毫无生气的状态，并假设这些手握大权的集团不会为了其特殊利益而迅速、理智地行使权力。

国家政策（和超国家）的主要目标必须是保障充分和稳定的就业。而我们又必须得在没有显著或持续的通货膨胀，且可诉诸以邻为壑的经济战措施（无论是进攻性还是防御性）的情况下实现这一目标。因此我们必须破除针对新型企业和私人投资的各种人为障碍和抑制因素。

这项工作可能会不断失败，越来越糟糕。如果扩大私人产量和投资无法提供充分的就业，那么政府企业和投资必然会填补这一缺口。政府必然会向那些潜在的私人投资领域渗透，进一步限制私营资本与享受政府补贴的政府企业之间的竞争。这也会加剧通货膨胀的风险，威胁政治制度和产权制度。这些制度的安全是私人投资扩张的必要条件。

如果无法实现普遍繁荣和扩张，特定行业和生产商少数派肯定会在通过以邻为壑的剥削措施（政府或私营）来保护其相对地位更加严苛，但也更加成功。如果我们容忍或宣传强大的有组织少数派的限制性政策，那我们不仅会牺牲在其领域扩张的可能性，而且会让其他领域的企业和投资遭到它们的垄断榨取。

新兴企业和投资在其产品市场面临着激烈的竞争和不可降低的不确定性，必须确保它们可以进入自由竞争性市场去购买劳动力和物质资料。否则，新兴企业和投资面临的不仅是行为误导产生的必然风险（正常情况下可能会发生的竞争性损失），而且是禁止让有组织的垄断供货商获利的情况。显然，社会中不可能存在充分的私人投资，这种投资像是在经济内战时期给有权势的领导者送人质。私营企业强有力的扩张制度不需要任何纯利润就可以实现有效运行。然而，某种同等收益的可能性必须抵消竞争性损失。对有竞争力的企业来说，这种可能性是不存在与有组织销售者或有组织购买者有关的领域。除了有专制权力侵吞其合法利润的风险外，还存在产品市场的供货商和竞争者串通搞破坏的风险。

在有效货币-财政稳定的自由市场经济中，或者在基于集权牢固的集体主义体制中，投资和就业会很充分。对特定价格和产量的极端集中管制或极端分散管制都可以实现充分生产。然而，就像节约分配和相对价格、投资与产量一样，在有组织生产商集团混乱无序的竞争中无法实现充分生产，因为它们会篡夺或滥用政府权力来改善各自的相对地位。在井然有序或繁荣的体制中，必须通过与生产商集团相竞争或者通过权威迫使它们接受合理的价格并保持足够的产量以保护充分生产中的公众利益。我们至少可以模糊地意识到这威胁着国际关系中以邻为壑政策所形成的世界秩序和经济繁荣。然而，除了全面战争时期，我们并没有意识到这些代表职能集团利益的政策对国内秩序和繁荣产生的威胁。这些职能集团组织起来限制贸易或者为了自身利益而保护政府的特殊限制措施。我们憎恶权力的完全集中，但又不愿意强制实行分散，于是按照职能化和职业化的方法，我们很快就进入了政治组织—专门化的集体主义混合体，以减损彼此的收入，但无法使彼此以共同利益或以与普遍繁荣相符的方式行事。如果在经济中逐个寻求安全与繁荣，那么我们获得这些商品的机会与我们采取类似的军事手段实现各国间和平的机会一样少。

我们认为有一种情况很难得出有效的观点，但让人惊讶的是有人竟然支持这种相反的观点。当然，竞争性经济极易受到货币管制的影响，也相对容易通过财政手段实现稳定。同样，高度垄断的或工团主义的体制表面上看不可能实现，再三考虑之后似乎相当不可能。货币方法能够破解货币难题，但是用力过猛反而会掩盖住其他难题。应该提高价格和限制产量，以抵消或大大改善生产商集团相互剥削的结果，这是无法基于理性分析而预期的。只增加适用的货币制度不可能将工团主义变成一种高效、有序的政治经济组织计划。

追求货币价值和价格水平稳定的货币政策和财政政策是自由市场社会框架下合理的、不可或缺的要素。在这样的社会中，货币政策和财政政策可以实现充分稳定的就业，有助于资源的有效分配。如果在缺乏有效竞争的情况下追求充分的就业和节约分配，就必须向集体主义发展。必须通过有效的组织间竞争或是通过掌握绝对的权威，以缓解或避免每个生产商集团和社会之间固有的利益冲突。

货币政策和财政政策不是竞争和自由市场制度的替代品，而是在这种制度下实现整体安全、稳定和高效的一种方式。在缺少其他权力更加集中的情况下，货币管制与财政管制集中是实现秩序和经济繁荣的一种必要手段。这是完全集中（集体主义）计划的一部分，或者是系统分散和自由计划中的一部分。我们无法期待垄断行业压力集团的经济内战中会出现和平或繁荣。货币政策和财政政策在传统体制中非常重要，体现了集体主义体制下的有趣问题。然而在工团主义体制下，讨论这些政策就是对本质上行不通的体制运行进行推测。

第六章　关于工团主义的一些思考*[1]

社会学研究者一定对普遍认可感到恐惧。当所有人都夸赞他们的时候，邪恶也随之而来。如果倡导一系列观点就可以增加报纸的销量，那么研究者……必定会仔细思考这些观点的局限性和错误之处，不会在专门的讨论中无条件地倡导它们。研究者不可能成为真正的爱国者，同时又享有爱国的美誉。[2]

——阿尔弗雷德·马歇尔

质疑有组织劳工运动的优势就如同抨击宗教、一夫一妻制、母性或家庭一样。现代知识分子对集体谈判的质疑只能解释为荒唐决定、欺诈行为或屈服于"利益"。对质疑观点的讨论完全就是在讨论如何得出这种观点，似乎它们就是病症。我们不能简单地认为组织对劳工有害；我们要么支持劳工，要么反对劳工，这考验的是我们对工会主义（Unionism）的态度。但是一开始我要表明我的主要兴趣和判断标准是总体劳工收入最大化和不平等最小化。如果工会主义总体上对劳工有利，那么对我来说这个问题就结束了，因为我们关注其福利的社会主要是由劳工组成的。

* 本文经《政治经济杂志》（第52卷第1期，1944年，第1—25页）授权重印。

实际上，我们这里的问题本质上是一种宽泛的政治思想。我认为工团主义的倡导者在道德上和学术上必须阐释清楚整个政治经济体制，他们让我们朝着这种体制发展。我无法想象在尚可的或持久的秩序中，职业、工业和职能领域存在广泛的劳工组织。感伤主义者只把这种发展看作劳工与企业之间的竞争，因为劳工工资太低，企业盈利太多。不幸的是，劳工市场广泛存在买主垄断，让这种观点表面上看起来非常合理，不足以将其阐述得那么重要。我们无法理解的是整个社会与追求低成本的企业之间的利益一致性问题。在企业有竞争性且产品市场竞争限制很少的领域，企业家有效地代表了公众利益，实际上他们只是商品消费者与服务销售者之间的媒介。因此我们通常会忽略每个大型有组织劳工集团和整个社会之间的利益冲突。我想要问的是如何缓解这种冲突，出于对公共福利的考虑，如何限制高度有组织的销售者的权力。只要组织不完整、不稳定，只要大多数工会面临大量非工会竞争，或者只要他们因为组织不安全而保守地行使垄断权，就不会出现无法攻克的难题。实力弱小的工会没有强大的垄断权，但是民主社会如何限制强大而牢固的组织的要求呢？看一看印刷商、铁路同业会和大都市的建筑业等，我们只能回答：无法限制。

在劳动分工精细的经济中，每个大型有组织集团随时可能会中断或阻止社会收入的整体流动。如果这种集团坚持行使这种权力，或者不断收受贿赂以停止行使权力，那么这种制度必然会很快瓦解。除了内部竞争，没有办法保护整个社会不受有组织劳工少数派的影响，实际上，也没有其他办法保护有组织集团自身的共同利益。这里的困境不是我们当前经济秩序所特有的，任何一种体制都会出现这种困境。对于当前的个人主义—集体主义制度而言，少数垄断问题很严重，对于民主社会主义而言同样如此。在这种困境中，目前的制度很有可能瓦解。一旦困境出现，我们的民主社会主义会被摧毁。

经济政策中所有的严重错误，即使大多数错误并非反映民主腐败，也都是因注重生产商的利益而不是消费者的利益导致的，即因代表生产商少数派利益而不是作为服务销售者和产品购买者的整个社会利益行事导致的。我们通过只关注消费者的利益来寻找正确答案，因为我们都是消费者，通过这种方法找到的答案对于全体劳工而言是正确的。任何人都不会因为用这种方式解决问题而被推选。无论是销售者还是购买者，他们从来不会根据他们的共同利益投票。除了政策规则，没有方法可以保护共同利益，只有通过一般规则或原则，民主（通过自由、理智讨论而实现的统治）才能有效地或持久地运行。它的宿敌是敲诈勒索，例如关税、其他补贴、豁免权分配，而在政府之外则是垄断。政府外部的垄断本质上来讲会损害政府对强制权的垄断。

有人抨击工团主义在任何一种体制下都会对秩序产生威胁。如果我们考虑更加纯粹的体制，如民主集体主义，那么这种情况很明显与之相反。社会主义政府面临着无数职能少数派，如果无法满足它们的要求，它们就会破坏整个生产过程。这会剥夺少数派拒绝提供服务的权力，或者被非民主权威机构所取代，这种机构会恢复暴力垄断。对既有权威进行革命是一种不可否认的特权，可能发生暴乱。除此之外，不可能实现集体谈判和罢工权，社会主义国家也不存在有效的职业组织。无论聪明的社会主义者公开发表何种言论，他都很清楚这一点。

我不是作为社会主义者，而是传统经济自由主义混合体制的提倡者在此论述。这种实际的政治思想的本质是不信任所有的权力集中。除了政府本身，任何个人、组织和机构都不可以被赋予过多的权力。如果仅仅是为了防止其他组织威胁或篡夺其暴力垄断，政府或国家必须拥有强大的权力，但必须非常节制地行使权力。政府分权非常重要，实际上，所有大型组织或联邦的目标都是分配权力，这对于面临世界秩序问题的人而言是显而易见的。

顺便说一下，高度集中的民族主义会伤害合理的政治秩序。如果中央政府主要维护各地方政府之间的秩序和自由贸易，提供稳定的通用货币，那就值得大力赞赏联邦主义或非正式的政府联盟。但是像我们这样的联邦政府和外国政府已经成为世界秩序的一大障碍。联邦政府最初为维护国内的自由贸易形成了关税联盟，但很快就被少数派利用，通过限制对外贸易的方式提供补贴。联邦政府采取了各种国内政策，但是想实现更加自由的世界贸易，就必须放弃这些国内政策，但最后还是用这些政策来限制国内各州之间的贸易。必须废除这些民族主义和重商主义政府以维持世界秩序，保护国内和平，必须把它们发动战争和限制世界贸易的权力移交给超级国家政府或国家联盟，必须削弱它们的其他权力和职能，支持各州或省和欧洲的小国。

我们可以照此重构一套完整的政治制度，其中组织从地方政府（县？）发展为州、国家，甚至超级国家机构时会变得更加松散，职能越来越小，越来越消极。良好的政治秩序指的是，规模如美国各州一样的小国和小政府在自治的过程中不受邻国的影响，不受联邦主义或联盟的影响，这些联盟剥夺小国或小政府的权力，使积极政府远离人民，让公众利益服从于特殊利益。

通过贸易限制和军事行动，违背世界秩序的恶行都是大国为之，而不是小国。尽管大众的印象刚好相反，但是违反政治道德的最坏行为、最糟糕的特权腐败情况和针对有组织少数派最鲜明的弱点都是大型国家政府或大联邦政府（而不是小政府）和像我们这样的联邦政府的特点，尤其在威望和效率方面。[3]

只有在类似于美国各州这样的单位级别上，以及在对外贸易自由所施加的限制条件下，才能信任政府行使大权，履行广泛职能和拥有广泛控制权。高级别政府或更大型的政府机构采取的行动必须遵循普遍规则或原则。只有坚持政策的宪法原则才能保护公众利益不受少数派、特权和选票互助的影响。只有在普遍原则问题上，通过自由理智的讨论（民主）而实现的统治才能普遍存在。这里非常重要的是提出有利于自由贸易和反对向生产商少数派分配权力的假设。宪法原则或普遍认可的准则尤为重要，是财政政策（货币政策或预算政策）所缺乏的。

简要提一下这种传统自由主义产生的其他影响。政府不允许大型私营企业帝国或卡特尔组织的崛起，因为它们会限制竞争，与大型政府机构争夺权力。在德国，大型卡特尔组织和大型银行获得了私营机构在民主体制下无法享有的权利。政府必须保护其权力不受大多数压力集团的影响，不受像现在的地主联邦游说团体这种强大的游说团的影响（德国民主政治和普鲁士大地主的利益就是最好的例子）。政府必须阻止旨在袭击财政部的组织（参见抚恤金立法的历史和退伍军人组织的政治权力）。最后，对未来非常重要的是，政府必须保护自身权力不受大型工会的影响，因为大型工会组织在政府中是压力集团，在政府外是垄断者。

就这些机构的本质而言，这里存在的风险现在令人生畏，因为这种风险得不到充分认识，完全被否定了。在其他方面，就算我们缺乏自信，粗心大意，至少要保持警惕。如果我们愿意，不可能发生任何无法废除的事情。然而，劳工垄断和劳工组织可能成为民主根本无法解决的问题，必须对其权力进行有效限制。我不理解的是，除了通过国内竞争，如何在道德上约束劳工垄断和劳工组织，或者在不破坏组织本身的情况下约束它们？我们在这里面临一个困境：民主离不开牢固的职业垄断，一旦职业垄断获得强大的权力，民主就无法摧毁它们，在这一过程中民主也不会自毁。如果民主政府无法阻止有组织的篡权，保护自身的暴力垄断，那么民主政府就会被其他政府取代。有组织的经济战如同有组织的暴行一样，如果任其发展，必然会爆发彻底革命。这会导致某种秩序被恢复，使我们维持某种实际收入而不是不断瓦解分化少数派。

如果一个社会无法维持竞争纪律，就会受到绝对权威纪律的影响。如果维持竞争纪律，我们就可以实现自我统治，展望和平的世界秩序。否则，我们必须服从专制权威和毫无希望、混乱的国际秩序。我要再次说明，这一问题对民主社会主义和传统自由主义分权制度而言同等重要。集体主义的风险在于滥用政府权力去支持特定的生产商集团。这些有组织的生产商集团要求将支持作为维护和平的代价，支持当局对抗政治反对派。现在或在社会主义体制下，坚持竞争性生产率标准是避免专制的一种方式，而我认为这是唯一可行的方式。

如果这种公平的再分配建立在明确而普遍的规则基础上的话，那么遵守这些标准并不会阻止之后大规模的收入再分配。如果没有价格限制或价格低于成本，那么社会化消费还有空间。为达到理想的结果，这种政策要求增加低收入者的收入（如救济金、家庭津贴、老年人补贴等），也要求在自由企业制度下对最幸运的人及其继承人与受让人征收累进税。就客观经济情况（收入）而言，职能集团之间必须公平地增加公共开支和减税，并且不存在任何职业差异。因此就像有类似收入和需求情况的人一样，贫穷的农民可以获得补贴，不是因为他们是农民，而是因为他们贫困。富裕的生产商会被征收重税，不是因为他们是生产商，而是因为他们拥有高收入。有时，可以依据收入来衡量不平等，也很容易通过征税和开支来彻底改变不平等，这是我们当前（过去）制度的优势之一。其他制度以极端形式产生的政治权力不平等现象更难以理解，肯定不适合量化衡量或持续进行系统的纠正或缓解。

最近的经验表明了通过自愿团体形成的竞争性标准和反常的管制情况尤为重要。1933 年以后，刚性的管制价格与工资率和敏感的竞争性价格与工资之间存在差距，通货紧缩导致敏感的竞争性价格与工资显著下降。通过赤字通货再膨胀去维持并提高敏感价格与工资时，如果管制价格与工资降到与之相符的水平，那么所有人都会受益。但是能够维持自身价格或工资的集团无法通过降低价格或工资的方式获利，除非其他这样的集团同时采取类似的措施。即使价格或工资有可能实现普遍下降，每个集团也会阻止其下降以保持自身的优势。竞争会迫使所有这些集团去做符合其共同利益，尤其是整个社会利益的事情。如果无法实现竞争管制，这些集团自然会耐心等待，自取灭亡，放弃一切，只为保护他们的相对地位。

每个有组织的销售者集团都可能通过提高价格和限制销售来获益。有组织销售集团比其利益所体现的那样（我们仅需要有组织集团更加开明的价格和工资政策）更具有剥削性，这种普遍的观点是错误的，[4]因为不充分的垄断权通常会让有组织的销售集团缺少理想的垄断限制。组织变得普遍时，提高生产方面的共同利益要远高于限制方面的特定利益，即使对那些实行限制的组织来说也是如此。然而，只有竞争或权威专制才能实现共同利益。具有垄断权的大多数组织在服务方面都不会屈从于竞争性价格，虽然它们会保留组织和权力。不能被赋予任何人和组织过多权力。单纯的抱怨很愚蠢，因为集团会自私地行使权力。这种错误仅在于允许集团拥有垄断权。

垄断权一定会被滥用，除了滥用外别无他用。一些人显然认为劳工组织应该拥有垄断权，但不允许行使垄断权。对韦伯夫妇来说，在集体谈判这种计划中，劳工垄断把工资提升到竞争性水平，只抵消了买者之间的买主垄断，但是避免了进一步行使组织的权力。工联主义将是一件好事，它只在这种限制范围内影响工资和运行规则，并做了工会可做的其他好事。[5]任何人都不能抽象地质疑工联主义的优势。但是我认为劳工市场的买主垄断非常薄弱或短暂，期望组织在符合共同利益的限制范围内行使权力是不切实际的，也不合理。所有议价权力都是垄断权，一旦获得这种权力，就会像其保护者允许的那样充分行使，也会为了权力积累或巩固而不断行使。为了支持有组织的生产商-少数派的暴力竞争，买主垄断这种病显然是阻止和平和富有成效的自由企业和自由交换游戏的糟糕借口。

我不能断定劳工市场只有垄断问题。除了政府在农业领域实行垄断外，其他似乎对于未来不太重要。允许大型企业发展，同业公会共谋限制贸易和严重滥用敲诈、排他以及限制产量等特权都是不道德的行为。但企业垄断也是一种皮肤病，我们愿意的话，很容易治愈；权力滥用通常会很节制，因为企业垄断权力很小，随时面临着政治清算的风险。由于企业垄断使用暴力的机会有限，对竞争对手采取不公平措施会受到严惩，因此它总是受困于实际或潜在的竞争，必须反对法院、立法机构与公众充满敌意的态度。在一些特殊情况下，企业垄断会获得巨大的权力，并在长一段时间内保有权力。多数情况下，企业垄断将商品推销活动和广告业中的良性价格竞争变成了不正当的浪费竞争。然而，合理的解决方法在技术和政治上难度都不大。[6]

现在或未来的劳工垄断是另外一种情况。劳工垄断竭力维持其存在时，如果对劳工垄断使用暴力，不难理解的是一旦劳工垄断形成，它会拥有其他垄断无法相比的暴力。如果政府允许雇主明目张胆地违反法律，那么政府就无法对多数的少数派执法，即使大多数人认为可以这么做。因此工会处理劳工垄断的方式让洛克菲勒早期的做法显得既礼貌，又合法。他们从未惧怕他们当中的骗子，现在也不惧怕国会或法院。

公然的限制措施现在广受批评，或许是因为不必要，这些限制措施似乎在逐渐消失。然而有很多严格限制准入的情况，如入会费高昂、学徒期过长和过度限制学徒人数、相关行业之间的贸易往来壁垒、非必要工作限制、高成本的工作制度、限制降低成本的创新举措，尤其在建筑行业，更别提种族歧视和性别歧视问题了。必须保护劳工市场的有效竞争不受种族歧视和性别歧视的影响。

然而，人们没有意识到控制工资率就是控制准入，尤其在讲究资历规则的领域，以及该规则无效时对公司来说定性选择很重要，并且人员流动成本高昂的领域。如果能够执行标准工资率，那么有经验的老员工只有让其成本过高才不会受到新员工竞争的影响，即确立可以阻止该领域扩大生产或就业的劳工成本和工资期望值。新劳工和被取代的劳工会转向有就业机会的领域而不是高工资职业。如果他们无法得到工作，高工资也就不太有吸引力。工资管制决定运营成本中的一个重要因素，也决定整个行业未来扩张的速度，或者更有可能是整个行业随着组织强大而不断萎缩的速度。

坦白说，我不清楚在巨额投资高耐用资产的行业中，组织性极强的工人为何能在吸引新资本或全力维持现有资本的投资中获得回报。如果由我来管理工会，并且满足大多数工会成员的利益的话，我会不断地要求提高工资率，因为工资率给现有公司带来的不是实际净收益，而只是可能以替代性费用为代价收回其部分沉没投资。公司必须为大多数工会成员在其工作时期提供就业所需的替代性费用。换言之，我计划通过过高的劳工成本消除那些只想着通过缩小规模来阻止就业的行业，它们缩减的速度要快于最初的工会成员因死亡和自愿退休而离开的速度。

如果我作为劳工领袖，在缺少大笔沉没投资的投资者的情况下，我会表现得更加温和些。但是我会通过劳工成本来控制价格，确保限制生产的速度与工会成员因死亡和退休而离开的速度相当。

承诺给投资者一些回报时，我会让就业与生产的幅度与最初工会成员无需新员工就能对付的程度相当。如果投资者不欢迎我要求的高工资，那么我会排除低工资的竞争者来满足投资者高价格的要求。在这两种情况下，我不会为工会成员服务到最后，除非我利用机会让新成员支付高昂的入会会费，掌握技能与经验，与工会老成员建立密切的关系，因为这笔入会费主要成为了我们的退休年金。

当然，工会允许入会并为入会提供便利时，也就是说新会员与其他人共享平等的就业机会时，情况更为复杂。共同失业会消耗掉高工资的优势；如果工人高度重视休闲或在下岗期间能够找到其他有偿工作，那么年薪可能会低于竞争性水平。这种结果与企业之间纯卡特尔组织的结果相似，其中自愿协议决定价格，根据配额划分产量，新公司按照和老公司一样的水平自由接受和划拨配额。任何人都不会受益，作为消费者所有人都有损失。在一种情况下，社会浪费大量的劳工资源，在另一种情况下，社会浪费大量投资资源。两种浪费现象可能并存，例如在煤矿行业。

自由入会和劳动分工在过去并不普遍，不可能成为未来工会主义的特征。雇员越来越追求资历权利，雇主倾向于定性选择，双方需求大体一致，尤其是在大型老牌公司。大型老牌公司首先会谨慎选择员工，并且认为经验非常重要。普通员工之间有冲突，他们渴望最高的工资率；劳工领袖之间也有冲突，他们在政府和劳工界的权力和影响取决于工会的人数，但是可以化解这种冲突以支持普通员工的利益，或者通过组织帝国主义（征服管辖权）避免这种冲突。感伤主义者会督促强大的工会适度地提出工资要求，允许年轻的劳工入会，萎靡的行业进行劳工替换。但是我不期望工会这么做，或者说我不会谴责工会为了自身利益而行使权力，如果它们拥有权力的话。除了剥夺工会的工资管制权，即谈判权外，我不知道还有什么方法可以避免限制性政策。

人事方面的专家告诉我们劳工市场存在巨大的质量差异。在同一阶层的工人中（除了随着就业人数增加而获得提拔的），最优秀的劳工对公司的价值是较差的劳工的好几倍。无论如何，研究农业政策与工会化行业中的标准工资率策略之间的相似性很有意义。

同理，较为贫瘠土地能够降低肥沃土地的租金。如果算上产量，较为贫瘠的土地能够降低产品价格，进而降低生产率和其他土地的租金。现在，假设受到禁止性关税保护的小麦生产商组织起来在夜间为非作歹，或者通过捍卫相应的法律来禁止使用净年租金低于每亩 10 美元的土地种植小麦。因此租户无法使用土地种植小麦，除非他支付至少每亩 10 美元的租金；只有年净收益平均超过每亩 10 美元时，地主才可以使用土地。这种措施产生的影响相当复杂，因为一开始就被排除了的一些土地在产量下降、价格上升后可以使用了。对拥有最肥沃土地的地主来说这种土地优势明显，但对社会来说，会造成严重的不经济性。如果没有人（农业部之外）会维护这种政策或者建议这种政策覆盖所有农业的话，那就不会太令人反感。然而，原则上无法将其与工业领域的标准工资区分开来。

没有必要用这观点来证明机构内员工之间的差异。人事部门应该根据任务对员工进行分类，然后在类别中标准化工资率，或许可以考虑工作年限。在工人和管理层的利益方面，我们要避免个体之间的差异。[7] 城市或地方广泛的工资率标准化可以证明这一点。在大城市与小城市之间，以及大型经济体内的地区之间广泛实行标准化时，这一问题会非常严重。

根据生活成本的差异进行区分原则上是被普遍承认的，这里没必要讨论。然而，工团主义者公开谴责，认为这种承认是在承认弱点，这种承认不切实际。如果工联主义者有权这么做的话，人们期待他们阻止这种做法，因为多数情况下这与工人和管理层的利益相悖。对大多数人来说，这种原则并没有像看上去那么简单明确，因为无法估算不同地区之间的货币的相对价值。

然而，即使进行这种区分，主张公众之间工资率标准化也几乎否认了区域间贸易的所有优势，本质上与荒唐的共和党（以及民主党）的关税政策处于同一水平。如果标准工资率是合理的，那就应该调整各地的关税以抵消国内外生产商在劳工成本上的所有差异。这与共和党主张的所有成本均等化理念稍有不同，但是不足以引起人们的关注。如果完全适用于关税政策，这会抑制所有贸易以及所有的地区专门化。但是这里要注意到一个区别。如果国内工业及其劳工得到可以补偿工资差异的关税的保护，比如阿根廷，那么（阿根廷）劳工就无法进入美国产品市场。如果美国劳工可以对阿根廷和其他生产商执行美国劳工的工资率，那美国劳工就可以进入美国和阿根廷市场，只要他们是优秀的劳工或者能够利用这里更充足的资本和更好的管理。如果北方的企业和劳工在某些南方的行业中执行北方的工资，那么南方的企业和劳工就无法进入北方市场和南方市场。

南方的劳工可能对北方工会和《公平劳动标准法》（Fair Labor Standards Act）所制定的工资期望值感兴趣。在一些情况下，南方的劳工可能会获得这样的工资，但是如果南方劳工以这样的工资获

得就业机会的话，那也只是北方工会和马萨诸塞州参议员的计划。允许南方工业在其各自领域进行竞争性扩张违背了北方劳工的利益。如果北方劳工拥有这种权力的话，他们必将阻止这种情况。

南方劳工关注的是美国的贫困和贫困阶层问题。气候、文化、贫困和缺乏互补资源（尤其是资本）都是生产率长期低下的原因。糟糕的情况可能因世界形势的变化而恶化，因为世界形势变化导致我们的大宗商品出口市场在萎缩。这又催生了代表地主利益的政府干预——现代版圈地运动，进一步减少了农业产量，加速了劳工更替，其中替代性就业机会对于缓慢调整而言是不充分的。

两大不断发展的南方工业——纺织业和煤炭业——逃离了很多地区的山区，但是这两个行业的发展让北方劳工和雇主感到恐慌。他们利用感性的改革者的标语口号获得立法，以保护自身不受南方政策的影响，因为关税补贴很早就在保护他们免受外来者的冲击。制定《公平劳动标准法》主要是为了延缓纺织业的生产和纺织业资本流入南方。《古费法案》（Guffey-Vinson Act）旨在维持卡特尔化的、工会化的北方工业。如果仅恢复到接近其价格与工资的竞争性标准的程度，那么南方煤炭业的竞争将会大大瓦解北方工业。

重要的是，第一条政策获得了全票支持，这有助于他们对纺织业征收更高的税收；《古费法案》早期的草案是由北方的经营者起草的，得到了劳工领袖的支持，未做任何修改。然而，北方工会可以消除或最小化他们所关注的领域存在的工资差异时，这两条政策都将过时，没有必要。这种结果对仍旧受雇于特定行业的南方工人有利；从特定的北方生产商和劳工角度来看结果很好；但是对南方劳工和整体的经济而言，结果非常糟糕。

减少并逐步解决主要的贫困问题取决于南方的工业化。向北逐渐减少贫困可以起到效果，但是减贫充其量是一种缓慢而痛苦的解决方法，而且由于北方工业的高工资和高质量标准，在这种情况下减贫没有希望。更好的办法是将资本和工业转移到南方。但是如果没有低劳动力成本的吸引力，这种转移很难进行下去。总体而言，南方劳工对于企业或社会而言价值不大。快速工业化意味着要将不习惯这种工作、不服从工厂工作纪律的人转变为产业工人。曾经满足于低效率的新企业会对其员工加大培训力度，直到这些人接受培训并习惯于新的生活模式。公众教育可以发挥作用。然而，我们必须要让那些仅在原始自给自足的农业方面接受过教育的人长期从事高度专门化、机械化的生产。这与他们的文化完全不同。如果能够以合理的比例向劳工提供互补资源（如工厂和设备），如果劳工能够获得一定的技能，能够适应工厂生产的新文化，那么南方的劳工标准就能达到北方的劳工标准，并与之相竞争。然而，在整个过渡期，劳工质量仍旧保持在低水平，资本资源相对于劳工仍旧很少时，在这些具有发展潜力的工业领域推行高工资是一大错误。

南方的一些工业能够提供这种初级培训和工业教育。它们为南方劳工提供了逃离不发达地区的唯一机会。当人人都成为消费者时，它们的发展一定会给某些北方工业造成重创，但是北方工业之间的劳工更替只是为南方工业化付出的一小部分代价。北方劳工已经基本适应了工业发展，不会因为向南方劳工让渡就业机会而付出沉重的代价。北方的高素质劳工可以选择不同的工业和职业。那些拥有最强职业迁移性、灵活性和适应性的人在某种程度上必须牺牲某些就业岗位，那些南方农业不再满足其基本生活资料的人非常需要这些就业机会。我们可以在那些与北方强大的企业相竞争的工业中获得高工资，或者可以在整个南方地区实现收入水平和生活水平的稳步提高。

这里只讨论关于自由贸易、自由市场和自由职业迁移的典型情况。无论是反对国内外壁垒、政府限制贸易，还是私营垄断的强制措施，这种观点同样合理。如果考虑南方的问题时这种观点明显适用的话，那么谈到整个美国经济或北方特殊利益方面的问题时，这种观点也能适用。公众利益要求各职业间的劳工可以自由交流和自由流动，尤其是要求低薪职业的劳工可以进入高效的、高报酬的职业。工会主义意味着在高薪领域和职业中就业的劳工能够避开竞争，排斥经验不足的新劳工和素质较低的劳工进入他们的市场。工会主义使得工人贵族在其职业领域建立了围墙，限制职业准入，任意提高产品的成本和价格，降低围墙外的劳工工资和收入，尤其是贫穷的劳工。

我顺便概括一下，总体而言雇主得到了其想要购买的劳工。[8]这种观点要优于半真半假的陈述。最高的企业收益通常与高工资率相一致；而所谓的边际企业通常给其员工和业主支付很低的费用。一些人就此认为，无论是通过法律还是工会，工资增长无需付出任何代价就可以迫使企业节约管理成本，改善方法。不幸的是，这种观点也可以用来说明消费税是最好的征税手段，因为正如一些古典学派的学者轻易指出的那样，消费税可能会通过催生更经济的生产方法而被吸收。但是劳工市场的这种现象很难用其他理由来解释。

公司之间，甚至是行业之间，即使生产成本相当，工资率仍然存在很大差异。如果一家公司比竞争对手提供的工资更高，那么它可以提振士气，促进合作，付出这样的代价是值得的。它也能够招募并保持一支高素质的劳动力队伍。整个行业都会做同一件事，即与其他行业竞争劳工资源。由于行业的发展取决于普遍的工资率，因此有的行业能够获得高素质的劳工，有的行业则获得普通的劳工。对于公司或行业而言，有组织集团做出的工资让步可能一开始就没有任何成本。发生的事情不过是提高素质标准，无情地拒绝低素质劳工。[9]然而不可能永远走下坡路，这种做法只在某些情况下是有效的。我们应该避免以偏概全。汽车行业只雇用最优秀的劳工，让其他行业雇用素质较低的劳工。然而对公司来说，工资增长超出一定的限度就无法相应地提高劳工的素质。整个行业或许多行业尝试这种做法时，只会把素质较低的劳工赶走，导致劳工失业或者进入报酬更低和更低效的行业，那里的标准不严格。在过去，钢铁行业、服装行业和煤矿行业滥用这种方法雇用并培训了大量的低素质移民劳工。未来还有哪些行业会这么做呢？过剩的农业劳工又要被安排到哪里呢？当然不是钢铁行业，因为它只为高素质劳工提供就业机会。

我们也要考虑标准工资率对新企业和冒险型企业造成的不利影响。公司满足于尝试选新址，雇用相对未经培训的劳工，这形成了最主要的竞争垄断。这样的企业向劳工提供的待遇必须优于以前的工作待遇，但是不能向其支付老部门里高素质劳工所享有的工资。如果企业必须提供这样的待遇，那它就无法发展。对新企业和冒险型企业最有效的办法就是发现现有劳工的优势，比以前更有效地雇用劳工资源，这些劳工资源不必局限于低价值的工作。实际上，每家新企业必须做到这一点。老企业从劳动力供给中挑选了一批精英，把他们培训成更加优秀的劳工。如果潜在的竞争对手必须支付与老公司相同的工资，那么老公司就不会受到竞争的影响，就像高素质劳工不受低素质劳工竞争的影响一样。这里我们会发现有组织劳工和雇主之间存在惊人的利益一致性，新企业进入的门槛越来越高，新劳工的准入标准也越来越高。[10]

不管民主资本主义还是民主社会主义，我会提出有关工资和理想工资政策的一般观点。为避免“购买力”观点中的困惑和诡辩，我们仅从货币动荡和通货紧缩中抽象地假设政府成功维持合理的高度稳定的货币，即稳定的货币价值或价格指数。这意味着我们应该高度关注相对工资原则，因为在相对充分就业时期平均工资的变化意味着商品一般价格水平的变化，工资是成本的主要因素。

任何领域或行业的合理工资指的是，在与其他行业相竞争的过程中可以使劳动力充分供给的最低工资。“充分供给”这一概念有歧义，但如果不下定义的话，可以准确解释。当然，可以将“充分供给”定义为这种供给必须等同于我们讨论中的行业与其他行业之间可转移劳工的生产率。换言之，工资允许劳工从吸引力较弱，报酬较少，效益较低的行业实现最大限度的转移。广义来上讲，对于一般的工厂就业而言，工资或工资水平会迫使最低数量的劳工成为临时劳工，从事自给农业生产。我们指的是如果以某种工资获得的合格劳工多于雇用的合格劳工，那么工资就过高，假如这个行业在公司之间具有合理竞争性的话。降低工资率将允许劳工进入，否则他们会被迫接受吸引力较弱，生产率较低的行业或被迫接受非自愿性失业。这等于说，如果相对工资需要某种力量（组织）或法律的支持，那么人们会认为相对工资太高了。

这里的基本原则是在地区之间、行业之间和职业之间可以自由进入、自由转移。如果这种自由要存在，必须降低工资，以接纳在许多合格劳工想要进入的领域所出现的新劳工。这种自由必然受到成本和培训与经验不足的限制。自由转移意味着合格劳工自由寻找工作和获得工作，自由进入意味着所有想要进入行业的合格劳工实现充分就业。社会服务工作者认为这种工资能否保障家庭的生活水平无关紧要。相比于我们所讨论的职业和对劳工不太有吸引力的职业的相对优势，真正重要的是识别那些被高工资排除在外的劳工。其他情况相同的话，如果我们所讨论的职业比其他职业工资高，那这种工资就太高了。从伦理上讲，我们不能无视合格劳工设法转移的观点。如果大部分合格劳工更喜欢在这里工作，但无法得到工作机会的话，那么这种工资就过高了。可以通过政府开支来弥补低生产率劳工的家庭收入，而不是让这些劳工无所事事，或者将他们限制在低效的行业中。[11]

现在，在高报酬的职业方面，自由进入尤为重要，如果有人相信机会平等的话。只有通过工资级别的方式允许劳工最自由地向上流动，我们才能减少经济不平等，使底层收入者的收入最大化。高薪企业确实可以推动组织的产生。那些处境有利的企业通过排斥、限制和各种垄断措施获益最多。相比于美国医学协会，任何劳工组织都不可能更加无私或者较少行使自身的权力。考虑到美国医学协会组织的松散性和权力的弱小性，这种对比无疑让人担忧。

组织是稳固特权的一种手段。强大的组织利用这种方式压制弱小的组织，让自己变得更加强大。由于工会主义阻碍了劳工进入最具吸引力的职业，因此高工资越来越高，低工资越来越低。但是普遍应用这种方式只会导致混乱局面，当然我们无法通过限制生产变得富有。如果大家都不去尝试或者几乎无人拥有有效的权力，那么垄断就会起作用。普遍应用这种方式就像是用普遍统一征税中支付的普遍统一补贴一样，只是后者很荒唐，而前者也与资源经济性甚至与秩序不一致。垄断或职能集团变得普遍之前，独裁者已经就任不管了。我们必须让独裁者或者未来的教皇恢复机会自由和职业流动自由吗？

工会主义有时只是一种以收益和财产收入为代价提高劳工收入的方式。收益通常是很小的一部分，有时会产生积极影响，但通常会产生消极影响。全部的财产收入是边际，通过提高工资来减少边际能够及时有效地应对就业、生产和产品价格问题。在某些领域，劳工成本的提高会影响收益。但是由于征收消费税，如果不是转移到服务销售者身上的话，这种负担很快就会通过产量变化转移到产品购买者身上。

作为特定产量中劳工与资本竞争的一部分，劳工要求更大比例的收益可以实现合理化和普及化，但是企业仍旧在服务销售者和产品购买者之间扮演着重要的中间人角色。劳工和资本之间的竞争假象掩盖了劳工垄断和社会之间，有组织的工人和消费者之间，尤其是高薪职业中的老员工和其他职业的劳工之间的冲突。大量未组织的和未被组织起来的消费者遭受损失，他们因被排斥在高薪领域外而遭受损失，他们因出售劳工的市场人为存在大量的劳工而遭受损失，也就是说他们因被迫与被排除出高薪职业的劳工相竞争而遭受损失。没有人能推测出如果他们也是有组织的话，他们的问题是否就能得到解决。这种垄断行径，就像关税与补贴一样，只有在特殊情况下，即只有让少数派相对占优势时才有效，但会导致整体不经济性，造成损失。[12]

我要解释一下先前的一种观点，即合理的工资事关其他就业机会而不是企业收益或利润。在劳资谈判和仲裁过程中，如果企业收益低，企业收益水平就会受到来自管理层的压力；如果企业收益高，企业收益水平就会受到来自工会的压力。这意味着适当调整高收益的措施是提高工资，但这种看似合理的观点经不起检验。

在不断创新的世界里，相对价格和消费者品位都在变化，新旧行业不断更替。在经济领域，有的持久性行业向来是朝阳行业，有的行业变成了夕阳行业。某一行业出乎意料地改善需求状况和生产方法时，收益就会明显增长。有了强大的劳工组织，那就意味着工资要求会更高。但是该行业应该满足这种要求，与现有的员工更多地分享收益吗？

只要在自由市场体制中会发生这种调整即使是暂时的，那它就值得称赞。雇主自然会从竞争对手和其他行业吸引劳工来扩大生产。如果劳工专业化程度不高（长远来看），那么暂时提高相对工资能够吸引年轻的劳工，能够促使在成本适中且损失不重的领域内的劳工转移。长期的影响不是提高相对工资，而是提高该行业相比于使用类似劳工的其他行业的各种劳工的数量和比例。

在劳工专业化程度不够的领域，合理调整过度的投资回报率的措施不是提高工资，而是扩大投资、就业和生产，降低相对的产品价格。如果高收益反映了企业垄断限制产量的话，尽管有时企业会这么做，那么应该采取措施废除这种限制。但是劳工市场的垄断只会加重并巩固这种限制。如果必须从其他行业吸引额外的劳工供给，那么暂时提高相对工资就是合理的。如果在劳工供给充足或过剩的行业，工人采取联合行动获得高工资，那么这种工资的增长并不会有利于扩大生产，反而会阻碍扩大生产。

有了强大的组织，收益增长的同时高工资的要求也会越来越多。如果收益普遍增长，并且就业充分的话，从经济上来讲有必要提高工资，这是合理的。在稳步发展的经济中，人们期待工资可以长期稳步增长。但是要注意不断调整相对工资来适应相对收益所产生的糟糕影响。即使在健康、充满活力的体制中，一些行业和职业也会相对地或绝对地萎缩。在自由市场，需求状况不断改善的行业乐于接受懒散的劳工。只要任意提高成本不阻碍扩张的机会，即相对较高的企业收益主要影响的是就业而不是工资率，不断扩张的行业就会吸收萎缩的行业所释放出来的劳工。

有了强大的组织，扩张的企业中的老员工可能会阻止扩张，并且必须这么做才能充分利用影响其行业或产品市场的有利变化。从伦理上讲，这些老员工应该与消费者群体，与那些因扩大生产从低薪行业中转移进来的劳工分享收益。但是如果有权阻止的话，任何一个群体都不会去分享收益。

我们从企业或投资者的角度来考虑问题时，这里的情况让人担忧。在自由市场中，面对各种不确定性，我们要做出每一次资本承诺。我们可能损失惨重或者收益颇丰，这取决于不可预测的事情。对明智的投资者来说，相对于保守的资本承诺，比如政府债券，自由市场中的博弈是相对公平的，收益大体可以抵消损失风险。当然，新企业愿意冒险，愿意承担财产风险是整个政治经济制度的基石。但是与损失机会相比，收益机会减少的发展趋势导致这一基石岌岌可危。

我们常常将税收视为抑制企业的影响因素，但我认为它们在这方面所产生的影响被严重夸大了，它们的影响主要是关于征税中的结构性错误。这些结构性错误对公平累进制不利，因为它们对企业是不利的。我们在强化并全面应用累进制原则时，可以适度改革以减少税收对风险投资的偏见。但是对劳工组织固有新投资的偏见很重要，无法通过具体的改革来消除。投资者现在面临着其在自由市场中几乎所有的不确定性，以及劳工组织会占有大部分或全部收益的前景。如果出现有利情况的话，收益会不断增长。实际上，现在每次新的长期资本承诺都是一个受制于有组织的互补性服务销售者的问题。企业家必须面对各种因投资领域错误而出现的传统投资风险，比如需求变化风险、工厂设施陈旧风险以及只因太多人都用同样的方法猜测而猜错的风险。此外，如果自由市场出现互补性因素的话，企业家必须面对无法恢复其资产所具有的生产力的风险。损失前景和过去相当，收益前景会严重受挫。

如果我们要在缺乏极权控制的情况下保护现代工业生产，那我们必须解决私人投资问题。现在，关于经济成熟问题和新型投资存在技术性缺陷的认识问题，有许多荒谬的讨论。有些人极力回避难题和难以接受的事实，认为这种讨论非常合理。有些人希望改革，更加欢迎这种讨论。然而在重视民主的人看来，这种讨论却失败了。这种讨论提出的政策主张会侵蚀我们经济生活方式中的民主基础。但是近年来私人投资明显不足，这不需要通过那些关于实际投资机会的未证实的猜想（并且我认为是严重错误的猜想）来解释。我认为现在的投资机会是最大的；如果能够向新资本资产所有者保证自由市场能够利用劳工和其他互补性因素的话（主要是间接劳工），那么最大限度的节俭不会一直允许充分投资大幅降低利息。但是这种利用的前景到处都减弱了。每家新企业和每笔新投资在获得工厂和设备时，都必须向劳工和其他垄断者支付大笔费用。工厂和设备建好后，新企业和新投资又面临设施使用方面的不断敲诈。劳工垄断高度集中于建筑行业和资本货物行业，这也是资本密集型行业的显著特征。

这里不关注劳工领袖身上存在的腐败和不诚实问题或劳工领袖的薪资问题，尽管我可以，也应该讨论一下。整个垄断劳工市场计划导致领袖们为追求自身的政治利益和金钱利益而不断贿赂和敲诈，滥用权力。然而，为了讨论，我会忽视个人腐败和私人敲诈问题，也就是说，我会假设工会向来为了大多数工会成员的利益而实行严格、忠实的管理。当我说投资者和企业家面临有组织的劳工销售者敲诈的可能性时，我仅指劳工组织固有的劳资谈判权和垄断权会被充分行使的可能性，而行使的方式现在被认为是合理合法的。凡是有组织的领域，在特定劳工市场中采取集体共谋的垄断行动的机会就会增加。这种可能性足以解释私人投资减少和冒险型新企业消失的现象。

我们以平等的劳资谈判权的名义促进了劳工垄断的激增，其天然职能是剥削消费者。劳工垄断苛税的重任不会落在工业投资者或是企业身上，但是企业作为中介方，必然要承受新型苛税所产生的影响，预计收益可能持续下降到平均期望值彻底让人失望的程度。对工业投资者来说结果是一样的，似乎政府在向游资持有者

(储蓄)提供特别保护，拓宽政府债券投资新渠道(更别提“免税”)时助长了有组织的土匪活动，但拒绝向它们提供一切保护。

我们在经济不平等方面面临一个现实问题。如果我们不是过于迫切的话，对收入和遗产征收累进税就能很容易解决这一难题，也不会引发不经济问题。只有修复个人所得税中的一些结构性缺陷，才能稳步减少财产收入中的不平等，不断调整非财产收入中的巨大差异。然而，激进人士和权力追求者对这种单调的、和平的、有序的、高效的、渐进的方法毫无兴趣，因此忽视了税改中的关键问题，导致劳工组织臃肿，它们运用隐形制裁促使无数的工业大军充分行使武力、胁迫与暴力的权力，至少是为了防止以低于它们所提供的价格进行竞争性服务销售。暴力仅仅在组织化阶段很重要，组织成形并得到认可后暴力就会消失。这一点是正确的。获得权力的组织不需要公开使用暴力来维护自己的权力。只有在工会主义或工团主义的中间阶段才是非暴力的。开始阶段难免存在暴力，最终阶段暴力升级，包括政治体制的彻底重建。有时候，不知为何，必须调和劳工垄断的特殊利益与共同利益之间的冲突。一旦超出某一点，它们的苛税就会令人难以接受，必须打破它们的权力以保护大众福利。

幻想社会主义者有着支持工会主义的政治意识，要求我们相信如果行业所有权和管理权落入政府手中，那么职能少数派的整个问题就会消失。通过浴血奋战获得垄断权的组织声称社会主义政府到来时会放弃其权力，恳求善良的社会主义者降低他们的工资来降低价格，让大批新劳工进入他们的职业领域。至少可以说，所有这一切似乎非常不可能。

社会主义者与工会主义者的政治联盟本质上是一种异常现象。如果社会主义是民主的，那么它必定会利用价格体系，必定会坚持理想的竞争准则。另一方面，工会主义拒绝劳工市场自由定价。这种情况在行业工会中更真实。社会主义必须保护最大限度职业迁移的自由。除了故意丧失权力外，工会主义必须对竞争和迁移设置障碍。社会主义自身必须关注消费者和劳工，工会必须代表并提升其特定少数派的特殊利益。

然而，在我看来，累进税制是解决不平等问题的一种有效且民主的方法。工会主义者的另一种做法是用类似土匪的做法来派遣大批劳工，剥削劳工。这种本质上有序的、和平的、渐进的、高效的做法指的就是法律手段。另一种做法本质上是极端暴力的、破坏性的、浪费的。一种做法需要辩论、讨论和政治行动，另外一种做法需要斗争和大肆剥削。

工会主义者与我们的共产主义兄弟颇有相似之处。他们都是英勇的斗士，愿为各自的利益奋战。他们可以有效地削弱我们现有的政治经济制度，但是他们并不关心，也表达不清楚他们要创造的世界的本质是什么。他们在这两方面都缺乏建设性思考。共产主义者力图摧毁资本主义，而工会主义者一心要摧毁劳工市场中的竞争。共产主义者大谈资本主义邪恶的一面，但是从未向我们讲述过美好的生活。工会主义者不厌其烦地向我们描绘他们的乌托邦社会。换言之，工会主义者已经理所当然地认为工会是良好社会必不可少的要素，但是并未考虑过良好社会的本质，因为只有在良好的社会，工会才是健康的组织。

学者们坚决表示这些夸张的观点忽视了大量的无政府主义者、

工团主义者和基尔特社会主义者的学术文献。然而，有人声称这些文献没有为我们讨论的问题提供任何民主的解决办法。无政府主义的优势在于强调在完善的价值体系中占据重要地位的价值观，尽管这些价值观只有在天堂中才更重要。无政府主义可以被视为理想主义概念，传统自由主义代表了最接近理想主义的现实解决方案。无政府主义者谴责所有的有组织胁迫行为，自由主义者将其限定在客观公正的范畴内，限定在基于自由讨论而达成共识的法治范围内。自由主义者会限制政府的职能范围，尤其是那些人员流动性最差的较大政府部门。自由主义者称竞争性私营企业是唯一能够与分权措施相符的管制体系，只有它能防止专制暴政与混乱秩序。在由生产组织和人类活动复杂分工构成的世界里，通过讨论公正的政策规则与客观的自由竞争纪律而实现的统治是完美主义者追求高度自由的可行之举。

尽管工团主义和无政府主义看似联系紧密，但是从本质上来说，只有把对无政府主义的拙劣模仿看作是危险的、混乱的，工团主义和无政府主义才能有紧密的联系。依我拙见，不能简单地用这种方式将工团主义看作是一种政治秩序计划，以激发学者对于细节的讨论或研究。英国基尔特社会主义支持者在这方面做出的努力是界定良好社会的一次真诚尝试，值得称赞。如果利用当时的制度趋势，或许有可能实现良好社会。但是根据现实的政治分析，这种尝试注定彻底失败。我怀疑韦伯夫妇现在是否会发现其著作《英国社会主义国家宪法》中费心提出的建议很有说服力。

基尔特社会主义表面看上去很有吸引力，但经过现实审视，只是反映出了多元主义的混乱。多元主义指的是行业或职业状态的多样化，名义上受立法机构的规约，代表共同利益，但是面对强大的辛迪加组织时实际上没有影响力。对于英国人而言，这种观点或许不太合理，他们从不接受美国关税法律的工联主义或从未经历过退休金法律中的民主腐败。这里，我们可以明确感受到少数派是民主的天敌，尤其是工业少数派和职能少数派。如果民主继续存在的话，它首先要学会如何约束，并让作为特殊利益压力集团的少数派实现去组织化。基尔特社会主义是民主陷于腐败的最佳方式，腐败在有代表和组织的地区无限蔓延，而这些地区本应该将这种风险降到最低水平。

美国人几乎不愿坦率地支持工团主义，也不愿认同公司国家观。同样，几乎无人愿意面对我们正匆匆迈向美国的那种政治秩序的现实。当然，我们的政体保留了传统的特点。我们的联邦立法机构和州立法机构仍然代表本国地理区域。但与这种政治体制一同出现的是强大的劳工组织体系，其作为垄断组织不被起诉，不会被其他法律排斥或惩罚。当然，如果没有正规的行业或职业组织参与立法过程，那么工团主义秩序（或混乱）可能会演变或出现。实际上，如果这种组织在国会、州众议院、县政府和地区政府中拥有直接代表，那么它们作为宪法外的政治机构行使的权力可能更大。

当然，社会学和政治学研究者老生常谈的情况是现代民主复杂的多元化。同样老生常谈的情况是有组织少数派持续威胁民主秩序和国内和平。这种危险很少出现在政治机器、关税游说团体、银星勋章参议员、退伍老兵组织以及农业集团中。基本上，我们很少或短暂经历过少数派采用暴力和恐吓手段篡夺政治权力的情况。除了联邦政府外，我们可以阻止因无法破产而出现的腐败和因政治道德无法崩解而出现的贿选。

少数派问题蔓延到了当前的国家和地区工会以及联邦政府中，但我们从未面临这样的问题。少数派是职业大军，产生并成长于暴力之中，由战士率领，只有当权力大到无法抵抗时少数派才会不诉诸暴力。当然，其他集团也会使用暴力，但是很少有集团使用暴力时能够获得公众的许可，或者使用暴力时不会面临严重的惩罚风险或权力损失。在没有暴力和恐吓的情况下和平罢工是一种毫无意义的观点，和平罢工会扰乱有着复杂劳动分工的精细化生产过程。铁路与公用事业领域的情况同样适用于煤矿、钢铁生产以及每个重要的行业和职业领域。

某些保守派人士会以自愿团体的权利是民主制度的基本特权来捍卫劳工组织，同时谴责使用暴力和恐吓。显然，如果对罢工者、纠察队和劳工组织者强制执行保护人们和财产的法律，那么就不存在这种实际问题。但是没有绝对的权利，必须禁止垄断和禁止销售者串通，以限制自愿团体的权利。由于特定组织无法使用暴力或有效地威胁暴力，因此它们不可能敲诈勒索或无期限敲诈勒索，但可能会在一段时间内向公众征税，使整个社会陷于骚乱（即使是轻微的）。无论是在劳工市场还是其他市场，理论家的纯卡特尔情况出现的严重不经济性与实际情况相关，无论是现实的还是有可能的。保护公众利益要求限制团体的权利，尤其是由提供特定商品或服务的供应商组成的团体。[13]

这种观点是纯理论的，因为缺乏胁迫和恐吓权力的劳工组织是一个不实际的抽象概念。工会现在拥有这种权力。工会已经拥有，也必将拥有这种权力，只要它们坚持目前的形式。权力较弱或无法牢牢掌握时，就必须公开且广泛地行使权力；权力强大或稳固时，如同强大的政府所拥有的权力一样，被人牢牢地掌握，恭敬地对待，但很少会被公然行使。然而，越来越成熟的工团主义所具有的和平性并不牢固，带有欺骗性，它标志着政治秩序的根基会发生根本性崩解，即自由外汇和政府强制垄断的消失。组织架构牢固，垄断地位稳固的集团可能会不公开使用暴力，只通过和平的政治谋略（尤其是利用独裁手段）进行征税。但是，这些集团必然会限制正常的贸易流通，在争取相对优势的过程中破坏普遍繁荣，迫使企业家和投资者在政治上最不利的情况下将其财产撤回至安全性可疑的政府债券。最终，这意味着通过超额成本（实际和预期），有利可图的企业和投资（政府或私营）的所有机会都消失了。这也意味着政府财政收入的枯竭，无论是向私营企业的财产收益征税还是向社会化企业征税。这还意味着越来越多的分配是通过失业救济金和其他改善性措施实现的。

在货币和财政极端主义者看来，越来越成熟的工团主义就是成熟的经济，但它本质上是不稳定的，不可控的。在收入水平远低于我们的潜在收入水平的情况下，它会通过足够的财政和货币刺激不断发展。如果唯有延迟策略可行，那么没有人会谴责能够延迟变革动荡的政策。我们会面临这种道路没有未来的事实。我们应该质疑经济分析和基于一种政治前提所提出的建议，这种政治前提指的是民主讨论和有序的政治进程在未来无法确保大规模垄断和与日俱增的企业垄断。

当前和未来一段时间内，我们主要面临的少数派和垄断问题就是劳工组织问题。有人可能会强调自愿团体的权利或自由进入职业领域的权利；有人也会强调开展国家或地区集体谈判的权利或自由职业迁移的权利。在这两种情况下，任何人都无法保护这两种权利。如果赋予或行使一种权利，那么就会限制或破坏另一种权利。问题只是到底应该以竞争的方式决定工资率，还是以垄断的方式决定工资率。

特定行业内关于收入分配的争论让人无法理解劳工组织和雇主组织的利益一致性和职能互补性。公众将工会视为产业集中和企业垄断的平衡力量，但实际上工会主要是为了支持产品市场的有效垄断，缺乏垄断的时候能够形成垄断。劳工领袖实际上对垄断政策和垄断利益颇感兴趣，因为集体谈判权使得劳工领袖非法占有垄断利益，并在成员之间分配垄断利益。

虽然本人学识有限，但我知道在任何一种情况下，强大的工会都没有建议降低垄断性产品价格，或单独或以联邦的形式支持反垄断政策。《国家工业复兴法案》就像极端的关税保护一样，得到了有组织劳工的大力支持。煤炭业正规而强制的卡特尔化归功于美国煤矿工人联合会。如果产业工会联合会的领袖们就劳工参与管理问题提出的一些建议不是纯粹的卡特尔计划，那么我就无法弄清楚。如果工业领域的劳工越来越卡特尔化，那么企业家必须组织起来进行谈判，不仅为了体现统一战线，从消费者手中收回增长的工资，而且是因为劳工自身更喜欢、要求并强迫这种雇主组织。

有人经常说集体谈判中的困难和参与者的互相不妥协只是边界的残余，会随着美国赶超欧洲而消失。我们因落后而备受指责，因此被敦促去寻求集体谈判中实际能接受的方面，去探寻德国、法国与英国已经实现的工会—雇主关系中成熟的方面。近日，我们已经注意到历史对为美国辩护的居尊者和引入欧洲制度的狂热者开了个拙劣的玩笑，但是历史威胁这些人的地位时他们只能忽视历史，而不是历史服务于他们的目标时误读历史。

我认为德国的工会没催生法本公司和纳粹革命，法国劳工没有瓦解法国大军，国家集体谈判没有导致帝国化学工业公司和英国工业的糟糕状况。我认为强大的工会是整个制度体系必不可少的一部分。这种制度体系处处与经济自由、政治自由和世界和平相对立；我们应该阻止这种发展态势出现德国或法国那样的结局，以及当前英国经济出现的混乱局面；我们引入并保留这一制度体系中的劳工组织时也要引入该制度的其他方面。如果西欧在集体谈判和劳工关系上已经很成熟，而英国现在仍然成熟，那么这些事实将强烈反对放弃我们的民主。

我们必须改变劳工政策或者放弃反垄断政策，正如英国商人建议的那样。如果强大的工会已成事实，比如汽车行业，那么该行业作为一个竞争性经济领域，即使不会变成通用汽车公司，也会完全卡特尔化。多亏了瑟曼·阿诺德以及少数有空前才智的商业领袖，合理的反垄断政策的前景，才会比以往更加明朗。即使战后这些前景变为现实，这些成就也必然是令人沮丧的，必然会被彻底改变，除非接下来彻底改变劳工组织近期的态势。如果劳工卡特尔化或工团主义化，那么企业家必须自我调整以适应政治形势。甚至阿诺德都无法阻止企业家遵从或忠于真正的权力场。

即使商业领袖宽容大度，充满智慧，他们也不能通过其信托责任（如果不只是他们所象征的那样），在这项任务的艰难环节发挥领导力作用。他们会以更民主的方式进行内部整顿。这绝非小事，这是他们为改变美国的工团主义思潮力所能及的行动。但这还不够，仅仅是开始。可疑的劳工引诱者会成群结队地志愿加入这项实际任务，因此会难上加难。同样还有保守派，他们现在主导着我们的两大政党。保守派未能坦白，花招愚拙，阻碍了问题的解决，而不是对两边政客的斥责。

我们很容易认为整个问题从政治上来讲如此困难，形势不利，以至于我们无法解决，甚至无法理解，也就是说要在经济民主必定逐步消亡与解决方法行之有效之间做出真正的选择。我不是预言家，也无法与上帝直接交流。因此我只能认为重视这种绝境很不道德。如果过于关注历史外延，那么民主早就消失好多次了。或许现在没有必要讨论暂缓之计的不足之处。

如果我们能赢得这场战争，那我们也能赢得和平。但是自由贸易和自由汇率对世界秩序的必要性大于国内秩序。自由贸易让世界逐步融合为一个和平而民主的整体；自由贸易可以让我们在货币合作和政治合作中创造奇迹，通过经济整合和相对自由的商品与投资资金流动来全面提高标准。如果将最大程度的军事、政治及经济（垄断）权力分配设定为我们的目标，那么我们就有可能在国内外获得自由。我认为更加自由的贸易是长久和平的必要条件。如果实现了长久和平，我们就能在提高全世界生活水平的同时如愿提高我国的生活水平。因此我们利用货币军事主导权，不仅能够巩固世界和平，还能构建逐步巩固和平的世界社会。在这样的世界社会里，美国会逐步放弃其军事主导，寻求道德领导力，积极承担保持贸易畅通和维护和平的共同使命。

如果拥有主导地位的战后国家内部缺乏自由贸易，那么就不可能存在自由的世界贸易。自由进入市场不仅意味着取消关税、汇率管制和配额限制，也意味着有机会在全国市场向竞争性购买者销售，并从竞争性销售者那里购买。集体主义国家之间进行自由贸易是一种毫无意义的观点。工团主义国家之间进行自由贸易亦是如此。不可能真正自由地获取垄断者或卡特尔生产的原材料，也不可能自由地获取为其服务垄断定价的有组织的劳工生产的原材料。

如果国内实行自由贸易，那么我们的经济繁荣将与世隔绝（如果我们可以与世隔绝的话）。如果国内实行这种自由贸易，作为世界经济的一部分，我们会更加繁荣，能够带领整个世界走向长期繁荣与和平。因此我承认我们在美国国内经济政策领域要么赢得和平，要么失去和平。其他集团会坚决反对必须消除关税壁垒。但是，如果通过自由贸易即将赢得争取和平的斗争，那么我们在劳工政策领域的问题上要么赢得和平，要么失去和平。

当然，眼前的问题主要与关税有关。但是劳工组织比起其他组织效率更高，因此人们期待劳工组织能够抵制降低或消除保护性关税。即使我们可以建立起自由的对外贸易，劳工组织仍有可能阻止必要的国内调整，让我们重回保护主义。对于成本–价格失调引发的大萧条和失业问题，这种保护性做法毫无远见。投入充足的资金和提高价格水平的确可以确保在任何水平的货币工资上实现合理充分的就业。但是战时经验（显而易见的）表明价格通胀无法降低强大且身处战略地位的劳工组织的实际工资，也就是说这种政策仅仅意味着通货膨胀永无休止。无论如何，战后重工业领域的战时工资调整都会非常困难。如果不能显著降低多个领域的工资，那么除了价格水平更加高之外，私人就业无法复苏。强制提高价格水平意味着不仅侵占国防债券持有者和其他债权人的财产，也会加大恶性通货膨胀的风险。

我们在经济裁军这一简单问题上要么赢得和平，要么失去和平。必须铲除高度保护、配额限制、汇率管制和双边贸易等极端的民族主义思想，至少要铲除当前冲突中主要反对者的极端民族主义思想。然而，我们无法朝着这一目标前进，除非这些国家内部也实行大规模经济裁军。国家必须摒弃对主导权和征服的竞争，在密切联系的、融为一体的世界经济中找准自己的位置。所有国家都可以自由平等地进入世界经济市场，自由平等地进行商品交易。我们必须在民主的自由贸易体系中找准自己的位置，而不是为民主地追求权力竞争而形成职业或行业组织。这种权力竞争类似于国家之间的战争，或许是战争爆发的最主要原因。

第七章 货币政策中的规则与当局*

如今，货币问题日益突出，是自由主义信念面临的巨大挑战。几十年来，我们一直在制定财政措施，设计金融制度和金融结构，但这与以经济自由与政治自由为基础建立的有序运行的体系相矛盾。相较于这种制度趋势，货币研究者思考与讨论的趋势更加混乱，也就是说经济学家习惯以他们所信奉的自由主义来处理货币问题。

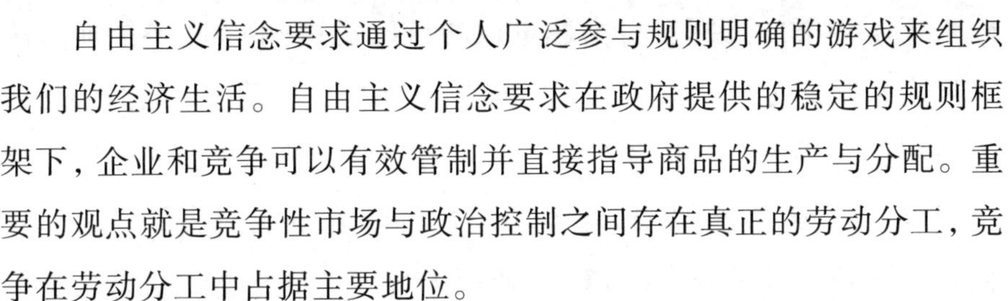

自由主义信念要求通过个人广泛参与规则明确的游戏来组织我们的经济生活。自由主义信念要求在政府提供的稳定的规则框架下，企业和竞争可以有效管制并直接指导商品的生产与分配。重要的观点就是竞争性市场与政治控制之间存在真正的劳动分工，竞争在劳动分工中占据主要地位。

与权威集体主义相比，适应现代环境的自由体系过于复杂。这种自由体系包括高度的政治控制：某些领域实行完全的集体主义化；其他领域强制实行竞争；在财产、收入与权力分配方面主要利用征税来避免极端的不平等。经过多年谨慎的规划和明智的立法，通过经济重建我们可以建立这样的体系。一旦建立起这样的体系，

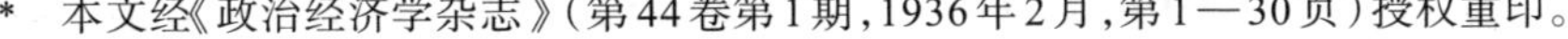

* 本文经《政治经济学杂志》（第44卷第1期，1936年2月，第1—30页）授权重印。

它需要不断完善，至少需要对规则进行微调以满足新的发展形势和新环境的要求。

因此，将自由主义体制与计划经济进行比较没有太多意义，除非巧合的是，对自由主义立场很少同情甚至不太理解的改革者剽窃了计划经济。

然而，我们即将面临的风险是实际的政府政策会削弱大多数人更喜欢的政治经济生活。这种风险主要体现在三个方面：(1)在许多领域，政治控制（政府控制或垄断）代替价格竞争。一旦建立、保护并适当巩固竞争，那么竞争就可以提高大众福利；(2)忽视自由企业体制下政府的积极责任；(3)涉及立法权下放，设立当局而不是创立规则的政策和措施。[1]

货币学研究者应关注当局代替规则这种风险。当然，许多特殊的责任可以下放给拥有自由裁量权的行政机构；例如，不能通过法律规定来限制卫生当局的活动。如果要保护民主制度，我们必须谨慎使用这种手段，这种手段完全不适用于货币领域。企业体制在货币当局行为或货币法律极端不确定性的情况下无法有效运行。我们必须避免一种情况，即每家企业很大程度上都会变成对未来货币政策的投机。政府过去严重忽视了其承担管制货币的积极责任，而私人在决定金融结构的特征和控制货币及货币替代品的数量方面被赋予了过多的自由。我们在这方面已经达成共识。然而，我们在寻找这一问题的解决方法时似乎忽略了重要的一点，即明确而稳定的货币法律规则对企业自由体制的生存至关重要。

实际上，据说研究货币和银行业专业的经济学家已经接受，并宣传自由主义者最初离经叛道的观点。就计划的非自由主义内涵而言，管制货币（与保护主义）是当前所有计划政策的原型。许多经济学家仍然极力反对管制货币的建议，但是他们及其导师热衷于参与中央银行业的改革。这种离经叛道的观点在这里体现得淋漓尽致。

就太过明确区分货币与银行业问题的糟糕习惯和将银行业制度视为金本位制自动机制的一个细节或附属体制的倾向而言，自由主义信念的捍卫者们身上的这种无意识的叛离是可以解释的，可能会为之致歉。人们最近才清楚地认识到信用问题淹没了货币问题，或者在中央银行业、政府财政和对外贸易等国家政策中，黄金已经处于不重要的地位。

作为经济学家的自由主义者现在处于防守态势，他们在很多领域的学术立场非常坚定或者可以非常坚定。只有在货币和银行业问题上可以发现自由主义者的明显弱点。关于如何有效改变货币规则以防止或减少工业领域的不稳定性，自由主义者并未达成一致意见，也没有进行充分的讨论。我们没有就货币领域的问题一致提出有效的解决办法时，就不能对当前体制的激进批评做出有效的回应，或者揭露那些花言巧语的改革者提出的愚蠢政策，说他们在其他领域发现的问题才是真正的货币问题，尽管这种观点通常是正确的。

我们面临的问题是根据简单规则制定一种充分的货币体系，找到制定这种货币体系的方法。我们无法回到过去的某种体制，过去并未解决这种货币问题。在更加灵活的经济体中，规则的具体形式不太重要，除此之外，在早期的安排中没有发现充分的规则体系。我们已经习惯于这一事实和银行业方面的管理理念，以至于我们要么很难拒绝接受管理部门提出的缓和之策，要么很难公正地面对我们的学术重任。

坚持传统自由主义信念的经济学家对最近关于中性货币概念的讨论做出了最大的贡献，这一点很重要。从中性货币概念中，我们知道最终如何解决这一实际问题，尽管必须承认这一概念不可能形成准确的定义或变成具体的建议。

包括本书作者在内的经济学家最近对银行业改革的一些建议做出了这种改变。[2] 这些建议(1)考虑在100%准备金的基础上增加活期存款银行业务，(2)最终确定通货总量(货币与活期存款)。[3]

作为一项货币政策原则，确定通货数量引人关注的原因有以下几点：(1)可以避免依赖独立的货币当局专制的自由裁量行为，制定一项法定规则，该规则可由立法机构颁布而无需实质性授权；(2)通过提高技术效率而扩大产量时，可以自动下调商品价格；(3)从契约式企业经济角度来看，这代表一种简单明确的理想规则；(4)足够明确和合理，可以为新“货币宗教”奠定基础，强烈反对对这种货币进行改革。这项货币政策原则不要求评价其管理，根据方法而不仅是目标来制定政策，与政府收入与开支平衡原则相一致，赋予“通货膨胀”一种简单的含义。这种含义有利于这部分经济游戏规则的长期稳定，有助于人们遵守这部分规则。

虽然这一规则具有这些优势，但是现在不能成为货币改革的基础。确定通货数量作为唯一的货币政策原则，其明显的弱点是速度方面大刀阔斧的改革存在风险，因为任何货币体系在面临贮藏与减少货币持有量的极端变化时都无法有效运行或无法在政治上生存。我们很容易认为如果阻止货币量的异常变化我们就可以有所收获，但是这种观点不具有说服力。确定通货数量可能只会导致“准货币”数量及其普遍接受度发生异常变化，正如限制发行银行钞票会加速活期存款银行业务的发展一样。

储蓄账户（定期存款）中最有可能发生这种情况，这时人们面临着阻止甚至是确立有效流通的真正难题。[4]在这种情况下，可能提出的问题实际上是规定讨论过程中立即通过一个更广泛和不太实际的方法。

同时发生的工业波动（就业）问题是（1）价格体系中重要方面的刚性问题是通过产量与就业而不是价格与工资率进行调整的问题，也是（2）有效货币总营业额（数量与速度）中异常的弹性问题。假设现在价格与工资弹性有限，让我们去探究一下在金融方面更好或理想条件的性质是什么。金融结构方面何种制度才会有助于降低工业波动的幅度？[5]

近似理想的条件很明显，但却无法实现。如果根本就不存在固定的货币合约，也就是说如果以剩余权益或普通股的形式持有全部财产，那么就可以降低普遍存在的、同时发生的累积性失调程度。在这样的金融结构中，任何人都无法创造有效货币替代品来用于流通或贮藏，也无法迫使企业大规模实现资产流动。[6]虽然仍会发生贮藏与减少货币持有量的情况（速度变化），但是会将累积性失调的风险降到最低。[7]

在接近理想的金融体系中，所有的借贷都采用永久合同的形式：在合同中不能要求偿还本金。由于这种合同中的融资巨大，因此固定年度费用的责任会让企业家努力实现更好的资产流动性。但是，反对偿还本金的要求会让固定权益总额变小。此外，这种永久合同会受到销售价格波动的影响，作为贮藏中的货币替代品不太具有吸引力。

在不太接近最理想的金融体系中，所有的借贷合同期限都会很长，比如说至少50年。另外的风险是，人们会利用萧条时期的到期合同来提高货币贮藏[8]，但是关键时期的到期总债务占比可能会很小。

如果这一比例持续走低，一旦发生大规模的短期借贷，经济就会陷入灾难性动荡之中。由于短期贷方的投资达到可使用通货总量的好几倍时会不断要求将其投资转化为这种通货，因此生产和就业就不可能实现稳定。这种经济也仅仅是在乌托邦式价格与工资率弹性的基础上行得通。经济繁荣时期，这种短期债务提供了充足的货币替代品，从现金准备金中释放出了货币。经济萧条时期，这种短期债务加速了清偿。货币合约期限越短，经济就会越不稳定，最糟糕的情况是所有货币合约都会采用活期贷款的形式。

如果设计特殊的制度安排，通过中介（银行）为大量的投资债务融资，那么我们很快就看不到理想或尚可的情况。投资债务为了确保经济体稳定高效地运行，必须是永久的和持续的。中介机构（如银行）以发行活期或准活期债券的方式向原始贷方（储户）借贷来获取资金。如果政府给予银行特殊地位，如果银行的债务成为了既有的支付中介，或许更重要的是如果这些债务同货币一样可以用做准备金（就便利性而言，债务可能优于货币），那么银行实际上可以获得发行货币的优先权，使得政府必须赋予这些私人债务以公债地位。活期存款业务代表了活期贷款融资业务的飞速发展，而且活期存款与定期存款（储蓄账户）之间的实际差异微乎其微。

这种体系会反复陷入彻底破产状态，但这不是主要关注的问题，因为人们会理所当然地认为政府干预至少会保护大多数银行。重要的是银行业所建立的金融结构的特征，以及按照这种体系的性质，银行业将在经济繁荣时期为经济注入货币替代品而之后会加速徒劳清偿的情况。

两种特殊的情况会让这种金融体系对经济失调更加敏感：(1)银行维护相对较小的业主股本缓冲；(2)短期贷款代表次级无担保债权。债券小幅贬值会引发银行偿还能力的问题，促使银行全力改善其资产质量。此外，银行家作为无担保债权的持有者自然会积极应对贷款迅速收紧的不利商业环境。显然，在这种糟糕的制度中，由于其他债权人在破产中的优先地位，那些要求迅速偿还的人(可能会中断出借)面临极低的不稳定性时被迫尝试立即清算。

普遍盛行的一种观点是银行应该只投资或着重投资短期商业票据。实际上，我们可以发现大企业在银行业改革中的根本原因。称不上经济学家的人都明白，只有在承诺提前还款的情况下银行才能收回资金。这种观点看似合理，实则谬误。实际上，坚持这项保守的放贷服务基本原则并不会减轻银行业面临的痛苦，反而会加重。因此银行要在收回资金和放贷资金方面增加短期债务量。现代银行业最糟糕的影响之一就是它导致商业领域的短期融资快速增长。[9]

在倒数第二种理想的金融体系中，所有已经成熟的和不断成熟的债务都会合法兑换成某些特定商品(如黄金)，其可用供给总量仅占债权人所需数量极小的一部分。许多国家都采取相似的经济举措、经济制度和相似的信用金字塔(狭义来讲，就是民族主义商业政策），它们将同样的商品视为货币标准的时候，便会出现最糟糕的金融结构。1929年以后，人们想到潜在的债权人对贮藏黄金的总需求时，设想出更好的金融体系来应对经济毁灭似乎更有创造性。这种体系的反常之处或许充分体现在强大的道德规范上，劝阻人们在这种体系中行使自身的合法权利。

由于各国实行不同的商业政策、财政政策、银行业政策与货币政策，加之不同的国家金融结构和价格刚性，让作者不断感到惊讶的是如此多有眼光的人会坚定地将金本位制视为国家政策的根基。[10]我们没有成功制定出令人满意的、独立的国家货币的规定，这似乎解释了那些老练的人为何崇拜黄金，但是有序的国际贸易需要稳定的汇率这一点则无法解释。自由主义者想要通过回应革命派来证明采用何种货币规则可以让资本主义成为一种更加可行的体制，但他们毫无进展。

另一方面，面对困境时坚持某些做法会得到人们的同情，因为我们在确立具有吸引力的其他体系方面没有取得进步。一些研究者建议在强大的货币当局的管理下实行纯粹独裁的统治，其他研究者建议稳定各种价格指数，更别提许多主张无限通货膨胀的建议了。这些不负责任的建议的依据是我们的问题可追溯至消费者购买力存在的缺陷问题。在所有的建议中，有关稳定价格指数的建议最开明，但也无法令人满意，因为这些建议根据目标制订计划，几乎不讨论恰当的方法；这些建议呼吁当局采取广泛的自由裁量权行动，要求他们在管理的过程中运用更多的智慧与判断力；这些建议让我们在法律层面不断修补（如果不是行政层面的话），因为任何价格指数都不会比其他价格指数更加合理，大多数建议只会服务于利益稳定这一目标。[11]

在自由企业体制中，我们显然需要明确稳定的规则，尤其在货币方面。货币规则必须与体制的合理平稳运行相一致。[12]规则一旦确定，就应该机械运转，无需在意结果。为了把当前的问题看作是一个悖论，我们需要充分运用我们的智慧去设计并确立一种足够优秀的货币体系，以至于我们可以盲目地将其视为信仰，如果你愿意的话。作为一种由规则组成的明确体制或者货币宗教的基础，旧的金本位制的不充分性似乎超出了学术争论的范畴。如果这种体制缺乏现在看来非常重要的优点，那么其他体制显然也缺乏这些优点。

因此，如果传统自由主义不是因为其他原因而堕落，那么它至少会因为无法以与其核心原则相一致的方式来回答迫切的货币问题而尴尬。本文旨在确定问题，为最终就明确的建议达成共识奠定基础，而不是提供简单的答案或解决方法。

经济繁荣与经济萧条问题必须从两方面进行抨击：(1)制定政策为我们提供更为稳定的价格体系；(2)采取措施降低因货币体系和金融结构而导致的恶化。必须将第一种抨击视为主要抨击。如果价格足够弹性，我们就能适应任何金融体系。如果价格极其刚性(反映出普遍的不完全垄断)，进行最激烈的货币或金融改革，即使理想的金融体系也无法保护我们不受生产与就业的严重干扰。

目前，我们必须依赖具有高度自由裁量权的货币管理，即通过财政和银行业措施来抵消垄断与惯例对价格与工资率影响的政策。然而，这样的政策必须以更基本的战略为指导，以尽早放弃权宜之计的需求为指导。[13]否则，政治控制必须沦为对有组织少数派的无限让步，逐步削弱自由企业经济和代议制政府可以运行的“宪政体系”。[14]

我们可以根据三大目标确定真正经济重建的可能性与合理的自由主义战略要求：(1)最大限度地恢复工业领域的竞争(包括劳工市场)；(2)向不太合理的私人货币合约体系过渡；(3)最终制定一种简单而机械化的货币政策规则。关于第三个目标，作者认为其早期关于确定货币数量规则具有优势的观点基本正确，尽管这种计划目前来看显得过于简单。这种计划的局限性主要与金融体系不合时宜的特征有关，也就是说与大量的准货币有关，与以对数量概念具有实际意义的方式定义货币的难度有关。

这种简单的确定数量规则在何种金融环境下会令人满意呢？原则上，答案很简单：上面提到的理想的金融体系。如果这是一种令人失望的建议，那么有人会补充说实际上并不需要完美。

建议废止全部借贷，甚至全部短期借贷，这简直是痴人说梦。为限制普遍认可的准货币数量和潜在的数量波动，逐步且系统地重整金融措施似乎行得通。这意味着我们要放弃银行业，即放弃为短期大规模融资制定的全部特殊制度安排。活期存款业务限于实际货币的仓储和转让。储蓄银行会变成严格意义上的互助机构或是投资信托。必须限制其他公司正规的借贷权，以防止它们接管银行已经被剥夺的特权。必须进一步限制通过开放账户(账面信用)和分期付款销售进行的融资，虽然其他限制性措施也可以间接地避免这些弊端。如果这样的改革不切实际，可以说改革仅需要严格限制公司的权力。从其他理由来看，这一点是合理的，同样重要。[15]

银行业是普遍存在的现象，不能仅仅通过针对银行的法律来处理。管制纸币发行的做法未来可能重现，许多类似的做法是无效的，让人失望，因为这些管制措施会以新的形式再现，无法阻止。我们无法预知应该如何规避，无法明白如何制定具体的管制措施才能使其不仅在名义上更加有效。我们把这个问题视为构建金融体系的问题时或许能够有所顿悟。在这种金融体系中，短期借贷量会降到最低，只有政府能够创建（或摧毁）有效的通货或普遍被接受为贮藏媒介的债务。关于经济萧条，更狭义地来讲，这种问题其实就是朝着某种体系发展的问题。在这种体系中，债权人将无法迅速要求快速而不现实的清算，也无法迅速要求企业这么做。

在金融措施或管制措施方面无论采用何种具体的解决方法，与有效货币刚性定量相符的某些制度都是一项合理的长期改革目标。正是由于这样的制度，贮藏与减少货币持有量交替出现的风险仍会存在，但是我们需要努力实现经济更大的灵活性（竞争性）来解决这一问题。工业波动问题不能仅通过货币手段来解决，因此不应该遭到抨击。可以说，最佳的货币体系容许偶尔出现混乱，不需要减轻，将其视为维护最佳的相对价格体系的合理成本或是防止基本失调持续累积的手段。而这些失调只会在政治上破坏制度本身。[16]

在当前严峻的形势下，我们应该大胆施策，让自由企业体制恢复到安全可行的基本状态。只有真正的自由信念和强大的价值观得以复苏或发展，我们才有可能在政治上采取必要措施。这些措施在货币领域非常激进，在其他领域更加激进。然而，公众不再对普遍的经济政策抱有幻想时，这些必要条件可能很快就会在舆论与偏见的循环中自然更替。

如果这种有利的舆论氛围出现了，自由主义者就会抓住机会

(有可能是最后的机会),集中精力搞改革,避免做出妥协。这尤其会被理解为(1)在恢复高度竞争的环境方面不妥协,(2)在改变可允许的金融实践方面做一些妥协,使得一套明确的机械的货币经济规则合理、可行。[17]

目前,我们必须妥协于货币领域的纯管理。我们必须依赖政府行动:运用政治手段降低过高的价格;运用财政刺激措施防止大规模清算再次发生;最重要的是采取迅速而激进的措施来偿还债务,防止灾难性通货膨胀的发生。然而,更加合理的做法是将政府机构的货币权力集中在少数人手里,通过价格指数规则让有关机构受到法律的约束。总之,这些措施在避免政治经济制度发生革命性变革的方案中非常重要。[18]乐观来看,这些措施确定了货币改革的近期目标——摆脱当前的混乱局面,寻找更加令人满意的终极解决办法。

从分析或实证角度来看,价格指数稳定是货币体系的根基,但是缺点太多,而且非常严重。我们很容易认为这种规则远非货币制度的理想规则,太容易产生这样的看法。实际上,与讨论中有缺陷的规则相比,那些批判者不愿意阐释更好的规则。价格水平稳定的主张者提出一种与传统自由主义原则相一致的解决方法,但是,也正因如此,他们在论辩中并未成功,反而激怒了经济学家和新闻工作者。专业人士也进行了猛烈的抨击,但是他们自己没有提出任何容易理解的方法,还得不让他们怀疑基于确定规则的解决方法很重要。[19]

如果价格水平稳定是一种糟糕的体系,在自由主义者看来,那也比没有任何体系要好得多。让人高度质疑的是未来是否有可能存在更好的体系。鉴于当前的金融结构和大量不协调的货币措施与货币当局，会有其他政策规则能够实现某种秩序与体系吗？我们还可以怎么样将当前混乱的私募融资、中央银行、财政措施与关税变化整合为类似货币体系这样的体系呢？我们还能如何摆脱货币政策只是无数的政府机构和私人机构不确定的日常行为的综合呢？这种混合体中的某种秩序非常重要，可以通过设立最高的独立当局，或者让所有货币措施受某种规则的约束来实现。只有价格指数稳定的主张者提出了可行的解决方法。

这种解决方法不太令人满意，在行政上也不简单。人们经常提出的问题是价格水平是否能够实现稳定。然而，更好的问题是何种机构用何种方法解决这个问题。

最近的经验充分说明银行无法承担这一重任，因为它们权力受限、方法有限。对货币价值的最终管制在于中央政府开支、征税与借贷等方面的财政措施。因此在稳定价格水平的计划中，财政部是主要的行政机构，国会所有的财政权要遵循货币规则，权力行使也要受到该规则的约束。政府通过开支注入购买力和通过征税收回购买力的权力，即加大与缩小实际货币与其他可用作货币的债务的权力，一定可以管制价格水平。当前，政府机构与私人机构的货币权力过于分散，更别提国会了。由于立法机构的权力是决定性的，因此一个致力于责任协调与集中的计划必须将财政政策作为其实施模式。

这一计划明确要求具有强大的管理权。可以赋予财政部广泛的自由以改变公债的形式，即长期借贷变为短期借贷，反之亦然，以法定货币的形式发行并偿还即期债务。可以赋予财政部对开支时机的控制权。可以赋予财政部改变法定税率和归还先前税收的有限权力。这些权力有多大，我们这里不关注。法律赋予这种权力，但也必须根据明确的政策规定行使权力的责任与义务[20]。

鉴于适当的授权，授予管理权会在某些方面犯错。货币政策制度执行得越充分，实际执行起来就越容易。执行的权力越大，对行使权力的要求就越低。如果管理权能够让这种规则发挥效力，那么只要我们能够根据管理权的执行来预测企业家和投机商的行为，这种规则某种程度上会自主执行。

价格水平规则不仅必须通过财政措施来执行，也必须控制可以产生显著货币影响的所有政府举措。换言之，公众必须认可价格水平规则是政府财政的指导原则，即合理财政政策的基本标准[21]，立法机构也必须遵守这一规则。虽然价格水平规则无法写入我们的根本大法，但必须提供与宪法规定相同的约束力。按目前的情况来看，没有什么事情是执政党不能做的，或者在经济上未完成却没有受到批评的。当然，公开发行纸币会面临道德压力，但是利用短期债券，并向为财政部制造货币的银行支付费用，就能够回避这种压力。联邦政府现在开支大于收入，会导致货币严重贬值，甚至没有在舆论面前为自己辩护。保守派让我们恢复的那些“原则”最为糟糕。传统的道德约束失去了效力，这并不是遗憾的事。但是我们离不开一些这样的规则，离不开政治家在金融方面必须遵守的道德约束。稳定价格水平这一观点最有前景，它象征着根深蒂固的观念，是财政实践中的纪律之源。[22]

稳定货币计划的一大缺点是该计划的支持者希望价格水平稳定之前能够显著提高。在涉及严重失调和内部压力的稳定方面，以

及在管理和执行方面会遇到很大困难的情况下，在向债权人做出巨大的妥协的基础上，这一计划很难实现。如果要顺利开展这项计划，选择的价格水平就必须足够低，只需货币当局在前几年采取最低限度的行动，行使最小的权力。价格水平过低这种可能性仅具有理论意义，而不是实践意义。采取严厉的管理措施克服上行的惯性，会危害这种规则的政治安全，会让受到这类措施直接影响的商业领域发生混乱。货币稳定的提倡者在做出承诺后最好不要为公众提供最后的狂欢，最好不要承诺永远提供狂欢的机会。

这些建议提出的黄金问题可能在未来几年被忽视。在美国，我们可能会在价格指数的基础上稳定下来，同时无限保持目前的黄金价格。实际上，随着世界经济的复苏，我们会发现很容易维持当前的黄金价格并不断减少关税法所形成的贸易壁垒，除非 1933 年出现了我们渴望的贬值现象。国际经济关系国家政策调查委员会的报告指出了这一计划的各种可能性：

“有人会认为，虽然黄金的美元价格不可能存在合理上涨的情况，但是降低价格很快就会成为权宜之计：(1)阻止美国无谓地大规模累积黄金；(2)将美国多余的黄金储备分配到真正需要额外储备的国家；(3)抑制美国国内过快的恢复速度或有潜在风险的经济繁荣；(4)对扩张过快的银行的准备金施压。要实现这些目标，眼前还有一种更有吸引力的方法，那就是降低我们的关税，这种方法甚至优于之前提出的方法。这种策略可以让我们不受不健康的经济繁荣的影响，不受过度投资黄金的影响，但是会以同样的方式在经济上影响其他国家，与降低黄金价格一样。这种策略可能会有效地改善国际贸易关系的本质。

“相对于其他价格，这种策略的优势在于它可以提高出口产品的国内价格，尤其是棉花与小麦。实际上，这种策略最后会成为我们近期黄金政策的充分理由，会创造这种机会去逐步、系统地修复过去的关税政策对农业造成的伤害。无论短期效果如何，严重贬值可能会慢慢地推动价格上涨，这不会带来任何好处，只会造成严重的伤害。然而，如果我们通过系统地减税来调整收支平衡，甚至将部分的黄金储备分配到国外，我们就可以避免许多工业产品价格上行的压力，同时让我们的主要出口产品享受贬值带来的好处。

“这里提出的计划理论大于实践。但是值得注意的是，贬值使得战后的法国在国内未发生通货紧缩的情况下恢复黄金，贬值同样使得美国在国内未发生通货紧缩的情况下减少贸易壁垒。从国内政治角度来看，农业需要援助时，这种机会就会出现。此外，我国政府通过这种方式来防止各国因我国货币贬值而遭受长期的损害，这样做将有助于未来国际社会对货币和商业政策的理解。

“在这方面，有两点尤为关键。(1)考虑到贬值前我国的收支平衡状况，以及各国为防止黄金枯竭而采取的各种措施可能随着世界复苏而消失的情况，我们当前的黄金价格明显过高，除非采取措施抵消黄金价格骤升所产生的长期影响。(2)有许多理由反对降低未来的黄金价格，虽然目前书中并未提及。许多人严厉谴责我们的贬值计划，他们认为现在试图走回头路必将一无所获。如果黄金价格上涨导致损害与不公正，那么日后降低黄金价格不可能完全修补这种不公正。因黄金价格上涨而受损（或获利）的人与因黄金价格下降而获利（或受损）的人大不相同。总之，许多理由似乎都支持我们的建议，即近期贬值有可能导致未来的关税下降，因此要利用潜在的巨大机遇。基于此，有人认为关税下降可能是未来货币稳定的媒介，也是援助农业的一种手段。

“这里整个观点支持的立场是我们的谈判做法应该是在外汇管制、配额限制和类似的出口壁垒方面做出妥协。这些壁垒主要是紧急情况的产物，某种程度上可以视为应急黄金政策的补充。消除壁垒的可能性部分取决于我们是否愿意做出让步以保持合理的平衡。我们可以做出唯一的让步是(1)降低我们的黄金价格和(或)(2)减少关税壁垒。我们有充分的理由选择(2)，但是我们不知为何其他国家对此举并不感兴趣。”[23]

整体而言，价格水平稳定极具吸引力，是未来十年货币与政府财政领域自由保守政策的基础。价格指数规则是否与确定货币数量规则一样，在较长时间内可以实现的条件下同样令人满意呢？这一问题有必要进行学术讨论，是分析与阐述的出发点，但是现在不具有实际意义。由于任何价格指数都存在不可避免的局限性，因此价格指数规则最后会存在严重的缺陷。我们可以发现，金融结构中的所有变化似乎都必须使我们可以接受确定货币数量规则，这些变化有助于价格指数规则的运行。大量私人制造的货币替代品交替扩张与紧缩，可能会严重限制货币当局旨在阻止价格水平变化的权力。如果以最小的阻力和最少的干扰性行政手段来维持价格指数的稳定，那么发行货币与准货币的权力就会越来越集中在中央政府的手里。

关于未来的政策，价格水平稳定是一项明确的改革还是为实现最终货币数量稳定而制订的长远计划中的一项过渡性计策，这都不重要。从另外一个角度来看，在私募融资领域进行同样的全面改革

显然很合理。此外，大多数改革有助于保护经济自由与政治民主。

作者提出以下观点来阐述其总体立场，以避免误解：

1. 民主的自由企业制度要生存并有效运转，就需要一个稳定的规则框架，该框架依法制定，只能逐步改变，并考虑经济博弈参与者的既得利益。在经济上特别重要的是，对企业家和投资者来说，未来的货币状况应该存在最小的不确定性；在政治上特别重要的是，成立当局而不是规则制定应该避免或被认为只是一种暂时的管理之策。除了构建工业领域高度竞争的环境和严格限制对相对价格的政治控制外，合理的自由政策最重要的目标应该是保护受到明确规则约束的货币体系。

2. 为了确保舆论对法律和行政修补形成足够的道德压力，货币规则必须明确，至少在理论上要简练，必须可以表达有力的、长久的、普遍的、理性的观点。制定的货币规则应该实现最充分和最稳定的就业，有助于适应可能出现的根本变革，尤其在科技领域；其次，要减少债权人与债务人之间的不平等。虽然这里的问题很重要，但是我们应该将其视为过渡期的问题。一旦建立规则，并将其视为预期的基础，任何一条或一套规则都有可能发挥作用。

3. 实行货币规则的责任应该在于联邦政府，它拥有强大的行政权，但是其权力行使受到了明确的政策的严格限制。货币当局的权力应该主要与财政制度有关，即与纸币的发行与收回（政府债券的公开市场操作）有关，或许也与政府收支关系有关。换言之，我们应该利用财政政策全面实行货币规则，货币规则也应该决定财政政策。

4. 该领域的政治控制应该局限于对货币数量与准货币数量的

控制，竞争管制引导投资（分配投资资金），尽可能不受政治机构或中央银行的影响。

5. 货币改革的自由计划应该明确区分货币与私人债务，尤其是通过私营公司减少制造有效货币替代品的机会（无论是用于通货还是贮藏）。废除私人储蓄银行显然是改革的第一步，必将实现这一目标。要真正有效，采取这种措施的同时就要严格限制所有私营公司的正规借贷权，尤其在短期借贷方面。

6. 维持某种价格指数，尤其是竞争性商品价格指数不变的货币规则似乎能够成功摆脱当前货币的混乱局面与不确定性。在不久的将来，确定货币总量规则或许可以成为一种更好的解决方法，至少是学术讨论的出发点。

第八章　汉森论财政政策[*1]

20 世纪 30 年代标志着对货币与财政实践传统的背离。大多数经济学家在驳斥普遍认可的财政规范时，对潜在的政治风险熟视无睹，他们曾经为阻止通货紧缩和着力经济复苏而主张大胆的财政政策，却无法容忍同行预测即将到来的经济繁荣。毫无意义的黄金政策让大多数经济学家心生顾虑。阻止投资和抑制企业的改革失败；在开支方面不受约束的政治势头最终导致糟糕时期出现了奖金法；1937 年激进的工会主义涌现，工资上涨；随之而来的经济衰退揭示了其他政策与思想是如何让人们对赤字刺激不再抱有希望。这一切都导致他们的顾虑增多。就像保守的经济学家所预言的那样，通货膨胀的早期支持者在这一方面早已四分五裂。与行政关系密切的青年经济学家领导的学派仅用财政政策解释经济衰退，继续主张持续赤字和联邦债务的持续增长。当然，对于作为机会主义者的政治领袖和作为战略家的集体主义者而言，这一学派的观点正合他们心意。如今，在老一辈著名的经济学家中，汉森教授主张这些青年经济学家提出的方案，支持他们的观点。

每一位严谨的经济学研究者都读过或将会读到《财政政策与

---

* 本文经由《政治经济学杂志》(第 50 卷第 2 期，1942 年 4 月，第 161—196 页)授权重印。

商业周期》(*Fiscal Policy and Business Cycles*)。我们不需要去证明这本非常优秀的著作。很少有文献著作能够提供这么多有价值的观点，或是让读者了解前沿研究。很少有文献著作能做到阐述清晰，文笔优秀。

我要摒弃汉森的思想，尽管他受人尊敬，但也让人倍感失望。汉森学识渊博、刻苦钻研，认同并赞赏当时强大的政治思想，这让他赢得普遍赞誉。汉森的著作为国内实施的新政及其一切措施进行学术辩解。对追随凯恩斯和鲁莽的集体主义者的知识分子来说，汉森的著作就是他们的经济学《圣经》。汉森在学术界的影响力远远大于其在政府的影响力。作为顽固守旧的自由主义者，我必须竭尽全力去抨击，希望减少这本书给思潮和行动注入的动力，因为它们对我来说极为危险。

我主要关注具体的政策问题，无法公平地评判汉森的根本观点或反对其观点的例证。有人发现汉森的观点综合了凯恩斯、熊彼特和斯皮特霍夫的观点。在汉森的阐述中，涉及凯恩斯观点的部分根本不算新颖或让人惊喜，涉及熊彼特观点的部分包括熊彼特可能否认的观点和备受争议的观点，但是汉森没有阐释或解决。

汉森大胆地重新提出资本理论的经典错误，将静态的有效抽象提升到了经济过程的正常标准状态。自由市场资本主义总是朝着净零投资和零利息的均衡状态发展。只有偶尔的干预与发现事件能阻止实现这种永久均衡状态，让勉强的价格与生产体系取得资本累积的短暂性进展。每个经济繁荣时期过后，零边际效率的凯恩斯主义幽灵或乐土不会即刻出现，而会成为过去美国经济毋庸置疑的一种技术特征。创新(人口增长或领土扩张?)带来的经济繁荣因可用的投资机会耗尽而自然消耗殆尽，只剩下更替需求（如果边际效率为零，为何会那样？），并且净储蓄缺乏投资渠道。消费函数就变成了难题。如果补偿性措施无效，那么必须降低收入水平，其中储蓄不是等于凯恩斯理论中低水平投资、收入与就业时的投资，而是等于零，因为净投资在技术上不现实。我们能采取的有效措施就是(1)通过政府借贷将多余的储蓄释放出来，用于公共工程或公共消费开支；(2)提高资产流动性，便于利用出现的新型投资机会；(3)祈求上帝再造一波创新浪潮。

这种解释体现了周期理论。汉森极力主张周期理论，并支持其中的许多观点。因为汉森相信这些观点，所以他自然竭力主张这种动态发展理论必须纳入基本经济分析，等同于或优于传统的货币分析和相对价格理论。我发现汉森的理论极不合理，坚信越早不把周期理论视为主要的研究领域，情况越好。经济史学家可能会研究为何考虑到我们的货币制度、金融结构和财政措施，我们和过去一样稳定，而不是研究我们过去为何会经历盛衰。我们现在需要了解并解释的问题是为何三十年代的经济虽然货币泛滥，却无法充分复苏或有效运行。大胆而创新的历史学理论只会让我们感到困惑，无法专注于这一研究。这些方法无助于了解实际观点，熊彼特的书中最后几页的阐述[2]最能证明这一点。即使熊彼特的书中最后几页在重点编排上并不符合我的想法，但在周期理论的应用方面值得赞赏。让我们把建构理论这一任务留给史学家，统计学家和经济预言家，希望我们着手分析当前的经济失调与不经济现象时，执着的经验主义者可以发现更多有趣的关联。

《财政政策与商业周期》的第十五章内容值得特别关注，它既是

对主要思想的总结，也是因为在汉森对经济大萧条的分析中，第十五章更能证明忽视真实的或预期的价格体系和相对价格是合理的。第十五章明确区分了周期性失调与结构性失调，认为减轻结构性失调对资源实现长期的有效分配至关重要，但是经济萧条时期下调粘性价格不是赞赏之举。理由是在周期性失调方面，价格离散是结果而不是原因（这种论点似乎在乞题），适当的措施不是降低迟缓的价格与工资，而是增加投资（在政府开支方面这是一种奇怪的凯恩斯主义观点）。收入增长时，这种措施就会提高弹性价格，弥补价格差异。

如果经济繁荣末期，相对价格不出现任何问题的话（只是一种不合理假设，无处证实），那就要谈一下这种观点，即迅速的财政措施会抑制通货紧缩，防止出现周期性失调现象。但是这种方法歪曲了汉森所要抨击的观点。这一争议问题与政策有关，比如 1933 年，发生了长期严重的通货紧缩和财政通货再膨胀。财政政策是否应该将敏感价格提高到与经济繁荣时期价格和工资相一致的水平？是否应该在两方面都进行调整，以中等水平为目标？针对在这种政策背景下降低刚性价格的情况（例如庇古在其著作《实践经济学》（Economics in Practice）第 95 页及以后各页中的阐述），汉森的观点毫不相关，令人误解。

约翰·希克斯同样谈及了这一观点。就实际目的而言，失控的通货紧缩是个无底洞，不利的预期导致价格下降，而实际价格下降又导致预期恶化等。有争议的是，如果没有积极的措施，那么刚性价格与工资可能会阻止通货紧缩，某种程度上会阻止潜在的领域发生通货紧缩。[3] 这种观点仅仅是理论性的，在讨论中可能会引起误解，因为财政或货币抵消的需求是无可争议的。如果结合货币政策与财政政策来维持消费总量和投资开支总额，那么重新调整成本—价格的有序方案就有助于经济复苏。如果汉森承认这一点，为何他还要写完本章呢？[4]

汉森的极端观点与周期性失调对资本货物价格和成本的影响有关。凯恩斯主义者普遍承认经济萧条时期降低该领域的黏性价格与工资的情况，但是汉森不承认。他转而指出这样的时期根本不存在投资机会。如果不存在净投资的渠道（奇怪的是，根本不关乎价格问题），那么价格与工资变化就不会带来任何好处。汉森承认降低价格可以加快经济复苏，但是只有外部因素才能刺激私人投资的复苏。

在难以解释的技术层面，汉森专注于饱和情况，从未认识到危机到来之前，在繁荣需求的影响下，资本货物行业的价格与工资可能相对过高，即繁荣可能让这些行业的价格与工资过高，即使将其他行业的价格维持在繁荣水平，以至于也无法实现充分投资。汉森认为我们面临的问题主要是消除经济萧条的问题，他也认为繁荣情况大体上意味着经济体的健康状况。汉森早期的经济学文献过分强调繁荣时期必须采取严厉措施，而他对经济萧条时期的分析则与事实相差甚远。即使有人认可汉森奇怪的分析，他们仍认为（有时候汉森自己也这么认为）如果投资机会很快耗尽，那么经济繁荣时期就要相应地减少投资。

汉森长期以来一直批评各种有关波动的货币理论狭隘、不充分。[5]从表面来看，汉森的传统观点得以保留，但其本质观点不复存在。根据汉森的政策建议，我们可以发现汉森极端主张货币解释论。如果将原因定义为可以控制的因素，尤其是定义为可以纠正或补救的因素，那么汉森眼中的原因就是纯货币因素。诚然，汉森坦率地区分了货币理论与储蓄–投资理论，但是这种区分毫无意义。凯恩斯主义的观点或许特别适合于汉森早期观点的支持者，但是汉森早期的观点是非货币观点，这确实令人惊讶。作为货币理论家，汉森就像大多数的同时代经济学家一样，致力于提出普适性观点来解释货币等方面未阐明的体制的货币运行情况。[6]汉森已经摆脱了其早期立场的困境，立刻声称经济周期是主要的政策问题，其原因在于外部事件，这些外部事件不可改变，不在政策范围之内。如果汉森没有完全解决难题，并且仍在努力解决，那么他现在可以自信地宣布货币武器的威力。

汉森对货币政策与财政政策的区分掩盖了其立场的转变。汉森主张财政政策，将自己与货币理论家区别开来，认为货币理论家主张只采取中央银行措施。[7]这让霍特里自成一派，没有将霍特里划归为其他派别，其他派别认为采取中央银行措施是无效的、不充分的且异常地实行货币政策。如果要给货币补偿或货币稳定计划的提倡者命名的话，那么汉森不仅属于这一派，还是其中的极端主义者。这种计划将利用中央政府所有的借贷、开支、征税和发行权力。

在所有关于命名的困惑中，我们可以发现一些真正的问题。其中的主要问题就是在货币发行（直接创造政府储蓄）和日常借贷之间做选择的问题。[8]汉森反对直接创造货币，提出以下几点主张。第一，汉森担忧货币供给过度增长（这对于主张无限增加准货币联邦债务而言是危险的理由，况且债券到期期限尚不确定）。第二，汉森认为持续增加货币实际上意味着通过降低利率使食利者逐渐消失。第三，根据汉森最近的说法，他认为保持货币充裕是不够的。

第二点提出了很多问题，尤其是关于银行问题。汉森没有充分讨论银行问题。使用新货币来弥补赤字是社会中一种令人不安的创新，整个社会的支付媒介和流动准备媒介主要由私人机构提供。这显然要求充分提高法定准备金以吸收新货币提供的准备金，最终会形成如同 100% 准备金体系一样的体系。如果对银行服务的系统收费没有取代利息收入，那么银行的营业额问题会很严重。没有人会怀疑银行可以实现这种替代，也不会怀疑直接收费会有利于节约使用银行服务。

我无意将 100% 准备金体系解释为一项独立的金融重建计划。原则上，为实现有效应用，这种计划必须是整个金融体系重建过程中的一个阶段或一步，旨在实际消除私人固定货币合约，尤其是短期到期的合约。汉森称赞了在私营企业中广泛延长股权融资的建议。全面实行这种计划时，100%的储备金体系只是强调现在保持最低股权保证金和最短期债务的这一类企业。如果货币发行能够推动银行的机构改革，那就更好了。

关于储蓄银行与人寿保险公司，我无法分担汉森的担忧。储蓄银行可以转变为投资信托，即互助型公司。就人寿保险公司当前业务的主要方面——投资而言，人寿保险公司同样值得一提。纯保险不需要很高的准备金，正如汉森在其他方面所观察到的那样，将投资组合兑换成普通股是可行的做法。汉森大概是要说为避免机构混乱，政府应该补贴这类储蓄机构，利用储蓄机构为政府的投资进行融资，向储蓄机构支付其在私人投资领域无法赚到的费用。汉森对货币发行的厌恶使其含蓄地称赞储蓄补贴和政府行使权力来维持利率的做法。或许我这里误解了汉森的意思。

货币发行或货币政策不充分这种观点引发了深层次问题。汉森反复指出近期经验表面上很有说服力。很少有人会质疑我们在30年代末确实拥有充足的资金、高度的资产流动性，或者尽管如此，投资仍旧缓慢。汉森解释这种现象的依据是创新潮退去，人口增长率下降，领土饱和，即技术性缺陷或是缺少私人投资机会。这种简单可信的解释在其他方面是可行的，无须依赖难以置信的假设，例如上述提到的关于熊彼特的内容。

与凯恩斯的重要理论一样，我们面对事实问题，即使是暂时的答案所需要的事实也难以获取，也许难以理解。要否定，必须依赖模糊的直觉与常识猜想。如果我自己的一些主张只是为解决当前普遍的事实，那就让我现在沉迷其中吧。

我坚信在自由市场条件下，就潜在的“社会产量”或边际效率而言，存在无限的投资机会。我支持卡塞尔的观点，[9] 认为新资本的生产曲线极其平缓；如果按照与高度节俭相一致的速度进行投资，即使没有积聚大量创新，投资也不会影响未来的社会产量。我们需要知道的不是以预期价格或工资率实现的实际产量或预期产量，而是如果清除资产成本的垄断与欺诈因素，如果一旦确立的资产能够确保其在拥有互补性要素的自由市场中所具有的生产率（年租金收益），那么货币稳定的经济体的产量会是多少。换言之，我们需要知道在无所不知的善良的独裁者的统治下按照不同的投资速度，投资边际效率会是多少，因为他会根据自由市场价值观（或是充分就业时的生产效率）分配并拥有资源（是否会付酬给他们的雇主）。这对于统计研究而言是一项艰巨的任务。除非能从这种研究中得以证实，否则我们应对新的学说持怀疑态度，新学说解释我们的难题时没有提及政治上难以启齿的事实。

如果真的不乏投资渠道，为何低利率和充足的资金无法产生大规模投资，无法消除大规模失业现象呢？我认为熊彼特给出了问题的答案，即"社会政治氛围"和"社会漂浮"。这一时期，货币债券大量增长，同时政治形势与前景发生了革命性变革，对投资者和企业非常不利。在某种程度上，这仅仅是世界混乱和长期政治趋势的一方面，但这主要是特定法律措施的副产品，政府和支持政府的少数派实际上无视了人们私下投资或勇于进取的行为。收入数据表明投资者过于恐惧；每个人作为间接的投资者或企业家，知道恐惧是真实存在的。保守派在哪种措施有害的问题上存在分歧，常常不加区别地抨击。我想强调一下劳工政策，这种政策只会加速先前存在的强大趋势；其他法律在许多方面都招致批评，但是其中很多批评是积极的；未来的修改不存在很大障碍。然而，我们在劳工政策方面自食恶果。长期敌视其他垄断的政府突然支持并推动劳工垄断普遍组织化。民主无法忍受劳工垄断组织化，不摧毁就无法控制它，不自毁就无法摧毁它。一旦这些与公众利益一致的少数派形成强大的组织，我们就无法约束它们，甚至无法约束与自身共同利益一致的特定的有组织集团。我们面临着一场永无止境的经济战。在这场经济战中，除了有资历和高素质的劳工，其他任何人都没有机会，其余诉求者的机会很糟糕。每一项新投资必须看起来像是向有组织的互补性服务销售者抵押，其成本在投资资产周期意味着巨额投资。为何有人会向未来抵押，长期致力于实现真正的繁荣？除了由对内部人员的薪资、额外津贴和权力颇感兴趣而对分红不太关

心的公司控制集团，这一点不容易理解。

投资困境主要是指大规模限制国内贸易（欺诈或剥削）的情况。一个人可能会因为强调当前最重要的情况而被原谅，这种情况最有可能变得越来越严重，最不适合通过法律纠正或控制。其他垄断情况值得我们关注，其他多数的群体变强大了，如农民和零售商。无论如何权衡不同方面，我们或许可以在两方面能达成共识：(1)劳工和其他垄断限制高度集中于资本货物行业，尤其是1928年以来已经复苏的行业；(2)劳工垄断，尤其是过度的劳工成本产生的威胁是我们的重要投资渠道，即资本密集型产业的主要特征。凡是忽视这些因素的经济萧条埋论都会严重危及通过讨论而实现统治的未来。

汉森观察了30年代的情况，推断出仅有货币政策是不够的。如果汉森意指没有限制贸易的方法，那么我们赞赏他的这种推断。然而，这种推断只会让他主张更多更大胆的货币政策。这里或许可以把发行考虑进来。汉森敦促我们继续以政府的方式借贷并花费私营企业无法获得的多余储蓄。一种更为保守的观点认为由于银根松疲、过剩，财政政策发挥的作用有限，无法再对此依赖下去。财政政策应该保证我们不受随后价格水平下降的影响，减少对不利货币预期的抑制，但不应该用来补充和巩固对私营企业与投资不利的政策与趋势。鉴于廉价货币，我们应该在价格总体稳定的范围内解决少数派问题和垄断问题，避免政府投资取代私人投资这种简单而危险的方法，避免债务像瘟疫一样增长。

投资是解决方法，但是某种程度上，在政府投资与私人投资之间做选择就是在个人主义的生活方式与威权主义的生活方式之间做选择。汉森在公共工程和公共消费方面的大多数建议都是保守的，但值得赞许。这些建议可以在税收和发行平衡预算的范围内实行，不会增加债务，并且可以尽快实行。汉森对部分社会化的积极看法根本没有争议。重要的是汉森对私人投资持消极态度，他倾向于称之为技术上的不乐观。因此除了盲目的乐观，汉森试图回避或最小化我们的主要政策问题。除非我们不再对可接受的未来抱有希望，否则我们必须允许一些储蓄和资源的浪费，将这种浪费视为一种恢复自由市场与自由职业迁移的问题，而不是通过更多的开支来掩盖浪费。公共投资摆脱了私营企业严格的社会核算，是一种危险的逃避行为，顺便说一句，公共投资是经济中很小的一个领域时，社会主义会更加不负责任地纵容它。

在竞争作为管制手段不充分的领域（如公用事业、石油开采以及人寿保险），逐步的社会化通过政府机构取代私人机构，这值得赞许。政策的此类变化几乎没有通过投资渠道带来什么，主要是涉及所有权与管制替代。汉森对政府吸收储蓄的整体计划有望带来大量的政府投资，不可能根据政府的管制需求而不是竞争需求来决定政府投资。这项整体计划让政府活动混乱蔓延，失去大规模或完全管制的领域，卷入许多自身无法胜任的事业中，在适用竞争管制的许多领域伤害或抑制企业。此外，进步社会必然会因经济萧条而失去私营企业的补充。在这样的社会里，只有政府企业才可以扩张。

如果快速增长的公共债务不会演变成财富积聚，那就倾向于借贷而不是征税，因为借贷通常是一种为开支融资的更具有扩张性的方法。我反对这种观点，我认为除了抑制扩张，借贷没有任何借口。借贷是一种用低效货币替代品（公债）取代货币（存款）的手段。如果想要扩张，可以发行无息货币，如果必须考虑中央银行与国债之间的差异的话，就用百万美元钞票换取中央银行的存款。借贷在合理的政策中毫无作用，只是一种临时手段来抑制初期的通货膨胀直到可以调整税收和开支，并且避免对暂时骤升的开支做出急剧的税收调整。

一些粗俗偏见支持汉森的观点，即借贷比发行风险低，但我恰恰持相反的观点。适当地注入货币就像往熔炉里添加燃料，借贷就像往地下室堆炸药，堆得越多，爆炸的风险就越大。或者可以思考另一种类比。一个社会无限依赖政府借贷，就像燃料充足但火灾风险很大的社区通过燃烧消防设施与水利设施来取暖。

发行货币见效快，但也有风险，要谨慎且适度。过度发行货币会引发人人可以看见的危险信号。对通货膨胀的普遍厌恶使得过度立法和不愿纳税受到直接限制。重要的是短期准则也足以成为长期政策的指导方针。如果形势逐年好转，那我们可以对未来充满信心。借贷使得立法机构纵容其开支倾向，这为未来的立法机构造成更多困难。过度的通货膨胀会被通货紧缩式借贷抵消，这种办法在一段时间内是有效的。

当然，债务问题在于我们自身。我们的病况较轻，拥有有价值的公共资产、更大的税基等都能体现这一点。国内债务的数量与增速是政治不稳定和爆发革命的衡量标准。我们无法在不危及政治秩序的情况下不断转移政治体制的债务。在某些领域，未来某一段时间，纳税人或要求政府免税的人会以债权持有者的名义反抗剥夺，尤其是在自由开支和否认所有财政准则来缓解少数派的需求压力的时候。一旦未来发现这种可能性，可能很快或者数十年后，债权持有者的恐慌会引发革命。

我不是历史预言家，而是指出汉森的方案可能产生的结果。多年来，不断勒索私人投资的政府可能会以低价借贷，然后挥霍开支。储户进退维谷，对保护或收回私人投资资金不再抱有希望，对未来的政府信用深感恐惧。储户在一段时间内乐于持有政府债券，这很自然，但是这种情况非常不稳定，会变得愈加不稳定，尤其是如果负责的人按照汉森的著作风格来讨论和写作的话。

可以肯定的是，对于只在重大突发情况下放任债务增长，用金融清教主义谴责债务增长的社会而言，大规模债务的风险被夸大了。如果当前的联邦债务与实际收入成比例增长，即使有人不喜欢这种趋势，他也愿意承认这种情况并不可怕。汉森提醒我们如果每年增长 2%—2.5%，那么 50 年后的收入应该超过 2000 亿美元。但是假设我们以 1930—1940 年的速度创造 50 年的债务增长的复利奇迹，汉森会予以谴责。讨论 2% 的年增长就是让自己从汉森代表的整个观点与学派中分离出来。

过去的一个世纪左右，繁荣的经济体否认充足的通货是为了流动准备金，设立并鼓励私人机构提供政府无法提供的东西。因此我们形成了一种极佳的金融结构，但也出现了许多非法生产或销售货币的企业，它们道貌岸然和无情的样子只会隐瞒大量的当前债务和少量的股权。这在任何其他类型的企业中都是可耻的。通过这种糟糕的方式，经济中注入了快速扩张所需的资金流，尽管这种资金流会时而如洪水般涌来，时而迅速枯竭。然而，金融结构和制度畸形为我们提供货币媒介的同时让我们对货币快速升值，也让我们遭受突发性、灾难性的通货紧缩。这种可能性有时会被揭露出来，但从未被深入研究过。无论如何，在缺乏政策的情况下继续前行，我们借助于大量替代性货币的确避免了难以接受的货币短缺问题。只有我们一直错误地认为替代性货币可以兑换成为真实货币时，它们才能发挥作用。换言之，我们可以不断地引发通货紧缩灾难来避免长期的通货紧缩。

如果未来要遵循汉森及其学派的观点，我们显然可以走向另一种极端以修正过去糟糕的财政政策模式。另一种极端只会更加危险，无法在私募融资的控制下修正过去所犯的错误。我们长期在私人货币替代品的庞大体系中追求贸易，债权人坚持其货币与黄金权利时，私人货币替代品会威胁无限的通货紧缩。因此我们现在建议在另一种政府货币替代品（债务）体系中立足。如果债权人信心被摧毁，那么政府货币替代品体系会威胁无限的通货紧缩。我认为，汉森建议通过不断引发通货膨胀灾难来避免长期的通货膨胀。

这两种方案的错误在于恐惧货币和信任债务。货币本身受到民主的法律控制，因为任何社会都不希望货币出现明显的升值或贬值，或者在政治上容许其背离稳定的货币价值标准。但是随着大量私人债务和私人准货币的出现，货币就不容易管理了。财政政策必须解决货币这些异常问题，或者随着大量长期和短期公共债务的出现，私人债务和私人准货币在紧急时期会增多，而在其他时期不会减少。如果旧体制需要真实而不是虚假的资产流动性，那么新体制就需要100%准备金制度，拥有借贷权，具有收入增长和开支减少的最大潜力。

显然，潜在的货币贬值风险与传统的货币升值风险不是一个数量级。旧体制发生通货紧缩的可能性几乎是无限的。只有不断坚信大萧条之后会出现繁荣，坚信最萧条时期有远见的人也能做交易，也就是说只有坚信经济萧条前的价格标准会再次及时出现，我们才可以从心理学上解释我们能够接受经济萧条。当然，金融结构中缺乏支持这种信念的东西，财政措施中也没有。但是价格恢复本质上是一种极佳的政治投机，因为通货紧缩总是会扰乱廉价货币，如果时间更长，更严重的话，通货紧缩会更早地以我们所见过的巨大规模产生财政反作用和货币反作用。如果发生这种情况，政府总是拥有充分的权力去阻止通货紧缩的出现。

当然，一旦政府挥霍自己的借贷权，削弱债权人对未来财政政策的信心，通货膨胀就没有上限。心理学成了这种糟糕的情况和无限恶化的预期的全部原因。如果政府谨慎保留借贷权，以抵御通货膨胀紧急情况（如战争）并分期偿还这种情况下发生的债务，如果政府保留大量未行使的征税权力并避免政治上不可减少的支出（例如农业补贴），那么除了无尽的战争外，很容易在技术上或政治上防止货币严重贬值。汉森主张未来以最低的政治灵活度进行自由开支，以纳税能力的极限度进行征税（主要事关政治团结或士气），以一种不规律但不断增长的速度实现巨额债务的增长，上帝肯定会支持他。汉森的观点恰恰是我们大多数人在最现实、最失落的时候对近期趋势预见的结果。因此，正如过去恐惧货币导致了私人篡夺货币发行权，引发了严重的通货紧缩一样，现在这种恐惧会让人不计后果地依赖借贷，虽然它最终会破坏政治经济体系。之前，由于未行使发行权并且未将其置于政府手中而犯了错误，今后如果不限制中央政府将征税和发行作为和平时期的资金来源，那么会犯更严重的错误。

与货币发行相比，对债务扩张的主要批判是它会导致我们混淆货币问题与社会化问题。国会仅限于征税和货币发行，在扩大政府分配与活动方面受到限制。鉴于真正的财政规范共识（一种货币宪法）以及私营经济足够自由，可以通过货币稳定获益，政府能够通过适当行使征税权、开支权和发行权来实现稳定，而且不会为此而拓展政府行动的范围或级别。那时候我们可能会直接面临应该面临的政策问题，尤其是关于某些领域的私人所有权与政府所有权、私营企业家与政府企业家的相对优势问题。如果我们必须通过开支和借贷以吸收储蓄，找到可能的渠道，那我们可能不仅会忽视复兴私营企业与投资的措施，而且会不加区别地扩大集体主义，无论是私营企业饱受剥削还是遭到恐吓（例如煤矿、住房和铁路）。我们应该忽视社会化，或者在社会化明显的领域迂回地、以不同的方式追求社会化。除了政府到处的胡乱干涉外，我们将没有明确界定的社会化领域。我们会让社会化领域陷入社会化只会使之加剧的少数派问题和垄断问题中。相较于传统自由主义者，社会化的前景对优秀的社会主义者而言更令人失望。

因此我现在回到非常传统的观点上。如果要求立法机构相应地征税，那就可以授予其开支的权力。如果我们的制度要有这种稳定因素，那就必须允许立法机构在授权的情况下自由发行以稳定货币价值。我们的制度一直需要但完全缺乏这种稳定因素。如果没有否决借贷权，那就应该严格限制借贷权，即只在战争紧急情况下行使仅限于可以预见到政府投资产生净收益的重大的社会化工程。我们可以自信地预测重大的社会化工程领域的政府投资产生的净收益。如果仅从保护立法权的原则来看，应该系统地摊还债务和清偿债务。如果说这些观点看起来狭隘又教条，那社会希望约束立法机构或者希望自身负责运行的其他政策原则又是什么呢?

规则的重要性和民主讨论聚集一般政策原则的重要性要求着重在多个方面对汉森的建议进行批判。只有政策规则可以让共同的国家利益不受少数派的影响(少数派是说客或垄断者);只有一般原则问题可以使得通过理智讨论而实现统治的这种方式盛行;只有这些问题可以让负责任的知识分子在社会中提供指导和领导力;只有坚持明智的行为规则才可以让我们摆脱政治机会主义,因为它会危及并摧毁我们最希望保护和保留的东西。

友好的批评家认为我夸大了授予立法权的风险,[10]认为立法机构可以自由判定所采取的措施和自由收回权力。这种观点或许能够在逻辑上进一步证明专政是最民主的统治方式(在自由选举和立法机构权力未削弱的背景下,很难想象近乎绝对的独裁)。如果在法律制定规则与行政制定规则之间做选择,那么可以向这种批评观点做出一些让步。但是授予立法权的提倡者通常对行政制定规则不感兴趣。如果被赋予强大权力的机构要采纳、宣布并遵循明确的行为原则,那么它们可能会真正地负责任。这些原则(而不是各种不同行为)是法律探讨和公众讨论的对象,要么被认可,要么被否决,而不是离散行为。

汉森支持国会废除财政权,我推断汉森是为了支持专门机构及其专家自由行使权力以巩固他们自身及其保护派的地位。那么他们的行为遵循什么样的原则,用什么样的原则来判断他们的行为呢?我认为这些原则是:(1)联邦债务应该无限增长,(2)联邦债务增长的速度应该适应失业的程度。这些原则明确时令人反感,但是它们模糊和不确定时更令人反感。有人提出了拒绝第一条原则的理由。第二条原则仅仅是机会主义提升到原则地位，它具有所有建议似是而非的吸引力，这些建议仅仅是根据普遍认可的目标来定义的。表面上，这说明关键领域无论是平均速度还是相对速度，工资过度增长都应该通过提高价格水平而被抵消。这种计划就像债务无限增长一样，就减少货币不稳定性而言不值得称赞。[11]

货币当局与工会不断竞争，货币当局试图提高就业率，工会试图提高工资率，各方试图预期并战胜对方。这种建议表面上看与汉森含蓄的原则不符，也就是说应该避免通货紧缩。短暂的反思即使不是一种安慰，也将是一种和解。无论工资率如何，私营经济都会挣扎着生存下去，失业者进入公共就业领域，即进入不断扩张的社会化领域。社会化领域支持征税和借贷，不必考虑工资率和生产率之间的关系。因此管制工资率的变化无法决定价格水平的变化，只能决定社会化的速度，也就是自由企业的预期寿命。

这种对汉森的观点看似不可回避的解释进一步揭示了其观点的实际意义，即货币政策还不够，说明了他更倾向于债务而不是货币发行。汉森建议采取财政政策或财政稳定来实现集体主义。但是实行集体主义是混乱的社会化，会让金融少数派肆意妄为，直到社会化领域壮大到无法依附且不负责任地存在，奋力对抗金融少数派，摆脱独裁者的统治。[12]

鉴于货币工资不断增长的压力，有人会承认确保工资率随着劳动生产率（充分就业时期）的提高而提高的货币安排，尤其是除了价格指数之外，似乎不可能制定出令人满意的财政政策规范。如果能认识到在不利的政治环境（如果没有敌视沉没投资所有者的话）中人们对资产流动性的过分需求，那么我们会称赞这一系列的财政政策有助于商品—价格指数的普遍稳定并提供符合该规范的所有资产流动性。或许稳定的条件还不充分。我们需要的不只是与不同收入及就业水平相一致的稳定的货币价值，而是与价格指数稳定相一致的最广泛的财政政策。[13]

到目前为止，我没有发现与汉森(或者是凯恩斯主义者)有实质性分歧的依据。汉森有意避免通货膨胀，谴责通货膨胀(他没有驳斥这种可能性被夸大或虚构)，或许会满足于根据某种价格指数定义负面的东西。汉森含蓄地要求最广泛的财政政策与价格稳定相一致，然而是用凯恩斯主义的话语还是传统的货币术语去争论就不重要了。

分歧与规则的关系或许比分歧与执行的关系弱。财政政策方面的问题类似于银行领域定性管制与定量管制这一老问题。显然，汉森请求一项无限灵活的自由行动计划，其中机构及其专家借此可以根据其对当时形势的最佳判断，天天指导开支和收入的流动以及公开市场操作。这里所说的问题包括货币与债务问题，广泛意义上来讲，主要是程度问题。货币当局必须掌握权力，在行使权力的过程中不得受到任意限制。然而，程度问题意味着在通过自由且理智的讨论而实现的统治和只有依靠革命才能推翻的官僚统治之间做选择，即在民主与管理型国家之间做选择。

我越是思考这里的问题，我就越相信：首先，货币当局必须受到简单明确的规则(价格指数)的约束；其次，货币当局唯一的真正权力应该是在公共债务中操作的权力。如果货币当局要控制开支和税收，那它就应该根据防止分配管制税收或拨款的规则来行使权力。然而货币当局应该拥有这种权力吗？面对这样的问题，有人很快就提出问题，即我们该如何开启这种讨论，除非它与要完全废除立法机构的建议有关！

显然，最终的货币权力和立法权就是征税权和开支权。[14] 面对真正的立法机构的反对时，任何货币当局都无法运转，任何政策原则都无法落实。任何立法机构都不会授予或破坏其征税权和开支权。实际上，显然一开始货币当局的重任只是向国会提出建议，代表公众作为专业机构，向国会和公众说明根据普遍认可的财政行为规范（货币政策）可以做的事情和不可以做的事情。如果国会需要规则约束所授权力的行使，那么货币当局就更需要确保国会合作的规则。唯一的真正权威是公众，唯一的可能规则是在专家共识的指导下社会认可并需要在政府金融领域遵守的规范。考虑到专家和公众的共识、能够建言的当局以及立法者遵守这些规范并依据当局的建议行事的倾向，不需要授予过多的权力或是过多地行使权力授予。如果人们期望国会遵守规则（例如价格指数），那么他们的期望会让这些规则在立法行为之间自主执行。适当的公开市场操作以即期债务代替公债或者相反，这样便于调整和预测预算的变化。当局只需要公开价格指数的变化，以及提前告知其建议。实际上，货币供给的变化可能和当前钞票流通的变化一样，是相当被动的、“必然的”。

我希望这些评论能够说明基于一般规则或民主财政政策规范达成共识的重要性，即根据专家和公众的认可制定一种货币宪法，对国会和行政与管理人员加以约束。有了真正的货币宗教才能实现将货币不稳定性降到最低的经济目标，才能消除或减少公共财政和私募融资领域出现的邪恶势力。鉴于财政规范方面的共识，执行问题变得简单，微不足道。如果没有这种共识，任何权力授予都不会产生好的结果，即使在这种权力授予的过程中不存在政治危险。

这里的道德问题是，富有责任心的经济学家应该在适合美国民主未来的财政规范方面达成共识。这种共识部分为集体主义，但主要还是自由企业。除去使用类似的财政手段去阻止这种体制的人，如果我们能够达成一致意见的话，我们就很容易施加决定性的影响，快速达成广泛的政治共识。实际上，在反对通货紧缩和通货膨胀的过程中已经存在广泛共识的主要内容，只需要在合理和具体的建议中表述清楚，并得到了有能力并且公正无私的人的支持。无论如何，寻求这种共识时，我们应该向整个社会履行我们的主要责任，做好我们的分内工作来维护通过讨论而实现的统治。

我认为汉森的著作在这方面造成了很大的伤害。汉森的著作没有明确阐述未来的货币原则和财政政策原则，或者这两大原则都无望成为学术共识或公众共识的基础。实际上，这本书引发了更为激烈的争论，让个体主义者和集体主义者之间的显著差异变得模糊，将我们划分为某一政府的支持者或反对者。无论汉森意欲何为，他都承认极端的集体主义者会通过类似的手段来质问。有些人的经济学观点用时髦的话概括起来就是“不必担心债务，问题自会解决”。汉森会衷心地祝福他们。实际上，如果革命是人们最渴望的东西，那么债务问题自会解决。一位杰出的政府专家顾问将失败归因于无法控制的外部因素，仅仅指责经济吝啬，尤其是在1937年，但是反对者几乎不承认这一点。作为一本政治小册子，这本书像是政纲，回避了棘手的问题和难题，安抚了有权势的少数派，提出的不是原则纲领，而是请求公众相信“专家”以及其政治庇护者，来决定前进过程中什么是最好的。如果汉森是一位极端的集体主义者，我会尊重他的观点，承认他在瓦解私营企业和提出快速迈向完全集体主义的方案上的观点非常深刻，有说服力，虽然听上去有些诡辩。社会主义者没有意识到当前的问题，因为旧秩序消失后这些问题才出现。虽然这本书保守支持财政改革，但却揭示了向货币极端主义的突然转变，它使得这种转变完全摆脱了反集体主义者的立场。

让人惊讶的是，汉森对征税的讨论并不完整。第八章准确概述了世纪之交以来税收结构发生的变化，重点是近十年的变化。[15]第十九章主要讨论了“税收结构对投资的影响”，给出了大量的投资数据，但是没有关注主要的税收问题。本章提供了大量的统计信息，有助于阐述汉森一直在阐述的问题。汉森理智地认为资本利得税不那么重要，而且免税债券并不像保守派所说的那么不重要，但他没有让真正的问题成为焦点。汉森认为减少或消除资本利得税，虽然不可能有多大作用，但是会对投资产生积极的影响。然而，汉森没有意识到为了持续和公平地应用累进制原则，必须在另一个方向上进行剧烈变革。实际上，汉森所强调的观点非常具有误导性，他强调财政部公平地对待资本收益和资本损失，但是几乎没有收益，好像人们之间公平分配税款是个无关紧要的问题。汉森在讨论公司税时主张平均或更慷慨的亏损结转，但他不认为这些变化在个人所得税中仍然更重要。此外，汉森没有提及公司税中利息减除这种异常情况及其产生的糟糕影响。汉森向先前理解透彻的读者阐释有争议的问题时，也给其他读者留下许多误解，也许会加剧长期阻碍合理税收改革方面的问题。

汉森只在第十三章中讨论过征税，尤其在对他的一般主题很重

要的方面。这里的讨论特别随意，脱离实际。汉森直言不讳地区分了两种情况：充满活力的经济，有时能够通过自发的私人投资（在过去？）实现充分就业；面临长期失业的经济，只能在经济循环各个阶段（现在与未来）持续进行公共投资才能实现充分就业。对于第一种情况（在过去），汉森提出在繁荣时期征收工资税或消费税，为萧条时期的救济金和失业补贴提供资金。对于第二种情况（在未来），汉森反对根据不切实际的理由，甚至是他自己奇怪的理由来周期性调整消费税或个人所得税。汉森的一般观点是在第一种情况下，繁荣时期的消费税通过抑制消费，将会抑制过度的引致投资；减少所得税（或避免提高个人所得税）将允许从储蓄而不是信贷扩张中进行健康的投资融资。在第二种情况下，储蓄过度，各个阶段的消费不充分，并且税收问题只是改变消费函数的问题。其中一段话让我特别困惑：

“可能会提出这样的问题，即为提升消费倾向而制定的累进个人所得税率是否应该出现周期性波动，繁荣时期税率上升，萧条时期税率下降；或者税率一旦骤然累进，税率结构是否应该在周期的各个阶段保持固定。总体而言，人们更倾向于后一种。繁荣时期过高的税率无法解决整个周期提高全社会消费的基本问题，因为繁荣时期更高的税率以萧条时期的低税率为前提。源自储蓄并转为社会消费的资金总额在整个周期内不会增长。”有人会问为何这样的理由不能同样反对支出的周期性调整？

本章的观点显然是为了支持凯恩斯主义者普遍认可的观点，即应该注重开支调整而不是税收调整。如果不坦率地表达出来的话，那这种观点在稳定性建议上又带有一种集体主义的偏见。我认为通常忽略该问题比汉森的观点更能解释这种偏见。原则上，稳定性允许在预算的两方面采取行动；表面上，稳定同样需要依赖开支调整和税收调整。实际上，我认为，政治考量允许税收调整超过平等份额，因为在支出方面保持真正的政治灵活性似乎比收入方面难得多。压力集团阻碍了减少开支，而不是增加税收。此外，如前所述，无论是货币发行还是债务扩张，要让开支成为唯一的变量，就要求随着收入的增加采取持续而快速的政府行动。即使这些政府行动非常合理，但也不应该只是为了稳定而采取行动。

汉森当然不会否认在30年代，如果各州和联邦的消费税和工资税不再大幅增长，那么我们在相同赤字和更少开支的情况下本可以获得类似的结果。当然，我们的税收体制并不是为了减少不平等或是周期性调整。联邦消费税差别显著，似乎特别需要稳定的税率，主要会影响到一些新兴行业。联邦消费税的变化涉及不合理的不稳定性和意外的收益与损失。除了法律和税收上的巨大差异，个人所得税无法在其降低时促进扩张，或在其提高时抑制扩张。

然而，这样的考量不能证明我们不可以利用现有的税收体制或是不改变税收体制以促进周期性调整。意外性问题对于我们重要的消费税而言并不严重，其中对商品的需求极度缺乏弹性，不完全竞争确保了价格全面迅速调整以适应税收变化。减少烟酒税可以有效提高消费性商品消费，而不是讨论中的商品消费。同样要说的还有许多不太重要的联邦税。各州消费税的弊端在30年代出现重大恶化，会成为未来的主要问题，根据一项大胆计划，可以用适当的联邦补助金来解决，而不是通过直接的联邦开支。

如果可以保持无限计划赤字，那么就可以使用新的借款逐渐减少并最终消除所有的消费税（除了汽油税），而不是持续增加开支。如果我们考虑通过发行可以完全覆盖适度的平均赤字和周期性的税收调整，那么可以说是用工资税、一般生产商的消费税甚至是增值税来取代我们所有特殊的消费税。我不希望征收这些税，因为它们只是我们的税收体系的补充。我也不希望提出这些观点只是为了支持这些征税。如果这些征税要取代原本不会被消除的现有特定消费税，那我们之后本应该选择一种累退税制[16]和一种更适应周期性调整的税制。

有了个人所得税，可以对本年度收入征税，从源头上大量征收，或者在适用于上一年收入的税率年度不断调整。无论如何，虽然为了刺激或延迟可以有效改变其他税，但是当前的讨论似乎大大低估了正常税或免税发生巨变的可能性（如果达到一定程度的话！）。如果个人所得税不是用于特定目的的理想工具，那就没有理由不尽可能使用它或不使其更有用，只要我们可以在不损害个人公平的情况下进行征税。除了消除纳税人之间严重的不平等和主要的避税漏洞外，对资本收益完全征税（每次转让都被视为实现），对资本损失完全扣除，再加上损失结转和对波动性收入平均减免的一般规定，这会大大提高个人所得税收入的周期敏感性。除了汉森的理由外，有理由实现较高附加税的稳定性，尤其是如果按照上述的方法，繁荣时期收入增长和萧条时期收入缩减的趋势得到充分发展的话。

虽然汉森似乎赞同快速增加开支，但是我认为无论是为了减少不平等，稳定价格与就业，还是为了改变消费函数，都有理由持续并最终减少开支，更不用说加强联邦集权这种恐惧和专制政府了。我们最近的社会福利开支中很少能够充分证明按照近期水平扩张

(除了为公众提供医疗服务)或者延续的合理性。按照近期的水平，替代方案就是减少我们最糟糕的税收。如果按照联邦和州消费税来衡量，那么它们的边际成本过高，因为这些税收收入主要来自低收入阶层的大量消费。我们将来应该利用这种方式进行选择性开支，以避免和摆脱过度依赖累退税。不管怎样，提高社会化(和集权)会产生不利的影响。甚至从短期来看，如果继续提高社会化的代价是不平等总体上没有减少或加重的话，那这种做法就不值得称赞。汉森推崇的合理税收和年度净借款(或合理的货币净增量)不能覆盖我们的最低开支，即政府必须维持其活动的成本。如果按照最糟糕的税收来衡量，除了对老年人的援助和健康保险，新企业不能覆盖其增加的成本。因此我们应该和和气气地讨论合理的社会化消费方案，直到我们摆脱累退税。[17]

即使有人不支持这种观点，他也可能会认可汉森的观点，即对个人所得收入征收累进税应该是未来政府的资金来源。所谓的中低收入阶层仍有很大的个人所得税潜力。如果关注投资倾向的话，某些方面会存在制约因素。即使是保守推断，政治上和行政上可以想到的最严苛的个人所得税也仅占未来开支所需收入很小一部分。假定应该将作为开支者的政治家从预算充分平衡的有限范围中解放出来，有人仍会要求政治家在关注民众的同时应该关注大规模征税，甚至是财产税，因为财产税导致边际—私人投资效率与边际—社会投资效率之间存在巨大的差异。既得利益者的考量或许是认为不动产税收要稳定在当前水平。无论是关心不平等的人还是关注消费函数的人，消除消费税，特别是取消近年来这种征税的大规模扩张，仍然是一项艰巨的任务。这种改革对实干家来说令人厌烦，政治上不值得称赞，因为开支可以购买选票，可以赢得有组织的、善于言辞的少数派的支持，而减税只关注每个人作为货物买方和服务卖方的不明确的利益。累进税制重建的可能性要比近期开支的可能性更大，并且在经济学家的政策讨论中应该得到重视，他们更有兴趣提供合理的指导而不是当选或被任命。

无论投资停滞是技术性现象还是立法趋势、制度趋势或社会学发展趋势的结果，如果后一种趋势被认为是不可改变的或不可阻挡的，那么这对行动来说似乎都不重要。根据这种观点，支持汉森的政策立场的观点无法被抨击。显然，即使不公开，也会有杰出人士坦率地提出这种观点。这些人一开始就断言（假设）前方只有洪流，必须勾销我们重视和认可的一切，接受不可避免的未来，在传统价值观和愿望方面它不值得称赞。但他们声称这种未来也不是我们所决定的。我们可以推迟这种未来的到来，首先，不与基本的革命趋势和解体趋势作斗争（熊彼特的“社会学漂移”）；其次，在游戏继续时，用巨大的联邦开支与借款等刺激因素填补垂死的秩序。因此我们可以在10年或更长时间内为自己提供一种可以接受的国家发展模式，延缓陷入困境，否则我们只会更快陷入这种困境。

这种观点会让人踌躇。或许，现在讨论基本的政治经济重建问题或深切关注持久和平、自由以及国家统一的必要条件是严重错误的。或许，我们现在应该先击败国外的恶势力，然后通过国内的绥靖政策将我们从中救赎出来。我的瞬间念想只是回避这一问题，不相信人类对必然性的揭示，继续谦卑地了解并解释需要做的事情和不需要做的事情，如果我们想维护与自身最高价值观相一致的世界的话。从现实来看，在那些对上帝冷漠或与上帝密切交流的人眼里，是否能够维护这种世界都是个问题。

当然，汉森会否认任何这样的失败主义理念，但是我认为他的计划完全就是失败主义，如果不完全是集体主义的话。汉森明智地主张双重体制，部分是社会化，部分是自由企业，拒绝集体主义观点，即混合体制比不上任何一种极端情况下的纯粹性体制。无论是活动类型还是与私营企业相比社会化领域的规模，汉森对未来社会化的看法并不令人恐慌，也不因循守旧，虽然他的直接建议与其财政计划在短期内产生的变化形成了鲜明对比。

双重体制下领土如何划分的问题似乎相对不重要。重要的是私营企业领域是否会成为自由市场领域。如果是的话，相对于社会化领域，私营企业会经营好自己，保留一开始就得到的区域并且会扩大。如果不是的话，私营企业根本无法长期生存，更不可能保持绝对或相对规模。

汉森的积极建议显然只与社会化领域有关。为社会化领域所提供的充足资金来自私营经济的累进税和不间断的借款。因此这将提高私营企业的利息成本，通过政府竞争提高资本资产成本〔更不用说《沃尔什-希利法案》(Walsh-Healy Act)〕，排除所有不能迅速私下吸收的储蓄，不断增加税收的利息负担。私营企业除了与不受财务会计限制，又能得到大量补贴的政府企业竞争资源和储蓄之外，必须在国有企业接下来会成为获得补贴的卖方与买方的领域继续竞争。

私营企业如何得到加强和振兴，承担更大的税收负担，并超越不利政治风险的抑制呢？在这一方面，汉森只是主张加强政府对价格与工资的管制，并没有提出其他建议。

“在自由市场经济中，任何单一部门都不足以强大到可以明确控制价格机制。在管制经济中，政府、公司和有组织集团都会对市场机制产生直接的影响。许多人认为正是这种价格体系的不完善运行才能解释清楚 30 年代无法实现充分就业的原因。”

“毫无疑问，制度安排中产生的深刻变化非常重要。我们不可能再回到原子式秩序。我们应继续拥有公司、工会，继续进行政府干预。现代民主并不意味着个人主义。在现代民主体制中，私人自愿组织在一般且多数为间接的政府管制下运行。独裁意味着直接而明确的控制。我们不能在‘计划与无计划’中做选择，只能在民主规划与极权统治中做选择。”

在另一方面（第十五章），汉森为整个周期内的管制价格概述了一种合理的波动模式。萧条时期工资要保持稳定，繁荣时期工资要增长，且只与生产率（充分就业时？）相一致。工业价格在繁荣时期不应该提高（应该降低？），在萧条时期不应该降低。假设我们迅速采取财政补偿措施，假设经济繁荣不会加重对投资不利的“结构性差异”，我们会欣赏这种模式。实际上，这种模式是在自由市场与价格水平稳定的背景下形成的。然而，汉森在回答如何实施这种理想模式或如何减轻并使结构性失调最小化时，显得不自信，含糊其辞。汉森认为结构性失调对于长期政策非常重要，对于经济复苏不重要。汉森显然赞同在经济上升时期实行广泛的价格管制，而推行制度化的汉德森通过了所有关于价格上涨的请求〔译者注：汉德森（Leon Henderson），于 1941—1942 年担任美国价格管理办公室主任〕。原则上，即使不是在政治方面，汉森也可能会主张工资增长采取类似管制措施，但是这种想法被认为不切实际。

“行政机构不可能准确地决定合适的价格或工资。经济的灵活运行要求应该由相关方各自决定。”通过政府审查所建议的价格或工资上涨，或许可以执行更加合理的价格和工资政策。工业和工会要承担起检验责任，表明经济形势确实证明了价格或工资增长的合理性。许多国家通过劳动法庭、强制仲裁委员会或自愿仲裁委员会来抨击工资率这一问题。实际上，这个问题很难解决，需要劳资双方谈判部门高度的自愿参与。经验表明了成功的最高标准，其中雇主与雇员或雇员代表在内的相关方有责任来决定工资率。价格审查委员会面临的问题似乎比工资审查委员会面临的问题简单。有人对最后的观察补充道：“并且也不太重要，虽然竞争不完全，但可以依靠它来防止严重的失调。”

我认为将汉森的观点称为“双重经济”具有误导性。双重体制必须是竞争管制与政治控制的合理结合。通过维持特定生产商集团内部的自由竞争或实行直接具体的控制，可以保护公众利益不受这类生产商集团的影响。否则，别无他法。汉森将这种直接具体的控制与独裁联系在一起。空想社会主义者到处都实行直接控制，认为在这样的制度下可以在某种程度上保护并扩大自由与富裕。传统自由主义者不信任联邦政府的权力与集权，主张实行混合体制，这种体制在许多领域完全社会化，但主要依赖对职能集团内部强制竞争的间接控制。这两种计划原则上是合理的，本质上有很多共同之处。聪明的社会主义者会通过政治控制来寻求在理想的竞争体系中可以实现的价格和生产体系，传统的自由主义者主要通过维持真实世界的自由竞争来实现这种体系。两者都认识到了经济或政治权力集中、资助腐败和垄断的风险，在社会化消费和放宽价格限制等相关领域没有实质性分歧。虽然聪明的社会主义者和传统的自由主义者在具体的政治问题上存在分歧，但在大多数领域能够相互理解，有很大的机会可以共同讨论他们各自体系中的问题。

就这两种计划中的任何一种而言，少数派问题至关重要。政府必须维持其暴力垄断，公正地对待不同的生产商。政府必须根据明确的原则公平地对待所有职能少数派，这些原则是避免专制、腐败和混乱的唯一途径。政府不得赋予职能集团拒绝为精细的生产过程做贡献或者通过这种集体行动的威胁来索取贡物的权力（“权利”）。劳动分工日益复杂，每个大型集团即使不是完全阻止，也可以通过集体行动去阻止社会收入的整体流动。如果许多集团都拥有这种权力，无论是社会主义社会还是其他社会都将无法运行，必须通过不断贿赂以放弃其灾难性的权力行使。如果要实现国内和平和有序生产，政府必须维持其暴力垄断。

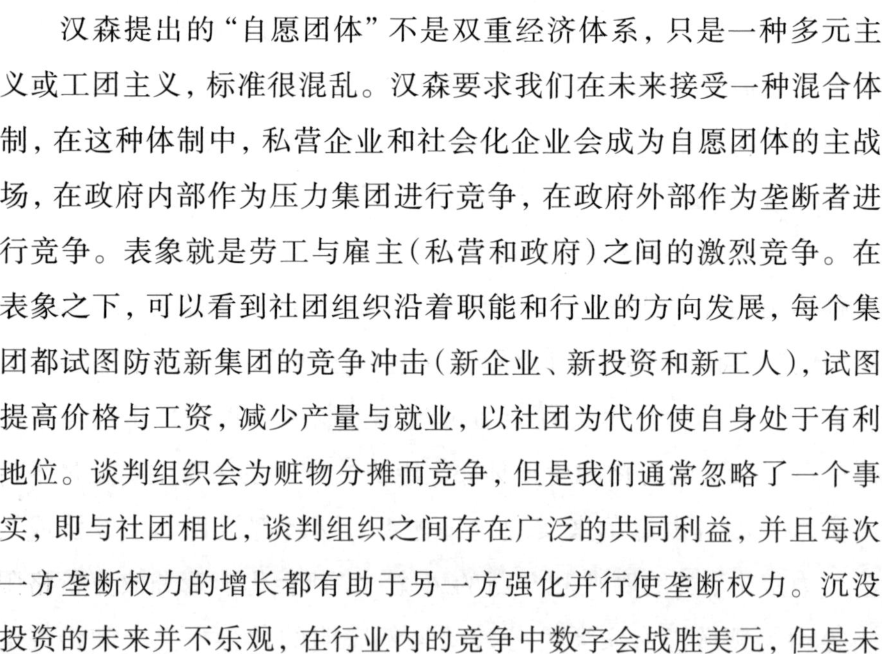

汉森提出的“自愿团体”不是双重经济体系，只是一种多元主义或工团主义，标准很混乱。汉森要求我们在未来接受一种混合体制，在这种体制中，私营企业和社会化企业会成为自愿团体的主战场，在政府内部作为压力集团进行竞争，在政府外部作为垄断者进行竞争。表象就是劳工与雇主（私营和政府）之间的激烈竞争。在表象之下，可以看到社团组织沿着职能和行业的方向发展，每个集团都试图防范新集团的竞争冲击（新企业、新投资和新工人），试图提高价格与工资，减少产量与就业，以社团为代价使自身处于有利地位。谈判组织会为赃物分摊而竞争，但是我们通常忽略了一个事实，即与社团相比，谈判组织之间存在广泛的共同利益，并且每次一方垄断权力的增长都有助于另一方强化并行使垄断权力。沉没投资的未来并不乐观，在行业内的竞争中数字会战胜美元，但是未来的投资者和企业家与失业者的处境是一样的。

为这种经济体设计货币体系或制定财政规范完全是浪费时间，除非能够掩盖货币体系缺乏秩序基础、无法存活这一事实。私营企业无法在这种社会中长久生存，社会化活动可能一段时间内在不稳定的情况下蓬勃发展，政府除了作为专制政体以某种方式恢复胁迫垄断之外，本身没有前途。民主在错误地遵循自愿团体的权力的过程中摒弃了这种胁迫垄断。

为制度结构设计合理的金融附属物毫无意义，其自由交易、自由企业和自由职业迁移的基础正在迅速瓦解，除非有人愿意关注这些基础。汉森的方法似乎在设法加速其瓦解。

第九章　债务政策*

我一直都不理解复杂的联邦债务结构。当然，国家政府必须提供并管制货币，这是一项政府从未面对过的任务。有时，政府或许可以适当地借款，也就是说公开市场操作是管制货币的一种便捷、传统或许合理的权宜之计。

另一方面，建议并使用杂乱的债务形式使得问题令人困惑，这是不合适的，也不民主（沙赫特主义）。在战争与和平时期，我们应该发行货币和（或）债券。我们不应该将货币伪装成债券，反之亦然。而且，每次发行债券都应该宣告有可能提高税收。但是这里相反的情况就不合理了，因为债务偿还可以且应该长期进行，至少是在债券发行的数量超过必须便于公开市场措施所需的数量时。债券发行是一种抑制初期通货膨胀的手段，像货币发行一样，也是一种特别适合迅速采取行政措施而不是立法措施的手段。

债券与货币相对立，这里指的是永久债券，即一种没有到期期限或赎回条款的债券。在良好的金融社会中，债权持有者只能通过公开市场出售进行清算，财政部只能出售一种有息债务形式，而且

* 本文经《政治经济学杂志》（第 52 卷第 4 期，1944 年 12 月，第 356—361 页）授权重印。

只能通过公开市场出售。财政部只能通过支付当前的自由市场价格来偿还这种债务。当然，除了财政部发行的债券，没有其他债券，或者至少在交易所没有私人债务交易。但是稳健的政府财政不需要等待私营企业金融领域进行合理的改革。

如果议员们坚持通过发行货币，实际上是以其他名义发行货币和准货币让大家感到困惑，尤其是他们自己，那么在代议制政府统治下制定合理的货币-财政政策几乎没有希望。议员们试图在纸币恐惧和高息成本恐惧之间寻找出路，但是这只会造成财政混乱局面和令人无法忍受的货币不稳定性。

公众总是被说服要相信财政部可以用同样的钱购买弹药来生产德国现在流行的东西，购买冰箱来冷藏家里的食物。人们不宜轻信经济学家，但是他们的观点摆脱了糟糕的财政措施所招致的困惑。人们都很难理解发行设备信托债券是为了购买战争物资，还是购买食物以分发给那些失业者。

这里的问题主要是利率问题。财政部现在是否应该为其贷方提供更高的利息呢？如果我们通过合并与退还来清除可怕的债务，那么战争结束后应该提供什么样的利息？如果战时借款像战时征税（或免税）一样，在战争期间无法补救，那就不能认为战后的财政政策是势头或政治习惯错误决定的。人们不可能承认学术观点的无效性，也不可能承认这种观点在关键时刻会产生错误的影响。

这些关于债务形式的批评声有一大优势，即如果这些批评声是合理的或暂时可接受的，那么它们就间接回答了我们的利息问题。通过公债进行借款或退还意味着利率更高，我们必须向人们支付一些费用，放弃其准货币的资产流动性特征。如果我们不纳税以阻止通货膨胀，我们至少要支付利息。

然而，不应该推断这些方法必然会增加实际或名义上的利息负担。如果将债券发行限于公债，我们必然要支付更高的利率，但不需要为如此庞大的债务支付更高的利率。如果偿还短期债券或可偿还债券，我们可以持有更多无息债务。实际上，如果我们免除伪装为债券的款项，那就应该需要更多资金来阻止通货紧缩。实际上，财政部与其支付活期存款或定期存款利息，不如授权银行以现金或以货代款的形式来支付利息。

按照这种方式，战后问题（要不是战争财政的话！）就容易理解，也可以讨论。我们的联邦债务应该及时退还，并完全兑换成货币和公债。换言之，我们应该尽快修正我们在债务上所犯的战时错误。不幸的是，如果有的话，我们无法轻易纠正我们在税收方面所犯的疏忽过错。虽然可以说是为了稳定指数而不是现实，也就是说是为了回到指数反映事实的程度，而不是修改指数，以便和平到来时指数停止说谎，但通货膨胀很大程度上将不可逆转。有些人显然认为战争期间我们所做的一切都是错误的，我们应该或者必须继续错下去。我认为只有通过长期或不断实践错误才会变成真理这种假设没有多大意义。

这就产生了一个问题，即多少准货币应该兑换成真正的诚实货币，多少准货币应该兑换成公债。答案原则上很简单，可以通过试验来确定。这只是个实现货币稳定的问题，即采取必要措施稳定某种敏感而可靠的价格指数。主要变量，即私人投资，对于财政政策或货币政策而言是独立变量，假设节约不会被极端通货膨胀和内乱破坏。投资主要是基本的财产安全问题，包括针对劳工垄断和其他垄断的安全。另一个主要变量是战后的银行政策，尤其是关于法定准备金或允许的公司融资手段。如果银行作为联邦债务的持有者，需要在“不受支持”的公债和完全支持的货币之间进行双向选择，那么情况就很清楚。最后，联邦税收收入与开支之间有密切的联系。

公债和货币方面的政策规则，即包括货币在内的债务构成，只是稳定货币价值。将货币兑换成公债是一项反通货膨胀措施，将公债兑换成货币则是一项通货再膨胀或反通货紧缩措施，仅此而已。只有假设无论采取什么债务政策，其他政策领域采取的措施都可以阻止稳定时，这个问题才会变得困难或复杂。考虑到可货币化的债务数量，这里的实际问题是通货紧缩无法控制。直到输掉整个比赛，不然，债务政策要做的就是假设比赛不会输掉，无论利息成本如何，都要继续坚持反通货紧缩政策。重要的是，应该假设财政部打算不仅仅经营 90 天或 10 年，而是会无限期地经营，并相应地发行其债务。

简单的债务管理必将完善其他领域的政策和行动。如果国会和行政部门只通过直接税收，直接发行货币或直接借款来为开支融资，[1] 那么我们可以预期在这些问题和开支方面真正负责任的行为。正如我所言，如果只是因为这一过程及其滥用问题可以被普遍理解的话，那么相比于通胀性借款，货币发行就是一种更有效、政治上更安全的通货再膨胀或通货膨胀手段。在实际的通货膨胀环境中，政治上很难追求明显的通胀性财政。此外，如果明显的代价是以公开市场的公债率借款，那政治上就更难保持税收下降或开支上涨了，因为高价偿还目前发行的公债存在风险。另一方面，很难提倡或追求一项向私营发行机构（银行）出售公债以抑制通货紧缩的计划。显然，这是货币发行而不是间接创造储蓄。

许多读者可能会完全不同意我们的建议，因为这些建议都意味着一种价格指数规则或政策方针。我坚持认为虽然货币价值的稳定未实现，但它是我们曾经唯一的货币财政政策规则或原则，只有这种原则真正适合于民主社会，只有了解并认可这种原则，立法机构才能在财政上更为负责，企业才能避免货币的不稳定性。我认为有人会反对价格水平的稳定，不接受相反的情况。反对者不提倡最大的不稳定性或货币整体的不确定性。相反，他们建议过桥，也就是说，信任当时的当局，或者无论有没有桥，我们都要跨过去。如果我们不想溺亡，就要找到桥。因此有趣的是可以看到哪些措施符合稳定，哪些不符合稳定，因为没有人建议要坚定地向反方向发展。重要的事实是，实际上这么多人在提出各种措施或强调导致无人愿意去的各种考量。

我们要先批评某些人，虽然他们赞成、容忍或只是不讨论我们的债务规模，但坚持要降低利息负担。这样的人不在少数，他们在政界和学术界德高望重、地位显赫。当然，他们的关切中透着一些智慧。首先，财政部不应该以这样的条件发行，以至于需要采取激进的定量配给措施；不应该像邮局局长那样发行债券。其次，政府不应该通过推升、鼓励或容忍物价通胀预期来提高利率。这些建议尽是一派胡言，事实分析的水平很低。

财政部受到这些观点的影响，应该支付尽可能多的利息。这里可能有混杂的观点，但是我没有发现。这只是说财政部应该支付足够多的利息以防止通货膨胀。另一方面，政府也应该在不提高价格水平的情况下尽可能多地发行货币。这也是必然结果。因此在相同条件下，即在价格水平或指数稳定的情况下，政府应该同时使其利率最大化，使无息债券发行的数量最大化。[2]

公理很难争辩，我只提出一些辩驳性观点。首先，如果要使名义上的利息成本最小化，最好借助于纸币。通货膨胀时发行额外的货币显然是不当之举。同样地，除了纯货币范畴最边缘化的债务形式，发行短期债券或任何债务形式都是错误的做法。在这种情况下，发行量会随着到期期限不断变化。抑制通货膨胀时，政府应该使利率最大化，应该用尽可能不像货币的货币合约而不是其他有些无效的货币来吸收货币。反之，抑制通货紧缩时，政府应该发行有效的实价货币而不是准货币；如果发行实价货币，那就应该用它代替最边缘化的货币形式而不是准货币。[3]

在实际或未来的通货紧缩期，短期借款可能优于长期借款，但是最好不要借款，也就是说不要为了达到预期效果和长期稳定与减少国民的误解而发行货币。借款是一种抑制通货膨胀的手段，不是为通货再膨胀开支融资的有效手段。借款是削弱私人或政府购买力的一种手段。为提高购买力而借款如同为了供暖而烧毁消防设施一样，虽然有大量优质燃料可以免费使用。[4]

再次说明，降低利息成本的正确方法是发行纸币，这种方法有时是正确的，有时不是。

现在，让我们从另一个角度，即从财政部作为央行的角度（财政部本身应该是央行）来论证。这是传统货币—财政模式中正确的一方面，实际上也是唯一合理的一方面。这也是传统观念非常合理的行动阶段。人们普遍认为至少伪装起来的财政部应该在繁荣时期向银行出售债券，在严重的通货紧缩时期购买债券。这种观点意味着资本损失会随着时间的推移而最大化，在债券价格高点时集中购买，价格低点时集中抛售。[5]我从未理解为何这种必然亏损的责任要让私营公司承担。

当然，逻辑上我们可以将这种资本损失看作偿还债务的部分代价。实际上，在制度有序的民主社会，根据权力的系统分散，以其他方式看待资本损失似乎很愚蠢。接受准货币的代价之一在于必须永远高价购买准货币、低价出售准货币，即使公债比准货币更接近货币，这是货币稳定的需要。即使我们逃避快速长期摊还的责任，我们也必须准备在债券最有价值时自由地提供货币，在债券最没价值时收回货币。

我们可能会指责对联邦债券实行最低“控制”利率的支持者自相矛盾，除非他们也建议改变公开市场操作的传统规则。如果美联储的“不合理”规则被纠正，重新获得美联储的资本收益，而且获得的收入代替税收用于支付债券利息，那么正式的利息负担就可以减少或是从预算方面抵消。推销这种计划应该不存在任何困难，因为该计划只要求储蓄银行赚钱，遵循财政部公认的做法，而不是稳定价格。尽管如此，他们总是否认尝试这种做法，肯定也没有权力这样做。实际上，即使对聪明人来说，始终如一地做错事也是明智之举，因为政治捷径就是首先始终坚持对立观点。

现在可以评论一下对立观点中的某些次要变量。有些人在赞赏并温和地批判实践中的某些方面的同时，已决心接受战后偿还周期变长的情况（即使不是无限期债券），但仍缺乏勇气接受债务偿还成本高昂的情况。因此这些人转向债券持有者的公债，但是又会通过各种广泛的或无限期的认购期权转回货币。上述提到的自相矛盾恰恰相反。赎回条款的主张者在接受更高利率时，试图避免债券价格持续走高所造成的不幸。摆脱某个困境的同时又会陷入另一个困境。换言之，要避免进退两难的境地。

避免偿还债务代价高昂的正确做法是避免通货紧缩，即保持私人投资和其他有吸引力的私人资金投资渠道。其他领域的劳工垄断和专利垄断可能很难通过货币措施来实现这一目标。但是债务政策应竭尽全力，坚持其物价水平。如果我们必须面临通货紧缩和高昂的公债价格，那么政府为其债务支付得越多越好。当然，这并不会加重货币化债务获得高昂的债券价格的任务。正是由于有效的货币稳定及其所确保自由市场经济的持续繁荣，债券价格不会大幅波动。任务是稳定货币温度时，控制这个货币温度计将不会带来任何好处，会造成一些伤害。如果公众要求用高价将其债券换成无息债务，并通过其对社会无成本资产流动性的不断需求以确保兑换无伤害的话，那么吝啬之人不应该对此抱怨。

我们现在要求人们购买战争债券，这在传统上是通过通货膨胀来违约的，只有乐观者期待这次可以轻度违约。针对这种稳定和持续的恶性通货膨胀的风险，最终降低利率来获得名义上的收益的可能性相对较小。因此，要制定赎回条款以消除这种未来可能发生的有利情况。除了无限强制放款（假设存在这种情况），赎回条款只能提高利率，[6] 创造隐含的债务以支持市场，也就是说，在最糟糕的时期将债券兑换为货币，否则就会让债券始终成为实价货币。

我们提议过我们的债务应该完全并迅速兑换为货币和公债，无论价格水平稳定所需的兑换比例为多少。我们暗示过这种做法会将银行置于两难境地。由于失去资产流动性，银行不愿意持有公债；由于利息收入损失，银行也不愿意持有货币，除非允许银行扩大投资和储蓄来收取复利。这里正确的做法简单到我们没想过或没能去这样做。选择现金的机构应该彻底增加其法定存款准备金(达到100%)，应该从服务费中获得收入。选择公债的机构应该彻底增加其股权要求(理想结果也是达到100%)，应该成为主要或唯一的投资信托。因此我们只能重复100%准备金计划，我对该计划不感兴趣。该计划除了作为渐进主义计划的一部分，旨在逐渐减少，并最终剥夺对所有公司的借贷权，尤其是短期债务方面。

具有误导性的财政措施和缺乏引导性的制度变革使得我们陷入困境。表面上，我们无法实现繁荣或和平时期的充分就业，因为这会让我们的银行无力偿还债务，增加联邦债务的利息成本。相反，让银行有力偿还债务、将利率保持低水平的唯一途径就是让私人投资不具有吸引力，财产不安全，以至于人们愿意优先持有货币和储蓄而不是不动产，愿意以计息的形式购买货币。除了对那些谴责提高银行法定存款准备金的人(或者我们不愿意接受集体主义观点)而言，再次出现的困境完全是似是而非的。政府应该渴望高度繁荣和高利率带来的大量收入，而不是担心利息成本，虽然政府总是避开故意的或允许的价格通胀这种过于简单的方法。如果政府不回避的话，价格通胀会导致极高的利率。让我们祈祷最高的利率与货币稳定相一致，祈祷最可能的“实际”资本边际效率。经济繁荣未必是无法忍受的或灾难性的。

我们迫切需要将关于货币和财政问题的讨论简化为简单的常识性话语。对于政治体制而言，我们的金融体系过于精细、复杂。

私募融资机构和财政实践对于法治而言过于复杂，也就是说，它们还不足以在讨论与协商的民主过程中受到有效控制。私募融资体系缺少必要的复杂性，这是过去糟糕政策的遗留物，应该逐步纠正并消除。政府财政不必要的复杂性也应该通过采取迅速而全面的措施来处理。

税收、开支、纯债务、纯货币和价格水平等概念很容易理解。如果机构借款，尤其是机构发行是唯一的政府特权，如果仅仅以最直接的方式行使这些政府特权，那么经济学家与公众很快就可以区分适度行使与滥用，并且民主政府可以坚持健全的财政货币政策。但是第一步要精简联邦债务。

第十章　债务政策与银行业政策*

将联邦债务划分为公债和货币两种形式，[1] 显然对早期的政治考量而言过于激进。该计划的优势在于确定了政策方向，主要是采取多步策略，并逐步实现制度变革。可以说该计划关注的是激进的终极目标，即在一种经济体制中，所有的私人财产只采取政府即期债务（货币或货币完全等价物）、政府公债（清除过程中，除了全面战争时期）、公司普通股和不动产产权（还有最低限度的企业账户应收债务和人际债务）。在该计划更重要的一方面，100% 准备金银行业只是所有法人企业 100% 的股权融资。无人会负责地建议尽早或者快速迈进这一金融时代。但是现在银行业领域有理由向前发展。实际上，如果只是为了清除银行持有的政府债券所代表的巨额超额准备金，100% 准备金对于完善的债务政策而言不可或缺。

我们没有将所有联邦发行的债券兑换成货币和公债，而是可以利用第三种债务形式，即资产流动性强的联邦债券不断兑换、赎回、随时使用，但只适用于银行，需要作为银行存款准备金。第四种债务形式或许是美联储发行的零利率债券。应以合理的条件（例如以指定日期的实际成本或市值）将银行持有的其他所有债券兑换成这

* 本文经《经济统计评论》（第 28 卷第 2 期，1946 年 5 月，第 85—89 页）授权重印。

种债券。

可以在这些债券现有的存款准备金上强加新的存款准备金（比如60%—80%）。美联储的债券和储蓄会采取准备金的形式（比如80%—100%），备用现金也会算作准备金。显然，这类准备金应该统一应用到所有的商业银行，不只是会员银行和所有的储蓄银行，尽管我们可以排除小型互助储蓄银行。或许，权宜之计是让存款准备金成为联邦储蓄保险公司的储蓄担保条件之一，然后可以彻底减少或清除担保费。

应该宣布其他所有联邦债券都不适合银行。如果我们必须对权谋做出让步，那么所有这些债券应该最终全部兑换成公债，或者至少是长期债券。至少应该暂时以慷慨的条件将未偿债券兑换成公债和长期债券，但是应该清除并避开其他所有"资助"。实际上，合理的债务管理需要的不是资助，而是追求公开市场操作中资本收益和资本损失杠杆最大化，为打赌债券价格会出现通货膨胀或通货紧缩（降低或提高）反转变化的人提供资本收益。

如果在现有法定存款准备金上强加新的法定存款准备金，那么对于这些特殊"银行债券"而言，0.75%是合理的利率。如果在现有法定存款准备金上强加整笔准备金，那么0.6%就是合理的利率。无论如何，合理的利率水平只是一个用完全无风险且资产流动性强的债券利息向银行服务支付多少补贴金的问题。

我们应该将任何一种新存款准备金规定在一定水平，以冻结银行当前持有的"政府债券"，考虑根据银行货币总量的变化来调整银行之后持有的政府债券。银行货币总量的变化是价格水平稳定的前提条件。[2]

接下来的问题很棘手。如果新法定存款准备金规定在合理水平，那么我们就可以减少特定银行面临的困难，这些银行持有少量的政府债券，但其代价是让其他银行拥有实际的超额准备金，这样它们不仅可以扩大自己的贷款规模，还可以为其他银行提供新的准备金以进行多次扩张。强加严苛的初始准备金在政治上毫无疑问是自杀式的。当然，沿着正确轨道发展要比按照极端主义者的意愿发展重要。最合理的计划或许是整体准备金设定在不超过 75% 的比例，逐步提高比例。在为银行临时提供少量“政府”准备金时，这一计划会在慷慨方面犯错，例如将没收的其他资产临时用作“法定”债券的临时替代品。

注意，这些措施可以解决当前的迫切难题：

1. 有效防止债券和房地产领域出现银行融资通货膨胀。

2. 消除银行持有的政府债券所代表的巨额超额准备金和美联储政策之外银行持有的短期政府债券在其他方面继续代表的巨额超额准备金。按照当前的形势，银行系统存在发生通货膨胀的恶兆。银行为了扩大商业、债券和房地产贷款，不仅直接从联邦储备银行，而且通过联邦储备银行从财政部获得必要的准备金，而不是到期时取代联邦债务。

3. 必要时，这些措施将允许财政部自由地遵循抑制通货膨胀的政策，即消除过度资产流动性所需的高利率（收益）向公众借款。适当提高公债和长期债券的利率[3]会威胁银行偿付能力的观点可能是一种错觉。如果是这样的话，这种错觉会被广泛接受，可以有效抑制，并在政治上反对为通过债务政策抑制通货膨胀而采取必要措施。如果从银行借款明显不同于其他借款，那么我们可以预期在两方面都采取更有效的措施，更好地理解税收和债务问题。

4. 这些措施也将控制银行收入过多问题，消除反对提高利率的观点，这种观点比对银行偿付能力的假设性威胁更为重要。

5. 这些措施将主要解决银行资本不充分或剩余股权稀薄的难题，并且顺便提一下，也解决对于过多的银行收入看似合理但又虚假的辩解问题。如果存款主要或全部由完全流动的政府债券支撑，那么就没有必要缓冲股东权益，除非银行决定以其自身资本作为投资信托来运营。

6. 长远来看，这些措施将在更短的时期内，以比其他方式更快的速度偿还我们的有息债务。假设我们为了稳定战后的价格水平，只需要 1000 亿美元的货币和储蓄，而随着实际收入的增长，这笔数额必然会以年 3% 的速度增长来维持这一价格水平。因此除了支付正常的利息作为银行服务的补贴外，我们似乎只需通过预算外政策就能在 30 或 40 年后偿还当前的有息债务，也就是说无需在该时期产生多于开支的税收收入净超额。[4] 无论我们的债务情况如何，政府都应该重新行使其发行本国货币的特权。

当前的问题是防止银行在股市、房地产和库存中引发通货膨胀。更广泛意义上，当前的问题是在流动性好的政府债券作为虚拟超额准备金的基础上防止银行业出现普遍的通货膨胀。再广泛来讲，当前的问题是消除抑制通货膨胀债务政策的各种障碍，该政策要求根据长期债券或公债涉及的高额利息成本向公众借款，也就是说，这一问题是让我们的债务成为无法流动的、无资助的、固定持有的债券，或者是（如果你愿意的话）支付实际债务的利息，而不是只以名义上的债券形式支付货币贮藏费。

这些问题亟待解决，因为在不久的将来，除了债务政策所提供的保障之外，我们将无法抵御通货膨胀。即使认可凯恩斯主义的观点：征税应该主要或完全抑制通货膨胀，也不可能提高联邦税率，除非证明高利率是另一种方法。我们很幸运在坚持要求降低税率的政治压力下还能保持当前的税率。异想天开的官僚主义者曾建议徒手抑制通货膨胀，即在财政异常时期采取直接控制，现在他们对此不再抱有幻想，甚至不再制造幻想。

可以肯定的是，尽管有政策，我们也可以渡过难关。未来虽充满风险，但可能不会出现通货膨胀。在这种可能性上下赌注很愚蠢。我们应该准备好应对任何可能发生的事情和其他情况中快速爆发的通货膨胀。可能没有必要在债务政策方面（例如大幅减少银行储蓄）采取强烈的抑制通货膨胀措施，但在必要时我们要准备好采取这些措施，并且要迅速执行。这意味着我们要继续进行融资计划，继续解决战时债务政策或措施遗留下来的难题。

虽然采取这些措施解决了这一问题，但是仍将存在一些有趣的长期问题，尤其是应该继续对银行服务提供联邦补贴还是逐步停止的问题。

我知道不存在永久补贴的理由，也就是说，没有理由不像其他经济服务那样通过收取合理的服务费为仓储和转移私人资金的服务支付费用。不应该为某人未牺牲资产流动性而购买的货币或任何货币合约支付利息。这种观点对于为银行服务（对活期储户来说）支付利息和用现金支付利息（对储蓄储户来说）而言都是合理的。银行服务仅对账户余额较多的客户免费，在无需金钱激励的情况下让客户节约使用银行服务这很反常。

有人辩解称补贴仅仅是一种过渡之计，有助于向 90%—100% 的存款准备金过渡，避免既有的但又异常的制度中发生突变。在变化过程中，创建安排将是一大进步。在这些安排下，对银行所持的政府债券支付的利息将被视为补贴，从而将其与面向公众的实际债务（公债）支付的利息明确区分开来。然后我们直接面临的就是发放补贴问题，并就事论事地来处理该问题。政府无须向制造货币的私营机构支付费用，无须向持有货币等价物而不是货币的人支付费用，但必须且应该向牺牲资产流动性和放弃因实际投资（资产和股权）而产生预期收益的人支付费用。[5]

鉴于补贴是一种暂时或过渡之计，何种服务需要补贴是个值得思考的问题。无论是服务收费水平还是免费服务所需的最低余额，都可以获得补贴吗？如果银行是唯一的服务机构，那么无论实际补贴为多少，都可以依赖竞争以确保收费合理。虽然银行还是金融百货公司，国家赋予的特权仍需配给，但竞争性收费决定至少不是一个完全令人满意的前景。

第二个长期问题是银行未来作为私营企业的资金来源问题。100% 存款准备金会让银行自由地从其资本中提供这种资金，不会阻碍提供托管与核查设备业务与投资信托业务的合并。虽然这种合并要求大幅增加银行资本以确保传统银行业务的留存，但有助于充分利用现有企业及其员工。然而维持不同企业的合并是不经济的做法。专门化企业可以用更低价格为储户提供服务，它们在最廉价的场所办公，主要投资会计机器，由能力出众的会计师而不是信用分析师、债券专业人员、商情预测员和政经界的领袖来管理。

从当前合并的另一方面来看，企业合并显然优势更大。如果作为出借投资方的银行不同于作为清仓机构的银行，那么出借投资型企业可能关注的是提供长期资本和以股权形式提供长期资本的重要职能。对于传统的银行贷款形式或短期的商业贷款而言，现在几乎没有必要。既有的企业不再需要随时都不稳定的运营资本，它们可以通过发行股权或直接出售股票来从扣缴收益中融资。占用大量流动性好的准备金可以直接最小化或满足运营资本需求中的季节性变化。新型或不良企业需要长期资金，尤其是股权资本。在大量流动负债的情况下，以小额股权进行交易是过去的事了，对银行及其企业客户也应如此。

如果突然阻止现有银行进行贷放或投资，那么这会驱使银行的领导层进行积极的机构重建，即建立成千上万的本土投资信托。这些机构可能会吸引大量股权资本，参股本地有价值的小型企业。银行在不改变其员工和设施的情况下，可能会重组为大型投资信托，专门从事无须这种机构协助的大公司股权业务（股票上市）。小型银行的领导层对地方或社区企业有一定了解，因此这类银行有可能成为高效的机构，调用地方资金用于地方投资，虽然房屋贷款协会曾经做过，但它是以股本基数为基础。换言之，讨论中的变化会让许多有能力的人去履行当前机构阻挡其充分履行或以适当方式履行的职能。[6]

如果自由主义者考虑通过这种本土投资信托彻底分散我们的资本市场的可能性，那么这会变得疯狂，最终会消除，甚至是转变当前企业规模过大的人为经济体，有差别地获得资本资金。纽约债券交易所的不稳定性困扰着超级企业集团，它们只能得到最变化无常的投资者的支持，而中小型公司享有社区稳定的忠诚度，通过本地投资信托行事，并且受到本地感兴趣的股东，实际上是整个社区作为一个运转的社会团体的严格监督。

如果这种本地投资信托能够真正调动其所在社区的大量小规模储蓄，那么我们的劳工问题就可以得到解决。在这种情况下，社区压力可能会抑制威胁当地工业相对繁荣的工资需求，即损害其竞争地位（与其他社区相比）。也要向低工资率问题施加这种压力，因为低工资率使得公司不能吸引或留住高素质劳工，也不能吸引或招录优秀的市民劳工。但这是一种狂想！

最紧要的一步就是用新的低利率债券代替银行持有的政府债券。只有银行有资格持有这种低利率债券，它们保证不会贬值，可用、可兑换并且可持续按照平价赎回，而且需要成为大致相当于银行持有的政府债券数额的准备金。我们应该将剩余的联邦债务兑换为公债或长期债券。在这一过程中，为避免未来出现通货膨胀，必须利用这类公债以减少银行持有的政府债券数额。然而，40年后，为避免通货紧缩，必须逐渐将所有的公债兑换为货币和（或）低利率债券。不出意外的话，这一时期，银行发行债券的利率会逐渐趋零。因此我们可能进入或接近一种所有私有财产仅包括纯资产和纯货币的经济体制。再加上货币价值的财政稳定，这就是个良好的金融社会。

第十一章　战后的经济政策：一些传统的自由主义建议*

我们可能只把政府在未来国民经济中的作用作为战后总体计划的一个方面进行有益的讨论。在美国，国内的经济政策可能不再被视为全国性或地区性问题。为赢得和平，美国必须要承担世界领导者的重任，必须使自己成为更大的政治经济体制的组成部分。国内政策要根据世界秩序的必然性来制定。

对于世界、大国而言，稳定的政治组织形式可能是两种极端类型。一方面，存在极端集权或强制集体主义，它们以强大的集权为基础，以维护人为且不稳定的集权的严格要求为指导。显然，这种体制很可能是有益的，但是最富幻想的改革者现在承认这种体制可能是有害的，会让规划者和被规划者堕落。希特勒希望通过纯军事力量推行这种体制。如果我们渴望这种体制或认为这种体制是必然之势，那么就很难理解为何我们会陷入战争。德国人有资格去统治这种世界；一旦建立这种世界，无论在何种预兆下，它都会让德国纳粹做这项工作，否则这种世界很快就会崩塌。无论是美国、英

* 本文经《美国经济评论（增刊）》（第33卷第1期，1943年3月，第431—445页）授权重印。

国还是任何一个民主国家联盟都不可能担起重任，即使尝试也不可能成功。要谴责残酷和武力统治，就必须拒绝国内组织的计划或国际组织的计划，因为这些计划存在不可避免的弊端。

另一种极端就是在一种计划中，政治组织从地方性机构成为州或省级、国家级和超国家级或世界级机构时，它会变得更松散，更灵活，而政府职能更受限制，更消极。在这种世界中，虽然大型国家政府和超国家政府拥有强权，但是仅限于其行动方面。更加矛盾地说，就是权力集中主要是为了维护系统的权力分散。

外行很难理解这种体制的概念和运行特点。虽然外行整体上喜欢并支持这种体制，但是他在政治实践中可能会否认，不会意识到自己的背叛。此外，该体制的支持者的观点是基于简单而实际的常识判断，但对习惯少有的神学思辨氛围的微妙或复杂的思想毫无吸引力。这种判断或前提就是任何人、任何派系、任何国家、任何宗教组织、任何公司、任何工会、任何有组织职能集团、任何形式的组织都不能被赋予权力。政治观点表明权力集中本质上很危险，很堕落，经济观点则表明权力集中没有必要。在注重通过讨论而实现统治的社会，政治经济的主要作用（默认情况下）是主张并耐心解释这些简单而实际的真理。

传统自由主义者一直因在学术上逃避现实被诟病，在政治上不切实际，不愿意面对政治进程中的现实问题和历史潮流与制度发展趋势。然而，我们面对世界秩序问题时，集体主义计划必须应对这种控诉。

集体主义风险存在于大型国家或区域体制的发展（及维护），无论是集体主义体制还是在政府方面高度集中的体制。在民族主义的世界里，无论是在完全的集体主义还是在保护主义下管制贸易，区分战争与和平已经失去了意义，如同最近的10年间。只有政治渗透或军事联盟才能合理进入市场。和平只是垄断国家对经济权的残酷竞争而已。相对权力的显著变化一定会引发领土或势力范围内的战争，或强制调整。只有一个国家(例如当局)获得主导权，让其他国家及其经济成为自己的附庸时，世界秩序才会形成。

如果多元集体主义或大规模民族主义预示着一切都是糟糕的，那么任何一种混合体制都无法为我们带来和平。两种极端情况下的和平都会受到限制。如果我们拒绝将更大的政府和权力更加集中视为解决问题的方法，那么我们必会走向另一种极端以寻求安全。然而，传统自由主义的极端运用，即使很难实现，在政治上也是有可能的。和平是民主国家借以占据地位的秩序，和平是适合民主国家的唯一世界体制，也是民主国家希望继续运行并掌控的唯一世界体制。虽然构建和平不允许采取渐进措施或不同程序，但是和平最初只要求一些民主国家坚持这种体制。由美国、英国、自治领、低地国家、挪威、瑞典组成的民主自由贸易区意味着开弓得胜。坚持平等或非歧视性待遇原则，号召最广泛的国家参与时，没有必要、也不应该让其他国家形成竞争性贸易区和敌对性贸易区。此外，必须要求其他国家坚持平等进入，避免严重歧视以换取自由进入。按照此方法，可以根据权责分配构建国家政治经济一体化组织。这种一体化组织可以无限扩大，能够吸收所有国家，要么成为全面合作伙伴，要么成为负责的参与者。

这种战后计划的本质，在经济方面是国际自由贸易，在政治方面主要目的应该是保护独立自主的小国。低地国家、挪威和瑞典不

是强大的国家，但却是世界组织理想的成员国或核心国。幸运的是，这些国家要求在战后重建中发挥重要作用。这些国家的民主制度根基深厚，自由贸易传统相对未被腐化。

自由世界计划最重要的特征显而易见、众人熟知。有四点要求是最根本的：

1. 消除所有民主国家的关税壁垒，消除配额限制、进口优惠或歧视、出口补贴以及双边或易货贸易。

2. 在货币政策和财政政策方面成立组织，以开展合作和统一行动。

3. 采取相应和统一的国家措施，积极准备并执行有效的反垄断政策，包括系统的产业分散，解散大公司和卡特尔，有效禁止私人垄断限制企业和贸易。

4. 建立包容的超国家政府，其行动范围受到限制，但采取强烈措施主要是为了(1)防止军事侵略或诉诸武力来解决国际争端，(2)在上述三大政策方面能够采取相应行动，实施统一策略。

美国关税政策是战后计划的直接因素。如果无法迅速消除我们自身的关税壁垒，那我们必定失去和平。在不浪费机遇和否认其国际责任的前提下，世界大国不可能仍然保持适度的保护主义。必须立即彻底地消除我们的关税体系。按照特定的职责或时间表一次处理一个问题在政治上毫无希望。如果进度缓慢，我们就无法削弱国外对我国传统商业政策重大改革的悲观看法或质疑声音。

甚至就单纯的国家利益而言，渐进主义情况也会非常脆弱。与全面军工生产相比，降低关税引发的动荡与混乱必须是微不足道的。无论如何，我们的经济必须彻底重组。工业资源的重要部分必须彻底重新分配。为参与世界经济而重组比为孤立而重组更难。以前没有，将来也不会再有这种机会能让我们快速而轻松地适应自由的对外贸易。一旦浪费这种机会，我们就无法期待贸易地位较弱的盟友会制定符合持久和平要求的政策。如果继续宣扬平等待遇，而我们自己却排斥竞争性进口商品，无论多么公正无私，继续自我孤立的话，我们的合作伙伴必定会恢复双边主义，构建有竞争力的贸易区来孤立我们。

鉴于合理的商业政策，货币问题显得相对简单。有了相对充分的就业，财政与预算手段一定能够实现自由外汇体制中（仅限于此）的货币稳定。国际货币合作不会在各种国家利益或国际少数派特殊利益方面面临巨大的障碍。

一般的政策目标是汇率最大限度的稳定与国内物价水平的合理稳定相一致（反之亦然），最低目标是根除专制的外汇管制，避免特定的货币明显贬值（或增值）。

这可以为金本位制带来名义上的回报，即（1）实现其他货币对美元的刚性稳定（偶尔重新调整），以及（2）根据与国际商品密切相关的价格指数来实现美元的稳定。有人期待出现一种更加灵活、较少监管的体制，其中根据国内价格指数，各个国家或国家集团的货币在财政上是稳定的，在有组织的未被操纵的外汇市场可以自由交易，没有固定汇率。然而，这种制度不可能被称为近似的目标，因为这种制度无法防止（或决定）政府任意地操纵汇率。

除了近期曝光的战前卡特尔协议外，垄断是个世界难题。如果放弃政府对贸易的限制，各国也必须瓦解大型私人贸易组织，根除私人集体主义及其管辖范围内不必要的企业集中。

社会主义者与其他人会马上主张只有牺牲技术性的、生产性的规模经济，主要工业才可以实现有效竞争。诚然，工业已经被当作公用事业，是各州、省单独或集体而不是国家政府实施全面规划或社会化的试验领域。没有证据表明，强制竞争不可能或者浪费的领域比传统上公认的领域要大得多，或者该领域随着技术的进步而扩大。

如果所假设的具有垄断规模的经济在技术层面是现实的，那这种经济在具体政策方面仍是虚幻的、误导人的。大型私人企业比政府企业面临着更多的官僚主义与思想僵化的问题。巨型公司的效率通常是早期快速发展时期赢得的声誉，这只是初期的记忆，不是成熟的特性。如果发展壮大，这些公司就会成为由律师、银行家和政治家管理的政治机构，他们坚持保护控制集团的权力，奖励那些维系本应因规模过大而瓦解的企业集团的奇才。

确保长期效率的唯一途径就是持续的外部竞争。基于政治和经济理由，应该在实现权力分散与竞争但又不造成严重而长期不经济的领域避免权力集中。专家的伟大计划无论在技术上多么合理，都是一种误导性的政策方针，因为先进的技术取决于竞争，必须以人特有的方式和政治方式来组织和管制巨型公司。社会主义者推翻专制政府的同时必须推翻专制企业。两者很有可能是好的，但现实却是有害的。

权力分散无须解散生产或运营部门，但必须取消并禁止不必要的横向或纵向合并。关于经营的两个阶段和制造过程中的阶段，必须有严格的企业专门化。销售必须与生产分离，工业研究必须与具体的运营公司分离。

必须大规模牺牲在销售业与广告业方面具有规模的私营经济。政府通过规模限制来限制对社会上虚假经济进行私人剥削的同时也应该通过自有机构并设立相应的私营机构以巩固中等规模公司的竞争性销售地位，便于这类公司进入市场，不断发展。合理进入市场是国内政策与国际政策的合理口号。但是大品牌、国家广告业、大型销售与发行组织以及无知的消费者谨慎的理性态度阻挡了市场。现在必须制定合理的大众消费者标准，对小生产商生产的优质商品进行负责且公正的认证来打开市场。教导并告知消费者，即使不会产生间接利益，也是有价值、有希望的公用事业，或许也是最有价值的反垄断政策形式。

工业研究体现了权力分散计划中的一个特殊问题。有人可能质疑研究组织规模庞大的优势，或者质疑为开展基本科学研究而过于依赖企业的合理性。但是没有理由可以解释为何商业研究应该与制造业公司紧密相联。为此，应该允许竞争性公司进行合并，允许并鼓励成立公司所有的研究公司，接受相应的监管，尤其是在专利许可方面。为私营企业提供大量的政府研究服务也是合理的。

这些问题会成为更大的专利法及其管理问题，迫切需要关注，但简单的方法又无法解决。毫无疑问，需要彻底改革，尤其是在专利共同制度方面。难以想象的是，专利法方面的合理改革应该让工业研究的组织和融资不受影响。自由贸易需要自由平等地进入市场时，即使不是完全自由，也需要平等、合理地利用技术知识和专利手段。如果我们必须阻止公司利用垄断销售组织和销售手段使其免受竞争的冲击，那么我们也必须阻止公司通过专利共同制度和侵权起诉的恫吓来非法占有市场的大部分领域。广泛调查表明现在几乎没有任何重要行业可以让新公司进入，或者小公司不会面临因蛮干而招致侵权起诉的风险。关于专利共同制度和世界卡特尔的事实为人所知后，就对研究与技术进步的贡献而言，有关大型公司的观点应该扭转不利形势，征服那些已经运用这种观点的人。有趣的是，了解多少商业研究支出可以实现歧视性垄断，也就是说，为不同最终用途中的中间产品的歧视性差别定价提供人为的技术基础。

建立自由贸易的超国家政府可能首先要摧毁已经存在的不负责任的外国政府结构，这种结构是为了限制贸易而设计和使用的。人们开始清楚地认识到了国际工团主义战前的作用，即如果预防措施失败，那么旧卡特尔在战争结束时就会迅速重建。除了其他事物之外，自由或合理获得物资意味着有机会与竞争性销售者打交道。消除关税壁垒和外汇管制无法实现全球自由贸易，尤其是在化学制品、金属制品、硫酸、钻石、电子设备、飞机以及光学仪器等方面。

最接近的目标应该是本国的反垄断政策，它将被其他地方效仿，为超国家计划提供典范。美国的领导人之所以有这种特殊需求，是因为其他国家，尤其是英国，甚至比美国更进一步转向工业集中和卡特尔化。保守党要求继续推行严厉的垄断政策，工党要求实现社会化，似乎很难让英国恢复自由贸易。甚至英国商人现在准备好将他们的企业移交给政府，而不是期待多年后企业之间相互竞争。

就外国资产管理局（与英国类似的机构）而言，实行合理的政策可以取得巨大的进步，尤其是在处理敌方外国人和敌方控制公司的专利方面。最近美国最高法院决定通过反垄断法开放专利，毫无疑问这将取得更多成就。美国和国际社会应该进行专利法与管理改革。消费者教育和消费者标准是社会规划和政府活动的沃土。新反垄断法及活动应该瞄准限制重要出口贸易方面的共谋协定和做法，尤其是划分国外市场(例如南非)的协定。应该彻底废止《韦布-波密伦法》(Webb-Pomerene Act)，我们应该向其他国家保证，我们打算像针对限制国外贸易一样，针对限制国内贸易的情况，不断起诉国内公司。

必须将垄断视为一种变化无常的现象，通过各国内部采取的各种措施以及国际社会采取的行动来处理。可以间接取得不错的效果，但规模问题也必会受到直接抨击。即使被剥夺所有正规的法律手段，只要行业在国内形成卡特尔或由大型公司主导，世界市场上的垄断和基本垄断定价就将持续存在。

私营垄断如同政府的对外贸易政策一样，是民主社会的毒瘤。仅仅采用顺势疗法或药物疗法还不足以解决毒瘤。

即使不是全部领域，至少商业政策、货币政策和垄断政策这三大领域奠定了世界秩序的坚实基础。一些规划者会同样或着重强调对外投资计划，减少移民壁垒。然而，这么做就是在推行危险的计划，鼓励虚假的希望。

战争停止时，迫切需要政府向发生饥荒、遭到破坏的地区分配大量物资，尤其是食物。这些情况很快就会发生，应该被视为单方面对和平所做的贡献，如同美国租借法案对战争所做的贡献一样。这些物资应该按需分配，不能歧视敌国公民，不求回报。然而，我们应该明确区分为社会救济或立即重建所做的贡献与国外资本投资。

在长期政策方面，我们面临政治导向型资本流动的显著风险，即政府出借或受政府激励的私人投资的风险。我们应该追求私人资本最自由的流动，确保机会平等，但是私人资本应该敢于在国外冒险，无须期待或希望获得法外治权。在私人资本无法安全投资的领域或存在高额风险溢价的投资领域，无论是国家政府投资还是超国家政府投资，都要面临严重的政治风险。由超国家机构管控的整体落后地区或许是这一规则的例外。由于各种不同原因，中国面临同样的情况。向印度和南非这样的地区投资时，必须极其谨慎。印度和南非不存在稳定的民主政府或传统，外国债务和外国企业象征着亡国和国难。可以停止向全世界提供美国资本的伟大计划，转而支持出口实用知识和转移专业技术。

在移民政策方面，我们最好保持沉默。可能有人希望世界经济繁荣，政治越来越安全，最终的出生率水平可以减少移民压力。然而，完全自由的移民在政治上既无法实现，也不合理。缺少自由移民的自由贸易计划在逻辑上或实践中是不完整的，坚持这一观点既不真诚，也不明智。自由贸易可以且应该提高全世界人民的生活水平，如果运输是无成本的话，生活水平应该更高。自由移民会提高生活水平，或许无法提高全世界人民的生活水平，尤其如果运输是无成本的话，更别提同化的社会或政治问题。不应该将移民政策中的平等待遇或摒弃歧视看作目的或希望。在资本输出和人口迁入方面，我们必须实事求是地制订计划，做出承诺。

上述的计划显然需要一个强有力的国际组织。该组织除了阻止侵略和国际暴力外，主要关注商业政策、货币政策和垄断政策。经济学家不讨论技术构成或健全的超国家政府体制。但是，在这种组织内，应建立协调的特别部门或机构来处理这三个领域的问题。我会放弃国际银行。当然，即使是其活动领域受到严格限制的世界政府，也会有其他的机构和活动。可以适当关注三大的政策领域，因为它们将为其他活动提供政策框架。必须简要思考一些制裁问题。

民主国家开始彼此公开市场的时候，也应该向其他国家自由而平等地公开市场。毫无疑问，一些国家之间将完全互惠互利，其他国家将与自由贸易区建立更紧密的联系。但是我们不可以也不应该将自由贸易强加给全世界。在某些地区，关税收入对政府稳定至关重要，其他地区重视并行使作为一种自由特性的关税自主权。民主国家在允许他国自由进入其市场的同时，也应该要求平等地进入他国市场。也可以请求其他国家搁置新的关税措施，等待国际机构的调查和建议报告，等待地方当局将根据这些建议重新充分考虑。或许，以惩罚性关税的形式进行制裁是可行的，但是制裁应该只针对公然歧视或严重背离平等待遇原则，并且只能在国际权威机构授权下采取统一行动。

在货币稳定方面，问题严重的情况就是国家拒绝以阻止汇率完全贬值的方式下令采取财政措施。显著而危险的报复手段或制裁就是对外汇倾销实行惩罚性关税，由国际机构统一执行。然而，这种危险的手段应该少用。美国人羞于推荐使用这种手段，因为我们的黄金政策导致国际社会在 30 年代出现了混乱局面，我们的财政政策，无论是过去、现在还是未来，近乎描绘的都是合理的世界计划必须阻止的糟糕情况。稳定的主要要求不是惩罚不合格的机制，而是制定美国的财政措施（和金融体系），因为其他国家可能会明智地将其作为合作和遵守的准则或基石。

在垄断政策中可以找到更大的制裁领域或直接的超国家行动领域，因为这里采取的行动针对的是私营公司，而不是民族国家。然而，富有成效的国际政策应该完全依赖在管辖权方面的国际合作，依赖上述在地方政策措施方面提出的建议。如果只是解决有争议的管辖权问题，世界法庭或许可以通过宣告式判决来处理反垄断案件。当然，根据当地法律，涉及美国公司在国外市场垄断的案件时，应该消除美国法院管辖权方面的任何其他限制或不确定性。

在政治上难以处理的情况就是国家在世界私人垄断中存在巨大的既得利益。我们熟悉的例子有镍矿和钻石，类似的例子不胜枚举。更加松散的卡特尔垄断不应该是难以处理的，虽然在这种垄断中没有一个国家绝对代表生产者（与消费者相对）的利益。然而，加拿大会以竞争性价格向全世界供应镍矿吗？美国会以竞争性价格向全世界供应硫酸吗？英国会完全废止钻石或锡垄断吗？

在这方面，有人可能考虑超国家价格垄断的情况，即建立一类特殊的国际公用事业，并有适当的监管机构。人们理所当然地认为这种特殊机构和超国家政府活动将关注普通的公用事业。对班轮公会和海运费率协议进行一定控制是可取的，对当地监管的运输费率和港口费用进行国际监督也是可取的（如果只是为了揭露隐蔽性补贴或歧视的话）。应该像解决瘟疫一样，避免对普通公用事业或人为垄断进行直接的国际监管。应做出一切有说服力的努力，确保采取适当的地方措施，以实现内部分散和出口贸易的有效竞争。应该关注国家回避或否认承担这方面的责任的情况。在极端情况下，可以执行惩罚关税，或者实行超国家补贴以开发替代品或替代供应来源，来对公司或国家实施制裁。另一方面，直接的国际监管或价格垄断，无论是干预国家内部事务，还是预先延伸国际当局的行动范围，似乎都是极其危险的。

政府的行动范围越大，代表能言善辩的少数派利益而滥用政府权力的风险就越大。要实现超国家政府的潜在优势，必须采取谨慎措施，通过宪法制约，坚持明确的政策规则，以保护自由贸易中普通消费者的利益不受限制贸易中特殊生产商利益的影响。利用超国家机构管制特定的垄断价格的时候，我们很快就会发现它们如同相应的国内机构一样，实际上是将这些价格抬高了。如果要让国际组织降低过高的价格，那么它一定会抬高其他被认为过低的价格。

这里，我们应该强调战后的农业管制计划存在的风险。在长期关注的政治权宜之计下，我们胸怀抱负的副总统或许是一位狂热的自由贸易主义者。这位副总统的和平理念，作为一种创建国际农业辛迪加的机会，包括否定超国家政府必需的宪法原则，并代表其职能集团成员拒绝它们应用于其他集团的政策规则。直到我们都放弃地理上、工业上以及职业上建立组织的职责，从他人手中争夺，美国或全世界才会实现和平。如果美国农民从全面的经济解除武装中获益匪浅，拒绝带头，甚至完全解除武装，那么他们的权力会威胁到和平，情况就如同过去普鲁士的地主一样。

这一讨论目前忽略了自由贸易主要的壁垒，即劳工垄断组织。人们希望强大的工会充分行使其权力，以抵御关税下调和工业分散。如果在这种反对意见方面失利，工会可能会阻止大规模劳动力再分配，虽然这对我们成功并有效参与更大的经济非常重要。工会维持关键领域（例如资本货物的生产领域和有可能扩张的其他行业）过高的相对劳动成本和成本预期时，会紧盯严峻的失业问题。该问题在政治上会迫使我们采取以邻为壑的财政政策和商业政策。

这里所概述的整个政策计划的缺点就是该政策计划坚信并希望阻止劳工工团主义，着眼于现在及未来，以重要的形式减轻贸易限制。可以放弃大规模劳工组织的某些立法、行政和司法操作。总体而言，必须将直接的政治行动限于对其他经济权力集中的抨击，希望劳工垄断的技术基础和政治基础随着权力的分散而受到侵蚀。原则上，人们不会对工会支持者的要求做出让步，即先摧毁其他形式的垄断，因为不同形式的垄断高度互补，而不是相互抵消。当然没有人相信我们可以靠着彼此榨取的垄断收入去和平或幸福地生活，或者成为相互剥削的辛迪加。所有职能集团都必须遵守和平民主的集团内部竞争准则，或者在集团之间发生冲突之后，遵循可憎且危险的专制的中央集权纪律。就实际的政治局势而言，必须先分散企业。如果只有工业领袖可以理解权力分散不会给债券持有人带来任何损失，并且另一种方法是政府或工会管制的话，那么他们会理智地认可并支持权力分散。

战后规划的主要目的应该是在民主国家建立有组织的自由贸易阵营以保护其经济繁荣，有助于稳定吸收其他国家成为越来越合作和负责的参与者。在正式的政治组织中，超国家政府一开始就应该非常包容，应该为所有国家提供充分的机会去思考它们自身的特殊问题，表达不满情绪。关于民主国家维护统一战线和主导权的意图，不应该隐瞒或虚伪。没有权力，就不会有和平。在民主国家，权力可以分散。如果这些国家仍然保持民主，那么权力行使将受到仁慈行使的责任与必要性的制约。让弱小的民主国家在重大决策中发表意见可以减少大国的不信任感。然而，联合国必须在未来继续作为主导权的核心。

但是俄罗斯会允许建立并扩大这种世界体系吗？因为在战争中遭受重创——为赢得战争付出了很多，俄罗斯可能会通过极端的领土扩张，维持对欧洲大陆的绝对政治主导权来保护自己。我们有理由希望俄罗斯本质上仍然是非扩张主义国家，只有当我们无法制定确保俄罗斯国家安全的计划时，俄罗斯才会坚持统治整个欧洲。最近的经验应该让俄罗斯接受使德国成为非集体主义国家的观点。

俄罗斯在推行西方国家的自由贸易体系时将会遇到诸多真正的困难。自由贸易（更别提外汇管制和垄断政策了）在存在集体主义的地区毫无意义。俄罗斯的对外贸易政策对其自身或其他国家来说并不重要。俄罗斯可能愿意避免歧视性垄断或买主垄断，大体上坚持平等进入市场和平等待遇原则。无论如何，俄罗斯对进入民主国家市场的兴趣与民主国家对俄罗斯贸易做法的兴趣相当。最糟糕的时候，民主国家会采取终极手段，即成立一家特殊公司与俄罗斯开展集体谈判与交涉。

关于俄罗斯的政策和西方民主国家的未来，德国是关键所在。德国必须裁军，并且必须无限裁军。人们希望在不对普通工业设施或产量广泛限额的情况下，德国可以实现裁军。德国政府必须实现彻底分权。普鲁士王国应该一分为二或多个政府，实行全面的土地改革。应该迫使德国废除所有的保护性关税（尤其是在食品方面），避免限额，出口和其他补贴以及专制的外汇管制；应该迫使德国执行严厉的经济制裁，解散卡特尔和联合企业，实行系统的工业分散化和企业控制的分权化。

这应该是强制和平的核心条款。除了将现有的工业设备转移到现在被占领的地区，强制条款中不应该突出赔偿。不应该肢解前希特勒帝国。在强制政府和工业分散方面，应该努力重建各级民主机构和负责任政府；应该向德国民众解释强制条款是实现这一目标的手段，应该向他们保证如果德国遵守并忠实履行条约条款，那德国就可以合理或自由进入民主国家的市场。只要斡旋的国家允许，德国就能平等进入其他国家的市场。应该从一开始就认识到履行强加的条约条款和确保重建负责任的民主政府，使德国有权重新在世界政府和国际事务中占有重要地位。

民主不可能再次成为重要的、先进的世界一体化思想，除非在国民技术熟练、受过教育、有教养的国家重建民主。虽然民主从未建立，但它在现代遭遇了唯一的挫折。世世代代压制德国和防止其重新掌权，就相当于限制德国的人力和物力，这很残暴，又缺乏成就感。作为世界秩序的捍卫者，民主国家最多会人力短缺。捷克共和国在中欧将再次发挥引领作用，俄罗斯会捍卫民主和世界秩序，法国会建成比以往更加安全和稳定的民主国家。短期乐观来看，德国仍是长期政策的关键所在。

如果我们认定英国和美国合理的战后经济政策，那么前景就非常明朗。我们将在强大的民主国家内部而不是外界找到悲观主义的重要理由。其他国家的发展主要取决于普遍的世界趋势，而我们可以决定这种趋势。但是英国厌倦承担过多的责任，只因现在实力不足，意愿不强。除了严重的危机外，美国是不负责任的。英国和美国都因激烈的权力竞争而导致内部分裂。如果最近的世界混乱局面使其他国家仍然能够接受明智的领导，那么它对民主国家的思想和行动产生的影响就是这些民主国家或许无法领导。

不乐观的前景不是美国的领导很糟糕，而是它根本不会领导。我们在解除侵略者武装方面援助缓慢，又沉迷于自己的慷慨大方，我们忙于制造国内混乱的同时会迅速退出世界舞台，让世界处于混乱局面。如果干涉主义者或参与主义者没有提出合理或明确的计划，没有达成根本共识，那么孤立主义者就会从战争停止那一刻轻松接管这一切。如果美国的世界参与支持者推迟和平计划，直到赢得战争，那么他们在政治上溃败后会进行他们自己的计划。

传统经济自由主义的特征是一项可行的和平计划。正如本章所述，该计划无疑是漏洞百出。然而，某项这样的计划为反对孤立主义的国内统一阵线提供了唯一有希望的基础，最大限度地减少了不同派别为实现团结和达成共识所做出的让步。该计划也阐明了利用国家权力建设国内外繁荣和持久的和平，逐渐降低并分散和平最初依赖的军事权力。

第十二章　货币、关税与和平*

国际金融专家很奇怪，作为务实的银行家，他们专门研究商业政策和贸易；作为商业政策领域的政治家与实践家，他们专门研究银行业；作为经济学理论家，他们讲究实际，脑中满是关于事物世界的奇怪知识，却擅长深奥的经济分析或争议。

如果可以轻描淡写的话，相比于其他应用经济学领域，国际金融专家深奥的知识水平确实很高，吸收了最优秀的经济学家和传统自由主义最聪慧、最坚定的追随者的智慧。但这种深奥的知识也给国际金融专家带来了严峻的调整考验。作为金融专家，他们与银行家被抛弃了，因为他们的健全财政观与这种深奥的知识相对立。作为商业政策方面的专家，他们与政治家和官僚主义者被抛弃了，因为他们的健全贸易管制观也与这种深奥的知识相对立。在国际金融专家的重要政治经济信条中，自由贸易比货币稳定重要，他们在政治讨论中接受了排斥或挫败，与此同时，接受银行家的错误观点又让他们自相矛盾。

国际金融专家没有与糟糕的商业政策和解，没有为愚蠢的贸易限制辩解，而是接受了糟糕的金融，并为之极力辩护。国际金融专

* 本文经《财富》杂志（1944 年 9 月）编辑的特别许可而重印。原文题为《美国手握王牌》，作者进行了修改。

家无法在这两个方面战斗，因此将一个社会理想化为部分良好的社会，在自由贸易方面表现良好，在世界银行体系的金本位制构建方面表现糟糕。在这种世界银行体系中，每一种国家货币都是部分准备金银行。因此他们融合了亚当·斯密最大的智慧和最严重的错误，并使之长期存在。亚当·斯密呼吁构建一种由自由贸易和最大限度货币不稳定构成的制度复合体。[1]

有人现在号召国际金融专家制定货币重建计划。正如预料的那样，国际金融专家对这种政治排斥的放松做出了积极的回应，甚至非常狂热。国际金融专家的方法自然是以超国家银行为核心，可能是好方法，因为人人都认可他们的观点，没有人假装理解他们详细的制度方法。国际金融专家自然会严格遵守对商业政策干预的禁令，他们向政治家建议的银行恰恰是英美的合理商业政策中最重要的一部分。

我们佩服国际金融专家的掩饰和妙计的同时仍会质疑他们是否相信这种把戏，他们是否谨慎避免强调政策之根本。如果只需要稍作改变的话，那么这种小聪明可能奏效。如果必须彻底改变英美的商业政策以扭转强大的世界潮流，那么这种变化不会带来任何好处。似乎不太可能发生实质性变化，但是负责任的研究者应该努力尝试。虽然机会渺茫，但仍是个机会，机会很短暂，除非能抓住机会。此外，机会渺茫不仅是因为公众产生误解，主要是因为除了政治可行性外，经济学家没有就应该怎么做这一问题达成共识。专家们聪明的行动计划只会阻止达成他们这种共识，也难以理解这种共识。

无论如何，这种观点可能会成为非专业人士更加直接地集中讨论货币问题的借口，货币问题必须表明其对和平的重要性。

国际货币稳定的主要需求仅仅是美元本身的内在稳定性，这是进行有前景的规划的出发点。当然，得益于大量贮藏黄金和巨大的海外投资潜力，美元将成为占主导地位的世界货币。[2] 如果美元在购买力或商品价值方面再次出现强烈的不稳定现象，尤其是关税不合时宜的提高或贬值导致美元贬值，那么世界经济秩序，大规模的世界贸易和国家在商业政策或实践中的适当行为都将无法实现。如果我们能牢牢地稳定自身的价格水平，防止通货膨胀和通货紧缩的反复出现，那么我们就能消除汇率合理稳定的主要障碍。这或许是我们为恢复有序的国际贸易做出的最佳贡献，也就是说终结专断的汇率管制(外汇的配给)、双边主义、歧视和国家对对外贸易的直接控制或政府垄断。

如果这种观点是合理的，那它应该在民主讨论和国际协商中得到重视，因为它不会提出国家利益冲突或“损害美国主权”的尴尬问题。参与主义者和孤立主义者都应该支持讨论中的这种政策，因为这对于国际和国内目标而言同等重要。国内经济需要稳定的美元，其他国家同样需要稳定的国际货币单位。我们在这件事情上为国家利益服务，也可以为国际秩序和重建事业服务，反之亦然。

很难认真讨论黄金在未来货币中的地位。所有基于黄金的货币讨论都有点愚蠢。黄金生产商和贮藏多余黄金的未来销售商对继续实行巨额补贴特别感兴趣。各国普遍需要阻止生产黄金过程中世界资源的浪费。然而，没有必要强调这一方面，因为只有南非对补贴非常感兴趣。世界不经济的范围相对较小。

如果这是阻力最小的一方面，那么我们必须重建金本位制。如果糟糕的宗教行为无伤大雅，那就没有必要去抨击它们。在传统的金本位制体系中，黄金的价值很大程度上取决于其对主要货币的兑换性，但是反之不然。货币兑换成黄金这一事实的实质是货币与货币之间的可兑换性。每一种国家货币都是部分准备金银行，这种银行的交替扩张与紧缩取决于世界货币银行体系中的不当行为。如同国内的部分准备金银行一样，这是不良举债经营的表现，会引发无法忍受的、累积的、自我恶化的通货紧缩。

当前，货币黄金几乎被一国垄断，它既是所有人的债权人，也是主要的国际借贷方或投资者。因此黄金价值只是关于美国官方的黄金价格和美元的商品价值，也就是说是关于我们的财政政策。如果我们选择的话，我们可以用黄金套住美元。想用美元套住黄金是不可能的，因为我们不可能将一列火车拴在守车上。

然而，为将黄金与美元无限捆绑，或许我们可以实行权宜之计，即毫无恶意的欺骗。除了迁就俄罗斯和加拿大之外，继续发放补贴可以让我们在下一场战争中得到南非的支持。其他国家可能更加接受镀金的美元（外观是黄金的美元标准），这有助于推动国际合作。实际上，如果我们有道理的话，我们应该努力促进这种合作，在我们自身的财政稳定方面寻求他国的财政援助，将美元打造成真正的国际货币，使得美元稳定成为多国的责任。此外，这些计策可以允许我们将诺克斯堡的黄金零散地交给其他国家，以换取更加实用的商品或进行高收益投资，即换取那些价值取决于骗术或法令的东西。[3]

尽管我们在战时财政方面的想法很愚蠢，但是战后美元可能仍旧坚挺，以其他国家所希望的确定汇率进行兑换。没必要将一种名义价值很高的国家货币强加给全世界，以此来羞辱其他国家。我们可以显著降低黄金价格，可以使用另一种降低关税的方法，即废除保护主义。这种做法作为一种货币调整手段，同样令人满意。此外，这也让我们避免了对特定行业无差别补贴的政治腐化做法，也就是说这将终结最糟糕的联邦选票互助和贿选的腐败现象。如果我们出于军事或竞选目的保留这种补贴，那么这种补贴应该全部变成完全直接的补贴，应该作为由一般收入资助的拨款和开支问题来公开处理，即对低收入所得税免税而不是对消费者隐蔽征收累退税。共和党人长期进行隐蔽补贴，谴责公开补贴。由于共和党人提高关税导致货币屡次贬值，因此他们谴责提高黄金价格。由于货币占主导地位，因此我们有机会清除两党过去所犯的错误，通过降低关税和终止两党新的公开补贴（例如向农业进行补贴）和传统的隐蔽补贴，以改变货币贬值的情况。[4]

按照这些方法，我们可以同时实现相对固定的汇率和稳定的国际货币。就一般价格指数而言，我们可以实现本国的货币稳定。我们应该将联邦债务完全兑换成公债（永续年金）和货币（即期债务），提高所有私人银行的法定存款准备金以阻止货币增长。试图快速偿还公债的同时，我们在面临通货紧缩的威胁时应该坚定地将公债兑换成货币，在发生或即将发生价格通货紧缩时应该通过净发行公债来吸收货币。这意味着大胆追求传统的公开市场政策，但是要由财政部采取直接行动或财政部的分支机构——储备银行采取行动，虽然这些方法应该视为次要的或临时的措施。我们应该在联邦财政收入和开支的相对流通变化中实现货币稳定。如果必然会发生重大变化，那这些变化的主要形式应该以联邦开支的相对稳定流通为主。如果个人所得税是我们主要的联邦税收，那么提高和降低个人免税就可以实现合理的变化，虽然部分变化是自动发生的，而且无须改变边际税率或等级税率。

鉴于这种国内财政政策和国内有效的货币稳定，我们将为世界提供美元标准，它可以伪装成金本位制。鉴于最初适当的汇率，其他国家愿意坚持这一美元标准。由于高度有组织的私人外汇市场中的期货交易不受管制，各国或集团对其货币实行内部财政稳定或许比稳定的美元和固定的汇率更接近理想的计划。然而后者是一种更可实现的制度，或许将消除固定平价中的顽疾。就合理的国内价格一般指数而言，根据合理指数的本质，稳定的美元实际上就是稳定的国际商品交易。因此国家经济逐步微调是国际需求与资本流动的结果，很容易实现，无须通过工资水平或收入体系中“经典”的变革方法来过度拖延。大幅动荡（和最初错误的决心）必将导致汇率的交替，但是我们不希望在和平的世界中货币出现大幅动荡。如果和平条件不充分的话，必须实现货币稳定，推行合理的商业政策。

在这样的政策框架内，凯恩斯计划和怀特计划开始变得言之有理[5]，可以向困惑的参议员或商人解释。这些计划，尤其是怀特的计划，根本不是真正的货币计划，或者说作为货币计划，这些计划就像是没有丹麦王子的《哈姆雷特》。这些计划是合理构想的商业政策计划，旨在有序恢复良好的贸易惯例。尽管这些计划过于关注资本外逃，要求健全的外汇管制，但它们旨在废除外汇管制和政府的外汇配给，因为这是30年代制订的糟糕计划。如果我们为各国提供可用贷款或透支贷款，如果我们通过国际制裁使得适度贬值可以接受，那么我们就可以延缓双边主义和极权主义贸易的复苏，直到货币秩序和商业行为准则有可能普遍存在。

这些权宜之计是否值得一试主要是美国是否会负责任地处理世界货币和美国在商业政策方面的做法是否得当的问题。美国担负的责任的最佳预言就是彻底减少关税壁垒。至少，美国必须逐步减少关税壁垒，避免增加关税壁垒。

还有一个糟糕的英国政策问题，尤其在双边主义、卡特尔以及帝国特惠制方面。由于英国人在与我们谈判时处于劣势，以怀疑的态度估计我们负责做事的意愿，因此英国人可能会得到他人的同情。我们的关税水平至关重要。如果我们坚持排斥进口，无论多么公正、多么多边化，我们都不希望通过其他国家来恢复平等待遇（最惠国待遇的做法），或者防止双边主义死灰复燃。由于我们承诺全面减少贸易壁垒，我们可以很容易地让英国摆脱双边主义和专断的贸易管制，得到英国自治领的赞同。如果我们没有尝试这么去做，那么英国也有可能倒退为极权主义的对外贸易，即使不是彻底的集体主义。这或许最容易让我们失去和平。我们希望英国人会巧妙地谈判，并且在谈判过程中不会被其为英国孤立主义的辩解所说服！[6]

只要我们做出适当的让步，就有可能换取英国政策。只有当假定我们拒绝改善商业政策时，前景才会令人担忧。如果只是基于国内政策的话，应该进行改善。我们通过其他人的让步为他们赢得的只是充足的地方收益之外的奖金。我们应该认识到激进降税导致的暂时混乱目前不太重要，无论如何，从战时生产到和平时期的生产，我们都必须彻底重组。为负责任地参与世界经济而重组要比为实现经济孤立和不负责任而重组更容易。

降低黄金价格，甚至完全消除1933年糟糕的贬值影响或许会赢得美国保守派的大力支持。聪明的领导人应该明白降低关税有可能实现同样的目标，在国际上产生同样的影响。如果必须收买某些少数派，出于军事考量必须做出让步，可以利用直接补贴来实现这些目标，同时希望，作为税收收入的直接开支，这些直接补贴不会持续很长时间。因此可以把保守派对1933年行动的忿恨当作一个正当理由，可以让保守派认识到关税提高和贬值是一样的，他们反对补贴也是在反对保护主义。

更好的做法是向保守派证明我们在自由贸易和政府垄断对外贸易之间做出真正的政策选择，他们反对联邦集权和干涉商业就是反对政府操纵或管制私人对外贸易。如果没有被迫接受令保守派讨厌，与自由主义、个人主义或自由企业制度不符的其他政府经济政策，我们不会对私人进口进行传统的联邦干涉。如果没有迫使他国，甚至其盟友更加极权地管制他们的贸易，并且因自身别无他法而被迫采取此举，那么占主导地位的国家经济就不可能维持贸易保护主义。我们可能希望无差别的保护主义和平等的国民待遇（即使不是纯粹的术语矛盾，这也是空洞的概念），但是全世界不会让我们如愿。我们可能希望国内实现自由贸易和自由企业制度，不希望集体主义式管制国内的经济生活。但是，全世界不会给我们提供这种可能性，除非我们制订宏大的自由贸易计划，确保我们自己的制度可以生存。在完全不同的世界背景下，美国不可能坚持成为一座经济个人主义的孤岛。制度孤立和军事孤立一样，是不可能的。

确实要废除美国的贸易保护主义，因为它对于未来是完全不切实际的解决方法。如果我们试图维持贸易保护主义，那我们自己会发现畸形的制度完全不适应其所处的世界环境。正如不必要的通货紧缩和之后作为最终催化剂的黄金政策一样，贸易保护主义会迫使其他国家采取完全不同的商业政策计划。这种商业政策计划进而会产生根本性变革。占主导地位的国家在自由贸易和贸易保护主义之间不存在持久性问题。真正的问题是一个更加极端的划时代的选择，即自由的对外贸易和国家集体垄断对外贸易之间的选择。当然，如果保守派知道必须建立联邦当局来管理我们在海外的购销业务，并且阻止所有私人参与这类合同的谈判，那么他们会否认国会通过关税操纵贸易。让保守派认真考虑一下进出口公司，它为进出口交易制定全部条款，保守派会认识到进出口公司实际上是行政机构，不顺从于法治，不受法律管制。

其他国家在半歧视、半集体主义管制方面不会追随我们，因为这种管制是一种关税保护主义。美国实现贸易更加自由的另外一种方法就是恢复双边贸易、配额限制和外汇管制，这将在各个国家贸易当局中得以巩固。如果只考虑防卫必要性的话，各国可能将对外贸易操纵为国家垄断-买方垄断。甚至由于过多的保护主义限制，私人竞争贸易本质上是一个和平的生产过程，有助于促进劳动力经济分工，普遍提高实际收入。另一方面，国家垄断的集体主义贸易本质上具有剥削性，是一种权力竞争，最糟糕的解释就是帝国主义会导致各地的实际收入下降、军国主义崛起。如果再次爆发这种经济战，那么任何国家都可能卷入其中。如果我们作为主导国家，让世界照此发展下去，那我们也必须照此发展，组织起来应对全球经济战，即使只是为了维护各自相对权力的安全。我们的对外贸易必须实行全国统一管理，以满足其他地方的这种管理要求，确保我们享有政治经济的胜果和附庸国的经济。

为提高效率，我们也必须管制国内经济，这无需多言。全面战争，无论是军事还是经济，都是高效的战争。与其他的有力竞争者相比，国内自由贸易将会，或者必然会与充分发挥我们的国家贸易垄断相矛盾。

根据战前发展形势和纳粹的贸易方法来考虑这些可能性的话，我们会意识到我们以前基本上不曾拥有过真正的国际组织。我们现在明白过去一百年的英国霸权不仅终止了大战，也建立了主要的机构组织以维护和平，尤其是在商业政策领域。这种组织体现在各国相互克己的法令中，虽然存在关税，但这些禁令保护了自由贸易精神。商业政策必然有利于少数强大的民主国家，但是未在权力竞争中得到广泛且公开的运用。和平与战争都有各自不同的规则。先前的规则得以遵守或许是因为这些规则制定得并不准确。世界重建的首要任务就是重建曾经遭通货紧缩摧毁的国际商业组织，隐含在国家禁令或克己法令中。

这种观点没有反映出经济决定论的任何思想，也没有通过与社会哲学与文化史研究者的观点相比较来过度强调商业政策。纵观历史，经济立法发挥的作用很小，缺乏独创性。经济法在决定社会根本价值观上产生的影响微乎其微，比如说它对一种语言的结构与演化的影响。与阿德勒不同，负责任的经济学家对描绘可能发生在天国或地狱之前的千年战争和休战过程并不感兴趣，正如他不关心国家委员会和大多数的经济学家感兴趣的纯粹预测或政治权宜之计一样。

然而，经济政策是政府行动的主要方面，是讨论后采取行动这一民主进程中讨论的焦点。这的确是我们作为公民的主要职责，正如创收活动是我们的当务之急一样。此外，这也是个人主义和极权主义之间意识形态冲突的关键领域或边缘领域。如果我们的经济陷于这种状态，如果政治再次囊括经济，那么国家实际上就是社会，不是其有用工具。我们自由的其他领域或方面不能有效防御权威，除非我们在经济自由前线必须作为整体，并且遭到严重破坏后迅速加固的领域进行纵深防御。人们在声称他们需要前线的过程中必然不能低估这些防御。

最终和平的破裂主要是经济崩溃，是经济政策失误的后果。与国际行动失误相比，国内经济政策失误本质上或一开始并不少；与参与主义者和乌托邦主义者的失误相比，孤立主义者和沙文主义者的失误并不少。主要原因只是无知和愚蠢，愚蠢的作为和不作为，不是糟糕的动机和错误的价值观。否则，信任就意味着成为不切实际的规划者或是独裁者，不相信民主的社会进程是解决大事的途径，如果连精心规划和政府行动可以解决的小事都处理不好的话。

如果我们只是不希望股市崩溃，引发美国长期严峻的通货紧缩，也就是说如果我们采取适当的财政措施以确保 20 年代美元的稳定，那就可以回想一下 30 年代发生的情况。如果不是出现严重的倒退，20 年代的世界本可以取得巨大进步，进行国际重建。希特勒和国家社会主义原本是德国民主初期发展或巩固的荒谬之事。一个半世纪之后，法国大革命原本可以在合理归化民主进程的过程中挽回声誉。俄国同样在寻求民主化的捷径，到现在为止原本可以改变权威主义，开始真正引入自由的政治制度和体制与机械式工业组织。谁能说清楚和平本应该持续多久或者否认和平原本会更长久呢？持续更长久，难道是说和平原本不会持续长久吗？[7]

这些乐观的假设猜想过多时，就会变得更不合理。没有必要说这个国家采取合理的财政-货币措施本来会带领全世界进入良好社会。然而，有人一直认为30年代初期的微弱影响最终可能产生巨大的影响。除非遭到误解，否则很容易实现的货币稳定原本就是这种重要的微弱影响。

无论如何，30年代说明了：(1)美国的通货紧缩、贬值和高度的贸易保护主义无益于世界秩序；(2)与极权贸易相比，这些手段是有组织经济战争的无序世界中糟糕的经济军事防御工具。也说明了：(3)货币政策和贸易管制是同一事物的不同方面，虽然理论不同，但是在实践中并无不同。

贬值如同提高关税（加上出口补贴）一样。相对的通货紧缩是一种贬值形式，通常很有效，但可能会恶化为绝对或普遍的通货紧缩，就如同普遍的通货膨胀一样，是一种政治经济病。在过去，贸易管制分散，缺乏共同采取财政行动的国际组织，政府的货币责任遭到误解，这让整个世界成了通货紧缩的受害者。英国货币权力虽小，但英国可以很好地管理黄金或纯银标准，如同英国凭借较小的军事权力维护世界和平一样。二战结束后，美国掌握了经济霸权，虽然手握大权，但是管理得很糟糕。

我们没有任何理由再次惨败。我们的货币权力过大。在这方面，我们作为世界银行家，不会面临英国出现的旧疾。我们只需要在国内实现美元稳定，通过未补贴的出口和未被限制或未被操纵的进口，有时还需要保持自由的国内市场，在职能少数派或生产商集团、施压集团“政府”中实施合理的商业政策，使得美元自由兑换成商品。为此，自由的对外贸易是最佳途径。[8]

美国的保守派和自由主义者手握全部王牌。如果只有这些人说的有道理，那么他们就能轻易赢得和平；但是未遭反对时，他们就毫无道理可言，表现得像疯子，因为对他们的世界构成了某种威胁。这些人提出的整个制度综合体——私有制、私人企业、不张扬的重要政府和系统的权力分散，主要取决于自由贸易和稳定的通货。他们反对降低关税和反垄断诉讼，要求在通货紧缩期间减少赤字，战争期间增加赤字，支持在其表现最糟糕的领域（例如对外贸易、煤矿和转售价格维持）对商业实行政府监管或管制，大声谴责那些必要的、合理的或无害的重要领域（如财政-货币稳定、原油提炼和公用事业领域）。无法抵抗集体主义风险。如果自由企业制度被摧毁，那是因为其未来维护者愚蠢地铲除了它的根基。

鉴于长久和平，这种摧毁原本持续很久，以至于无法终止。如果集体主义没有过早地引发全球战争，那它可能由于对手缺席即通过被误导的敌人无意中的合作而大获全胜。

错误的军事推测为英美的民主进行内部整顿创造了机会，将其重建为一种普世运动或信仰。这是一次令人振奋、有挑战性的机会，我们应该珍惜，因为我们曾经失去了，可能很快再次失去。要抓住这种机会，就要在很多政策方面采取明智的行动。有人会质疑加快国际政治组织的缓慢发展的宏伟计划，但是如果最近的慎重行动这等小事没有错误规划或失败的话，那就不应该质疑这种干大事业的民主社会进程。

战后经济政策令人振奋的是这种政策潜力无限，以及这种局势创造的广泛的行动自由。现在不应该抑制人们对微薄的既得利益的普通关注。这些既得利益在工业向战争过渡的过程中遭受了重创，在向和平过渡的过程中又会不可避免地再遭重创。无论如何，工业投资必须实行大规模再分配，可以调整工业投资以适应各种政策框架。战时转变很困难，赢得和平也有些困难。一些生产商集团过于弱小，无法在自由外汇的环境下生存，不应该允许他们阻挠合理的国家重建和国际重建。

一种有希望的情况就是必须全面重建货币。里程碑和传统关系不复存在或鲜为人知。剩下的就是美国的黄金价格，这本身就是最近的一次改革。我们必须决定价格水平稳定的领域，正如许多其他国家一样，必须决定自身货币仍然存在的领域。必须重建整个汇率结构，进行试验，然后至少通过逐渐的再调整，实现再次重组。我们可以降低黄金价格或降低关税，或使用这两种方式使得美元在国际上不断升值。从美元角度来看，如果我们让美元彻底升值，那就可以将纯银和其他外国货币的价格水平定得更高；如果美元没有升值，那就可以将纯银和其他外国货币的价格水平定得更低。如果我们继续实行贸易保护主义，其他国家在确定平价时必须获得较低的货币美元价格。如果我们废除贸易保护主义，那么我们可能会要求较高的美元兑换汇率，例如纯银需要更高的美元价格。这将防止我们过度进口，同时刺激出口。[9] 如此看来，问题不是贸易保护与无保护相对，只是对合理汇率的统一无歧视保护与这种保护和政治选定的生产商集团专制歧视保护相结合的做法相对。如果我们继续通过关税或补贴来保护某些行业，那我们在调整汇率的过程中必须承认对其他行业的保护力度较低，对我国出口商的平价不太有利。[10]

此外，在这种灵活的行动与协商框架下，在我们拥有巨量的黄

金储备的情况下，降低黄金价格和降低关税都不需要让我们在国内货币–财政政策方面感到尴尬或受到限制。更自由的贸易将采取旨在实现国内广泛就业的财政政策来干涉该国，这一观点已过时，现在成了一种误导人思想的知识取向。我们可以在自己喜欢的领域稳定价格水平，期待其他国家接受对其合理的汇率调整。即使这些调整相对削弱了美元（实际上是一种不可能的应急之策），最糟糕的情况也不过是用多余的黄金换取有用的东西。这一过程只会提高其他领域的价格水平，与汇率和我们的价格水平保持一致，不需要降低价格水平以防止我们的黄金过度流失，如果可以想象到或定义过度流失的话。

美国在商业政策方面采取负责任的行动的具体计划非常明确：(1)我们应该将黄金维持在原来的价格，至少维持到我们用尽其他各种降低黄金价格的方法时。(2)我们应该改变1933年的做法，不是降低黄金价格，而是降低关税和废除关税保护——在只有替代性保护不太糟糕的情况下取代明确的补贴。(3)我们应该慷慨执行简化版的凯恩斯计划，以促进新货币机构的发展，促进由经验所决定的最初的试验平价有序更替。(4)我们应该在稳定价格水平的财政任务方面与其他国家进行广泛合作，确保主要货币的商品价值保持合理稳定。最后一点，也是全部相关协商的基础，那就是我们应该在战后或者恢复后决定国内价格稳定的水平，然后与其他国家就此决定进行沟通。

按照这些方法，我们可以实现更合理的世界秩序和更强大的美国，避免国内个人主义的严重风险，避免在集体主义或国家主义的世界中被孤立。

第十三章　贝弗里奇计划：一种毫无同情心的解释*

贝弗里奇撰写的《自由社会的充分就业》(*Full Employment in a Free Society*)[1]是一本有影响力的小册子。贝弗里奇名义上是自由党人士，在许多观点上却是激进改革者，在语言上又是自由论者，他的这本小册子可能预测或主要决定了英国战后政策的进程。这本小册子高度结合了第一版《贝弗里奇报告》[2]与《充分就业的经济学》(*The Economic of Full Employment*)[3]中的观点。贝弗里奇在寻求一套国家经济财政计划以适应他提出的高昂计划时，他在牛津研究所，在严格管制经济和极端经济民族主义的超凯恩斯主义计划中找到了这种计划。布尔夏特、卡莱茨基、舒马赫、沃斯维克，巴洛夫以及曼德尔鲍姆等六人的学术研究对贝弗里奇来说是现成的，如同附录中卡尔多的精彩报告一样，它为贝弗里奇的小册子提供了量化框架。在贝弗里奇不熟悉的内容方面，这本书似乎是由卡尔多和六位经济学家所著，尤其是卡莱茨基和巴洛夫。

贝弗里奇爵士再次号召英国人对抗贫困、疾病、肮脏与愚昧。贝弗里奇承诺会尽早消除贫困、疾病、肮脏与愚昧，不牺牲基本自

---

* 本文经《政治经济学杂志》(第53期第3卷，1945年，第212—233页)授权重印。

由，不会提高战前税收。贝弗里奇也承诺英国会实现繁荣，掌握权力，不需要依靠海外盟友。

这项计划可以总结如下：

> 提高社会保障金和儿童津贴，稳定消费以消除贫困。
>
> 集体开支，以确保所有人的住房、食品、燃料等其他必需品价格稳定，确保国民医疗服务体系不收取治疗费用。
>
> 国家投资委员会应鼓励并监管私人投资，确保整个过程稳定的同时恢复并扩大本国的机械设备规模。
>
> 拓展工业的公营部分，以扩大直接投资稳定的范围，将垄断置于公共控制之下。
>
> 根据人力数据编制国家预算，每年要确保总开支足以建立对本国整个生产资源的需求。
>
> 根据国家计划控制拥有全权的工业区划（包括运输系统）。
>
> 实现有组织的劳动力流动，防止无目标性流动，兜售劳动力，误导未成年，必要时可以促进劳动力的流动。
>
> 有节制地营销主要产品，以最大限度地稳定海外需求。
>
> 国际贸易协定建立在多边贸易三大根本条件的基础上：充分就业、国际收支平衡以及经济政策稳定。

这项计划的确是项大胆的计划。在国内，英国将为其战前无法解决的一项福利计划融资。在国际上，即使不是公然挑衅，英国都将坚定地走自己的道路，不会理会美国。

这种方法存在什么问题吗？如果有人喜欢将德国的战前计划

视为一种国家生活方式，如果英国足够强大，可以摆脱它，那么这种方法没有什么问题。显然，德国当局的错误只是针对战争而不是福利。投机的英国人并非像30年代那样缺乏自信，而是非常狂热地敦促英国接管德国人的游戏，向世界展示游戏规则。英国会调动并集中其经济实力以完善自身的贸易条款，吸收卫星国来构建牢固的英镑货币区，让自身和成员国免受不稳定的非计划经济体的影响，也就是说不受美国的影响。

贝弗里奇对集体主义问题与个人主义问题漠不关心。有人声称这项计划同样适用于社会主义和私营企业，这话似乎很虚伪。任何明智的规划或宽泛的政策措施必然旨在实现某种体系和排他主义目标。必须和规划社会化一样，谨慎地规划自由市场管制（实际上，要更加谨慎）。可以（必须）合理规划国家、省或地方在特定经济领域的社会化，例如创造资产流动性、保险和年金保险、公用事业、健康、教育等领域，以及合理规划其他领域的自由市场和自由企业。贝弗里奇的计划在所有重要方面都是集体主义的，他的中立态度只体现在他的语言中，如果私营企业可以生存的话，那么他也愿意容忍私营企业。

他会授予中央机构强大的自由裁量权，会建立经济事务方面的管制机构，服务于最具权威的政权。另一方面，无法强制竞争[4]以促进新企业的发展，或减少具有垄断规模的人为经济（例如纯私营）。要保护并不断强化卡特尔体系。名义上保护了私人收入管理中的自由，但只是在对主要消费品实行重罚（消费税）和高额保险费（补贴），以及设定价格上限和配给的框架下。在这个不合理的框架下，也会有名义上的经营和投资自由，但会受到下列因素的影响：

对主要商品自由配给，对贸易区进口商品随意定价，对出口商品直接补贴，由拥有限制特定行业或地区投资的广泛权力的国家投资局颁发许可证。价格上限和政府企业（获得补贴）不仅能够削减盈利行业的利润，也能够迫使在颓败行业（出口？）中增加投资或降低成本。卡特尔必须合理、相互合作，否则其行业必须被社会化。工会绝不能因工资率过快增长而罢工，否则工资必须由政府决定，[5]就这么简单。

如果私营企业（除了在少数行业）缺乏竞争力，那么贝弗里奇似乎能够容忍私营企业，即服务于中央机构的辛迪加。如果只是为了避免竞争性过度投资趋势的话，自由企业中混乱的权力分散必须得到纠正。只要重要行业未被统一管制，这种趋势就会持续下去。英国企业家，即使没有倒闭，显然也会比那些食利者更快衰败。对把冒险者和股权投资者从食利者手中拯救出来的自由主义计划来说，这种结果很糟糕。

货币–财政政策

贝弗里奇含蓄地将货币稳定等同于规划，因此隐瞒并混淆了有关规划的重要争议问题。贝弗里奇批评的“未计划”经济是一种缺少合理货币体系的自由市场经济，即经历无限累积的通货紧缩并且在制度上无法抵御的经济。因此贝弗里奇为改革拨专款，这项改革对自由主义者的自由市场良好运行至关重要，与他的方案不同，这项改革要求不能背离法治。货币稳定可以且应该在明确的法律–宪法的财政政策规则下实现，基本上不依赖有自由裁量权的当局。

规则或法律与当局之间的区别是真正的规划问题的实质。自由主义者和集体主义者的计划需要彻底的金融改革这一事实模糊了这一区别，自由主义者的计划比集体主义者的计划更明确、更具体。规划者管制价格水平的方式是胡乱干预，在细节上很天真或似是而非，在全局上具有革命性。自由主义者会彻底改变私人金融结构，节约干预成本，在关键细节上清除不合理的旧体系。那些扩大并巩固法治的人可能比那些摒弃法治的人更加激进。诉诸有自由裁量权的当局可以变革我们的政治经济体系，但似乎不可能改变它。

旧的货币–财政–银行体系通过某些方式提供必要的流动资金，而得到许可的公司财务的最低标准会阻止这些方式。此外，旧体系依赖具有自由裁量权的当局（中央银行），而贝弗里奇与其他规划者现在会增加并慷慨地授权于这类机构。财政、银行业和公司财务方面进行渐进而彻底的改革被视为一种反集体主义计划，旨在：(1)集中其所属领域的发行权和借贷权（例如政府或财政部，它们都可以独自创造真正的资产流动性），关注行使发行权和借贷权的责任；(2)根据明确条理的财政实践规则确保货币稳定，这会降低权威的授权、减少深入干预、减少困扰竞争性私营企业的货币不稳定性；(3)将私人金融企业局限于动员并引导股权投资的业务中；(4)最大限度地实现自由市场管制相对价格，并且通过价格来控制相对生产与消费。

贝弗里奇对改变金融结构或关注财政权行使中的政治责任不感兴趣，也没有提出任何行使权力的规则，除了浮夸的充分就业规则外。而这一规则根本不是工具目的。充分就业是一个有价值的目的，应该制定工具目的、政策规则和法律来服务这一目的。将充分就业定为规则就是不顾民主进程，通过当局而不是立法机构向政府提供建议，尽管这可以实现这一目的。贝弗里奇反对通货膨胀，也反对通货紧缩。稳定的货币只能通过非法途径流入，这不是作为一种方针或最近目标，而是一厢情愿的事后想法，或许是直接管制的借口。

贝弗里奇指出，货币稳定是不充分的。这也是一条特别的自由主义信条。贝弗里奇指的是财政政策必须经受得住持续的通货膨胀压力，而不是整体稳定，以至于通过相对价格进行管制被直接自由管制相对价格和消费、生产与投资所取代。由于存在财政赤字，英国经济将遭受持续的通货膨胀压力，非财政手段又会抑制持续的通货膨胀压力。自由主义计划将使用财政手段实现货币稳定，然后处理其他问题。连同估价过高的英镑，贝弗里奇会使用这些财政手段扩大当局具体干预的范围，或者正如他所言，扩大强加社会优先事项的范围。这是标准的集体主义方法，为了消费商品、工业材料和投资许可，使战时不可避免的情况——对外贸易垄断和国内配给变成了和平时期的美德。因此让充分就业的目标服务于其他目标，即更有利的对外贸易条款（国家垄断-卖主垄断剥削）、经济帝国主义、严格的禁奢管制和政府对新投资的管理。

凯恩斯主义模糊了货币发行与政府借贷之间的差异，即只顾流通量而不是存量，这使得整个货币理论令人费解。银行业流程简直是理所当然的。政府必须完全决定利息，防止利息上涨，逐渐降低利息，每年降低 0.05%，用六年左右时间降至 0。

所有这些观点和提出的方法[6]都会让读者感到困惑，直到读者找到诀窍：英国的债务将完全货币化。要以平价维持债券强劲的资产流动性，即保证债券不受货币贬值的影响。债券将具有货币的基本属性，外加一些利息和临时增值的政策保障。因此这种利率变成了纯粹的贮藏费。这项计划旨在促进私人投资，通过向政府债券投资者提供私营企业无法提供或假装提供的流动资金来限制利率，没有太大风险。我一直都不欣赏格塞尔-费雪-达尔伯格的计划。如果我们必须征收贮藏税，那就逐步提高价格水平。虽然有风险，但这是唯一有效的手段。就征收贮藏税和贮藏补贴而言，贮藏补贴除了操作容易外(甚至很愚蠢)，毫无优势，唯一优势就是抑制私人投资(和消费？)，从而为庞大的国家开支创造必要条件。

我认为政府借贷总是错误的，是一种财政错误或历史性错误。民主似乎在道义上无法对支出进行征税时，可以原谅战时紧急情况下的政府借贷。在这种纵容下，债务应该很快就可以得到偿还。应该保护借贷权以应对紧急情况，以便在战时应对偶尔发生的持久战。否则，我们会破坏应对通货膨胀的最后一道防线，有时在经济萧条时期会导致难以解决的漏损量。应该使用公债或永续年金保持债券尽可能地不流动，为公开市场操作提供最大的损益杠杆。政府不应该在萧条时期供应额外的债券，而是应该尽快收回债券，这时要以最快的速度偿还债务，即货币化债务。凯恩斯主义关于繁荣时期的观点是正确的：应该减少利率(公开市场)措施，应该增加税收和减少开支。[7]

贝弗里奇和他在牛津研究所的同事将债券问题等同于货币问题，并将公开市场操作转变为永久的入价与出价等值，以回避整个债券与货币问题。如果债券未被申购，那么就建议筹措预付款，以提供充足的准备金，因为这可以催生额外的认购。如果债券被过度申购，那么应该降低利率。没有必要担心债务问题，因为利率降低的速度快于债务增长的速度，很快就会降到0。

如果忽视作者及其同行从30年代的德国所吸取的经验教训，那么人们的第一反应就会想到英国人像1923年的德国人一样涌入资产领域。全面的外汇管制将会防止外国货币或债券的流入。即使不是完全受到工会的阻止，产品价格上限和配给、材料分配等也会阻止国内股权或工业产权的流入。在投资委员会的帮助下，同样可以阻止实际新投资的流入。这就只剩下了消费和消费者资本，而配给将会阻止消费与消费者资本的流入。因此债务政策补充了预算政策，通过货币存量和流通量制造通货膨胀压力，进而扩大“社会优先事项”的范围。资产流入不再是一种自由，变成了一种罪行。

因为政府可以轻易确定“利率”，要求贷方不牺牲资产流动性，所以贝弗里奇极力解释政府为何不应该迅速将利率将到0。次要原因是这会给旧债券持有者和不动产持有者带来意外收益；主要原因是这会过度干扰私营银行和保险公司，这与汉森的看法一致。因此贝弗里奇将逐步继续下去，以保护这两种对自由企业、自由市场体制根本不重要的私营企业，即使与之不矛盾。此外，我们发现贝弗里奇主张的债务政策实际上是100%准备金银行业务，随着过渡性补贴的减少，如果不延伸到其他的债权人，那么这种债务政策将会相当合理。[8] 现在美国也有人支持他的债务政策。

卡尔多的方法

本书最精彩的部分就是卡尔多对国民收入与开支的分析与预

测。我不能对他1948年的统计估算妄自评价，但是这些统计估算是有效的，很合理，尤其是如果这种统计估算变成对货币扩张的猜测的话。面对提高实际收入，提升资产流动性的需求时，货币扩张可以实现价格水平的稳定。

卡尔多分析了1948年实现充分就业的三种主要“方法”：(1)1938年征收各种税，同时扩大国家开支；(2)随着收入与开支的增长，预算实现平衡；(3)1938年的“实际”开支，统一减少1938年的全部税款，即因税收而增加的私人开支。为适应战时劳动力成本的上涨，1948年的价格水平应该比1938年提高33%。

方法(1)估计要求2.3亿英镑的赤字，方法(3)要求3.4亿英镑的赤字，方法(2)要求收入与开支都增加10亿英镑(第18条和第36条议案)。这些估算包括1.3亿英镑的对外贸易逆差，要通过限制进口和扩大出口来消除这种逆差，方法(1)估算的必需赤字为1亿英镑(而不是2.3亿英镑)，方法(3)估算的赤字为1.6亿英镑(而不是3.4亿英镑)(第47条)，因此突出了对外贸易问题。卡尔多给方法(2a)(增税限于直接税)和方法(3a)(减税限于间接税)做了估算。我认为卡尔多夸大了方法(1)与方法(3)(2.3亿—3.4亿英镑)之间的长期赤字差距，低估了方法(3)和方法(3a)(3.4亿—2.85亿英镑)之间长期的赤字差距，高估了公司收益和国民收入增加所带来的储蓄的长期增长。[9]非凯恩斯主义者想知道如果通过发行不含贮藏费的债券来融资，那必需赤字会是多少。如果政府债务主要是公债，适用于扩张偿还，即超预算从糟糕的货币替代品变成实际货币，那么整个形势会是多么不同呢？

一些读者，即使不恼怒，也会对方法(2)的估算而感到惊讶，因为方法(2)似乎是对现收现付制的讽刺。解释上付出的努力可能是合理的，因为我们可能会在这个国家看到很多这样的统计。我认为他们真正估算的是当实际收入增长时如何维持这种价格水平，而不会导致货币量增长(或债务的货币性)。很少有预算平衡者会考虑到这项艰巨的任务，过去也没有做过。在过去，平衡预算的政府只是把扩大货币供应的任务交给了银行，首先是纸币，后来主要是银行存款。出于历史偶然和及时扩散的问题，银行勉强能够承担起责任，随着实际收入的增长来提供额外的流动资金，但是断断续续，时而崩溃。银行提供的是虚假的流动资金或货币，短期波动是不合理的，无法满足或偶尔能够满足长期的需求。

我们中有些人认为私人银行的整体发展反映了政府政策的根本错误，一开始在制度上就不正常。然而，银行逐渐持有政府债券，类似于现金的债券补充其现金准备金时，这种异常情况不易察觉。健全的商业银行业中的传统规则需要信用货币，信用货币取决于资产流动性最弱的资产，尤其要遭受突发的累积性通货紧缩。现在，甚至在这个国家，信用货币也主要取决于政府债券，萧条时期债券价格会上涨，资产流动性的需求会增加。银行在流动资金方面总是依赖财政部(或作为美国财政部分库的中央银行)，因为只有政府能够提供这种流动资金，但是根据银行的资产和负债的性质来看，银行现在主要是财政部的分支机构。

对接受或认为银行业情况理所当然的人来说，即使没有证据表明财政腐败，政府发行通货似乎本身也不合理。这些人认为政府应该只通过借款支出，即充分扩大其债务以减少吸收银行的债券，来提供防止通货紧缩的流动资金。

凯恩斯主义者假设新发行的政府债券会因此被吸收，并且只能以这种方式提高资产流动性。这种颠倒性规则有一定的正确性，即政府应该在萧条时期借款，不应该在繁荣时期借款。诚然，企业不再需要资本，不必承担通过银行持续融资中产生的自杀性风险。反过来，银行不愿意按条件提供商业资本，因为在其他债权人和先前的债权人可以强制执行其债权前，这种条件阻止了他们进行清算。庆幸的是，提高资产流动性的传统手段过时了。如果我们必须依赖部分准备金银行的扩张来提供有效的货币，那么显然无法阻止通货紧缩，只能将债券放入银行——放入中央银行以增加准备金，放入私人银行以增加存款。[10]

如果其他人无法购买出售给银行的政府债券，那可以将这种体系简单理解为一种对资金仓储与转移服务的补贴。实际上，债券既可以提高资产流动性，也可以降低资产流动性。向银行出售债券就是注入新货币，向他人出售债券就是提取货币。这种本质上令人困惑的做法促成了这类著作有关金融的观点。

卡尔多并未过多参与他的同事那些不可信的分析或夸张的政策建议。但是有一个例外值得注意：

一般，如果收入分配结构发生的巨大变化是合理的，那么直接解决这个问题会更好，即迫使生产商以相对于成本较低的价格出售，而不是通过税收改革或税收与补贴相结合的方法间接解决。这么做的主要原因是很难制订出一种计划，能够确保之后向利润高征税不会对激励措施和就业产生不利的影响。直接自由管制对激励措施的损害小于税收(收入)，这的确是一种奇怪的观点。

如果说卡尔多的估算证明银行货币扩张可以在稳定的价格水

平上为提高生产融资，而且就方法(2)而言，这种估算说明随着实际收入的增长，税收和开支的大幅增长可以稳定价格水平，不会增加货币量，那么这也就不那么令人惊讶了。人们富裕时资产流动性会更好，这似乎是很自然的事情。但是，为了阻止这种情况的出现，政府必须占有人们的大部分收入。在先进的经济体中，不应该对提高资产流动性的需求产生争论，我们应该乐于看到政府的货币发行直接影响这种需求，并且银行不会多次扩张。但是，没有必要为此烦恼。提高资产流动性的需求与适度的总预算相适应，继续提高的速度必须比上个世纪慢。自由讨论增加公共债务的优势时，这有一定的意义：实际债务(公债)的增长总是可怕的、倒霉的；增加通货或提高资产流动性百利而无一害，这对执行货币稳定规则非常重要。

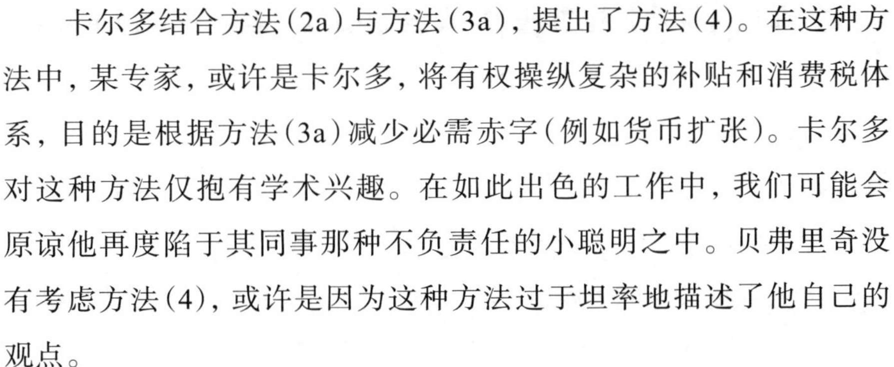

卡尔多结合方法(2a)与方法(3a)，提出了方法(4)。在这种方法中，某专家，或许是卡尔多，将有权操纵复杂的补贴和消费税体系，目的是根据方法(3a)减少必需赤字(例如货币扩张)。卡尔多对这种方法仅抱有学术兴趣。在如此出色的工作中，我们可能会原谅他再度陷于其同事那种不负责任的小聪明之中。贝弗里奇没有考虑方法(4)，或许是因为这种方法过于坦率地描述了他自己的观点。

贝弗里奇的方法

贝弗里奇很欣赏方法(2)的目标(可能是因为他误解了这种方法)，而不是其重要性。他拒绝方法(3)和方法(3a)，显然是因为这两种方法与他的计划不符，因此他选择了方法(1)。他反对方法(3)和方法(3a)，是因为这两种方法赋予人们太多的自由，阻止充分强加社会优先事项。就贝弗里奇计划的大部分内容而言，这可能是在捍卫他的观点，尤其是医疗与健康服务计划。

作者在本书中明确主张应该通过额外的公共开支让总开支中的缺陷变得合理，即是开支而不是收入，应该是财政稳定的可变因素。[11]然而，这种观点完全与初始预算中的选择密切相关(例如1948年的开支水平)。当然，有人会认可贝弗里奇最初的开支计划，仍然主张应该对收入而不是开支进行年度调整。讨论公共工程和白皮书时，他几乎就做了这种选择，但回避了这一问题。根据他自己的观点，人们会选择多变的收入(例如改变所得税免税)和稳定的开支。

贝弗里奇彻底拒绝方法(3a)，这说明他更是一位干预主义者，而不是平等主义者。我们必须高度重视贝弗里奇计划中的转移性支出，以战前英国的消费税为代价要求转移性支出。他会完整地将其保留下来，更别提“雇主贡献”。我优先关注的是在茶叶、烟草、啤酒等方面的减税，这会对底层收入者产生明显的影响，我也优先关注避免对私人雇佣的税务罚款。此外，贝弗里奇通过食品和燃料补贴实现的多数目标，实际上通过消除过多的消费税，让消费者了解营养需要量就可以实现，即扩大消费者的自由而不是广泛干预与操纵消费者。在深入开展营养教育计划的过程中，主要营养品的临时补贴可能是一种对更好饮食习惯的幼稚产业投资，但这不是贝弗里奇的建议。如果两种抵消的干预措施总比没有要好的话，那么集中控制一定是件好事。

如同战时的大多数项目一样，贝弗里奇的观点高度反映了道德目标，在细节上似乎也很合理。只有将这些观点整合起来，我们才能理解什么是激进而又反动的革命。如果大家接受每项提议的干预计划中作者对可能数额一厢情愿的低估，那么这也不明显。每一种情况都有一个有价值的目标，只有额外干预可以说明这一点。当局可能和乌尔顿勋爵一样受欢迎，合作可能会消除有组织集团之间的利益冲突。但是，我认为贝弗里奇欺骗了他的读者，即使没有自欺欺人的话。每一次直接管制都会提高对其他公债的需求。贝弗里奇的排他主义方法不足以说明所有的干预情况。贝弗里奇似乎承诺配给是不必要的，投资委员会只会转移私人投资的资金流。这种承诺似乎不现实。如果通过竞争破坏自由市场管制，那么除了那时非常普遍的政府干预，就无法维持经济秩序。

有人建议投资委员会适度扩展合理的城市规划和分区规划，这是处理伦敦大都市军事–战略问题和令人困扰的人口密度过大问题的合理手段。根据失业位置或政府对过度投资与未投资产业的看法来转移私人投资，这种观点不太具有说服力。更值得怀疑的是有人建议保护地方改善中沉没的公共投资，尤其是人们认识到这一目标其实就是保护过去的工业投资，进而保护既有领域的工人不受其他领域潜在竞争的影响。此外，有可能阻止通货紧缩性私人投资，确保通货紧缩的公共开支可以继续下去。我认为如果这样的委员会拥有的权力不及有自由裁量权的当局应有的权力，那么它就无法运行。

贝弗里奇计划的是 97% 的就业率，据我了解，他允许摩擦性失业或迁移性失业的程度低于原本主张的失业程度。贝弗利奇要求卖方的劳动力市场——空闲的人手中没有工作——这显然会通过劳动力市场进入资产领域。这将意味着在缺乏任何劳工组织的情况下，工资率会出现通货膨胀式的螺旋上涨，因此贝弗里奇自然很关注这一问题，以免工会的要求导致维持货币价值的努力白费。

“特定工资要求超过了雇主用现有的价格进行支付的能力并迫使价格上涨，这可能会给有关行业的工人带来收益，但他们会以牺牲所有其他工人为代价。他们的实际工资会因为价格上涨而下降。其他工人自然会提出他们自己的要求，极力恢复这一现状。实际风险是某群体在不影响价格的情况下寻求工资谈判，这可能会导致通货膨胀恶性螺旋式发展，货币工资追求价格，但整个工人阶层的实际工资没有提高。

在任何情况下，期望劳工垄断不要求垄断工资是不现实的。要求像贝弗里奇这样的人使用他们手中的权力来保持工资率低于竞争水平，这是不切实际的。可行的建议如下：(1)进行宣传；(2)主要的劳工组织应该关注实现统一的工资政策问题，因为这才能确保根据整体的经济形势来判断各个工会的需求；(3)由政府决定工资。第二条建议意味着工会大会总务委员会可以批准或拒绝要求工资增长的许可，这将使得第二条建议和第三条建议完全相同，因为拥有这种权力的机构要么隶属于政府，要么相反。

充满敌意的评论家会批评贝弗里奇废除“自由的集体工资谈判”。在贝弗利奇的计划中，国家的工会显然与稳定的价格相矛盾，除非工会成为政府当局的被动工具。然而，有人建议自由主义者向在这些问题上不真诚、不理智的规划者施压。贝弗里奇承认与其计划相矛盾的内容肯定与自由企业制度的良好运行相矛盾。相对工资必须由工人之间的竞争（和雇主）或中央当局决定。

对外贸易政策

贝弗里奇在倒数第二章中保留了商业政策的核心议题。在这一方面，有人可能会怀疑他故意构想出噩梦般的计划，来说明如果美国拒绝承担最低限度的经济-金融合作责任，那么英国可能或必须怎么做。人们希望整个计划仅仅是英国与美国开展谈判的政策观。实际上，这项计划合理地描绘了可能会发生的情况，除非我们彻底降低关税，与我们的伙伴共商合作，坚定地为世界开展有序和平的贸易提供稳定的货币。

第六章（国际影响）让这种希望破灭了。凯恩斯主义复兴只是一种离经叛道的行为，巴洛夫主义比贝弗里奇传统的自由贸易国际主义更加疯狂。把这些对外贸易建议整合在一起，弥补口头上的失误时，人们才能理解整个计划彻底集体主义的重要性。尽管措辞不委婉，但该计划要求在海外开展纯粹的国家贸易，即政府垄断对外贸易。

在两次世界大战期间，英镑高估导致英国经济被削弱，英国经济很快就失去了竞争力，变成了工团主义国家，尤其是采取了30年代的商业政策之后。为恢复英国的自由企业和竞争管制，由合理的汇率管制的自由对外贸易将会很重要。将英国的对外贸易集体化或者使其受到具有自由裁量权的机构的操纵，就是为了巩固英国的工团主义，进而将行业社会化。私人企业甚至新企业可能会继续存在一段时间，但本质上仅是国家秩序的受益者。私营企业缺乏主动的竞争纪律，又面临政治不确定性，会被政府外包出去，战时就是如此。因此行业是社会化还是继续在私营企业制度下发展，只有社会主义者对此感兴趣，正如贝弗里奇所言，这实际上只是细节和权宜之计。

诚然，我目前的观点是对贝弗里奇计划的极端解读。拒绝贝弗里奇在许多方面的解释，质疑其否认的含义似乎有点傲慢。贝弗里奇出于某些考量而主张自己的观点，而我会出于同样的考量支持不同的举措。我对这项计划的曲解程度如同贝弗里奇对其支持的程度。总之，我的观点主要是依赖我对这种商业政策的理解。

虽然第十章引言部分的观点作为经济学观点无懈可击，但却很少关注歧视性措施的政治风险或者是报复产生的经济效应。接下来的内容将体现一种总基调："国际贸易的优势在于节约劳动力，充分就业政策的优势在于使用劳动力。只为了浪费失业中的劳动力而通过国际贸易节约劳动力，这将毫无意义。"一般结论如下：

"只有实现三个条件，才能实现普遍的多边贸易：首先，每一个参与国必须实现国内的充分就业，必须这么做，不依赖出口过剩，虽然这是充分就业的主要途径。其次，每一个参与国必须愿意与其他各国账户平衡，为此任何国家都会以任何理由多出口商品或服务，少进口，从而导致出口过剩，因此每一个参与国必须愿意提供充足的长期贷款，让各国能够有钱进口商品或服务，不会为了国际清偿能力而失去黄金或其他准备金。最后，每一个参与国必须实现一定程度的稳定经济行为，如在关税、补贴、外汇和其他经济政策的连续性；在未与其他参与国事先协商的情况下，必须限制这些政策中引入重要变化。"

“如果所有重要的工业国家都制定了充分就业的政策，那么就可以按照一种方式开展国际贸易。如果所有重要的工业国家没有制定这样的政策，那么必须按照另外一种方式开展国际贸易。”

人们可能会同情美国再次通货紧缩引发的恐惧，虽然这种恐惧不太会引起政治上的关注。毫无疑问，1929—1933 年间发生的通货紧缩是无法履行国内和国际最低政府责任的悲剧结果。加之关税法和最糟糕的货币贬值，这导致了世界经济灾难，或许是随之爆发的战争。就贬值而言，除了当时掌权的领导人的盲目无知之外，无法做出合理辩解。人们应该区分失误之责与罪责。只有独裁者能够随意降低工资率，因此人们指责其为国家优势强制实行普遍的通货紧缩。要做的一件事就是强调世界对美元稳定的紧迫需求，实际上是所有主要货币稳定的迫切需求。要做的另一件事就是建议采取歧视性措施应对国家通货紧缩，无论多糟糕，这也只是一种无知的不作为错误。无论找何种理由，歧视一定是一种充满敌意或不友好的行为。对未能维持英国的金融标准的国家实施国家制裁会加剧国际社会四分五裂、彼此敌视。

如果承认我们在 30 年代发挥的糟糕作用，那么人们也可能质疑英国的情况。显然，他们是迫不得已贬值了，但是没有必要让英镑过早地过高估价，或者没必要将他们的错误坚持到底，即直到最糟糕的时候才必须纠正。直到这一切被遗忘，英国愿意避开币值高估，英国的领导人才会更加谦逊地寻求国际货币合作，不再假设英国的金融，无论是过去还是现在，都提供一种标准，据此判断其他国家是否要被隔离或免于隔离。

贝弗里奇指出，要在(1)普遍的多边贸易、(2)区域性多边贸易和(3)多边主义之间做出政策选择。尽管贝弗里奇主要讨论第一种政策的优势，但他很快就考虑到了第二条和第三条。贝弗里奇在任何情况下都不考虑非歧视或平等待遇问题，除非我误解了他的意思。

“这第二条国际贸易政策是地区主义。这意味着多边主义贸易不是在全世界范围内开展，而是国家之间，尤其是互补性较强的国家和经济政策相似(如追求充分就业)，彼此容易合作的国家。英国可能会成为充分就业的英镑区的金融中心，因为第一次世界大战前英国就是世界金融中心。这不会阻止不同地区的国家进行贸易，而是这种贸易会受到特殊管制。

“不应该以对美国或苏联不友好的方式来看待欧洲或英联邦实行的地区主义政策。必须为世界各国不同的经济政策保留空间。苏联必然会继续实行完全计划经济，美国很可能在未来某时从政府行动中重获自由。应该对英国和类似的国家保持开放，它们渴望遵循自由社会充分就业的中间道路，而不会受到追求自身利益或国家利益的指责。

“很难相信如果普遍的多边主义体系无法在全世界确立的话，英国将无法找到其他国家，与其构建稳定繁荣的经济区域，确保其进口的同时寻找出口地，确保其市场与资本输出地。但是如果无法实现或马上实现的话，还有双边主义这根最后的救命稻草。对英国而言，这将意味要与各国进行具体谈判，确保进口食物与原材料的供应，因为这对英国工业至关重要，包括在这样的谈判中讨论支付方式和各自货币兑换的条款。

“正如以前所强调的一样，第一条政策本身是最合理的，最符合英国在过去的角色和传统。要想实现它，英国就要尽其所能，除了再回到其他的政策选择上。确保在一定区域内实行多边贸易是更好的选择，因为成功的可能性大，可以成为更广泛贸易的基础，而不是没有就基本条件达成有效一致就在全世界实行多边贸易。

“如果我们采取必要的措施，那么第二条或第三条政策就能够确保进口满足经济繁荣的需求。这种观点不容置疑。同样不容置疑的是，对英国内部事务制订强大的中央计划会使得英国在国际事务中成为更加得力的伙伴。无论是进口还是出口，国际贸易整体上都必须接受公共管理，而不是留给竞争性或垄断的市场力量。负责国内规划的机构也要负责更广范围的规划。”

“我们希望取得最好的成绩，即成功构建全球经济秩序的同时，必须为失败做好准备，必须保留所有必要的权力以确保取得第二或第三这样的成绩。”

难道贝弗里奇不是在这里督促英国寻求最佳的可能世界，而又不冒任何代表更好或最佳世界的承诺的风险吗？

最重要的是贝弗里奇的最佳安排观点，即他关于英国普遍多边贸易的观点和为实现最充分合作而提出的观点。

“《大西洋宪章》（Atlantic Charter）假设如果所有大国会宣布并采取维持国内就业的政策，那么这三种方法中最合理的方法就可以实现国际贸易。也就是说，第一目标应该是世界贸易与清算体系，国际制度为多边贸易提供充足持续的流动资金，不要求各国国内经济政策从属于国际经济政策。在各国采取了适当的经济政策的情况下，这种体系原本可以根据英国最初提出的国际清算的建议来创建，国际清算的方式是通过增设服务于国际投资的机构。这种体系可以根据最近关于成立国际货币基金组织的联合提案来创建。

但即使在这种体系中，英国和其他国家也必须保留并行使第一次世界大战时未行使的权力，包括：

a. 控制资本流动，包括所有的外汇管制。

b. 制定长期合同，购买基本的原材料和食物。

c. 制定长期合同，为不发达地区有计划供应出口商品。”

与当前多数“有限”外汇管制的论调相比，a 论点至少是真诚的。贝弗里奇引用了 1943 年 4 月发布的英国财政部报告来表达他的意思：

“未来，任何国家都不可能出于政治缘由允许资金流动，逃避国内征税或期待业主变成难民。同样，任何国家都不能接受短暂的资金，这种资金是一种多余的资本输入，无法安全用于固定投资。因此人们普遍认为资本流动管制，无论在国内还是国外，都应该是战后体系的一个永久特征。”

请注意“永久”这一用词。政府独有的海外借贷不是一种合理干预，如同政府贸易一样，肯定无法计算与最小化强国之间的摩擦。30 年代的资本流动空前需要流动资金，主要是纳粹迫害与侵略事件。何种财产流动失控的原因需要对战后过渡时期的英国实行永久限制？这种限制是符合井然有序的世界还是符合预期的国际投资资金流动呢？贝弗里奇只是希望外汇管制阻止资本流动还是有其他目的呢？

b 观点意味着“英国越来越多的进口商品，尤其是食物或原材料，将受到集体管理”，换言之，批量采购和政府进口垄断。在这样的条件下，为实现更加自由和更加稳定的贸易，要求我们与其他人进行合作是不真诚的。英国人可能希望中央采购机构避开买方垄断措施，避开附加交易，从最廉价的市场采购，不为政治-民主目的而采购。其他国家必然会低估或忽视这种机构做出的承诺。如果要履行承诺，英国可能希望海外无人会接受这一事实。贸易大国批量采购一定会被认为固有的歧视。更加自由的贸易和合理的待遇平等对英国而言，与禁止私人贸易相矛盾。

如果人们将b和c观点结合起来，那就可以得出纯粹的双边主义观点。或许，这就是"保留所有必要权力"的意义。贝弗里奇避开双边主义的条件是全权践行双边主义。"普遍的多边贸易"仅仅指的是英国贸易当局会考虑许多国家的买价与出价。

作者的限制主义态度表现在多个方面：

"如果英国起初是通过提高自由购买权（消费者主要购买进口商品），而不是改善国内的环境来实现充分就业，那么英国可以避免日益增加的进口。否则，充分就业也会导致进口增多。

"……白皮书过于关注增加进口，而不是稳定进口。'为避免出现不利的外汇结存，我们必须比战前出口得更多。'真是这样吗？减少进口、更加独立是另外一种方法。生产部部长近期提供的数据表明了独立的可能性非常大，即使在英国也是如此。"

贝弗里奇也坚决反对依赖海外资本，即反对借贷或调回英国投资。卡尔多冷静地预期贸易逆差为1.3亿英镑。如果考虑一下英国工业的技术条件，尤其是出口贸易方面，那么这似乎不过分。我们并不清楚反对资本进口是否反映了英国热衷或不愿冒险从美国借款，或者是否承认总体计划会阻止借款或自愿调回资本。有时，量化讨论似乎假设由于其他国家导致的大量封存结余会变成低息英镑债券，这不可能催生高度满意的债权人或是英镑区的坚定支持者。

贝弗里奇没有就美国合作提出任何观点，这一点体现在他对卡特尔的评论中：

“第四，许多文章中的国际贸易进程现在都取决于或受到国际卡特尔协定的影响。这些卡特尔组织可能有助于稳定贸易与生产。报告中的这部分观点认为我们朝着国际贸易管理的方向发展，而不是任其竞争，毫无管控。也就是说，是朝着卡特尔所代表的方向发展。摧毁或阻止卡特尔化都将是矛盾的政策……我们希望管理大规模、高度有组织的行业的负责人将自己视为宽泛政策而不是其企业的代理人。只有通过实践才能知道在何种形式下、何种制度下可以实现这一目的”。

与许多美国的经济学家不同，贝弗里奇至少在对卡特尔和商品协定的态度上是一致的。b 和 c 观点是就稳定海外需求提出的，诚然，这是英国代表其支持地区所追求的一项事业。这里，作者关注的是原材料价格的波动，它是“周期”中的因果性价格。这一观点在很多地方都强调过。这种因果性观点或许是长期研究不可避免的情况。这种观点支持商品准备货币，有一定的合理性，但是我认为是虚伪的，它只是在为卡特尔组织开脱，或是支持限制产量，提高相对价格的计划。[12]

贝弗里奇计划最为糟糕一个特征就是疏忽。我认为战后的美元-英镑兑换率在本书从未提及！在某一章用含糊的话作出最糟糕的解释可能不公平。这一章内容在呼吁与美国合作的同时为英国制定了不现实的条款。无论如何，如果有人竭力填补汇率政策，并且反对存在如此重大疏忽的计划，那可以原谅他。

在英镑未被高估的情况下，贝弗里奇的计划即使不只是无法操作，也能证明我的解释是错误的。贝弗里奇的计划只是在国内适度干预，只是暂时背离了合理的商业政策。整个计划体现了保持英镑现有美元价格或者让英镑的美元价格高到必须实施大范围歧视性管制的决心。显然，这是实现更好的贸易条款、维持实际收入的途径。这一点可以从讨论中自然推断出来，因为整个讨论都在关注漏损量，只有对出口量的讨论是含糊的、一厢情愿的。

在英镑彻底被高估的情况下，批量出口是隐含规定的。进口在名义上对政府而言是有利可图的，出口在名义上是无利可图的，因此要依靠补贴。贝弗里奇是否有此意图，这一点并不清楚。贝弗里奇提及了政府企业在出口产品的必要性[13]和对低成本投资出口贸易进行补贴的必要性。贝弗里奇反对方法(3)的一个观点是这种方法可能会以必要投资为代价过度增加消费，除非他指的是政府投资，否则这种方法在凯恩斯主义看来很奇怪。如果我的解释不真实，那么更加不真实的就是假设贝弗里奇没有理解他自己的计划或者他理解了但无法填补这些疏忽。

英国必然会发现很难维持其生活标准或是大国地位。在英国无法有效反击的情况下，海外的集体主义贸易可能会允许改善其贸易条款。但这导致英国为了自身安全和世界和平会冒着重大的风险引发经济战。作为亲英派，让我警醒的是这种英国政策与英美之间的团结一致相矛盾。实际上，这有可能导致那些民主国家四分五裂，它们之间的密切合作对世界和平至关重要。如果支持政府贸易，英国可能会将这种贸易强加给邻国，我们把这些国家也视为密切的伙伴和盟友。英国可能给自治领带来难题，并且是其经济联盟难以解决的问题。此外，英国可能会不断恶化殖民与托管的国际问题，至少在我看来，英国不具有广泛托管权的资格，虽然对外开放政策称赞并认为这种广泛托管是合理的。

贝弗里奇试图主张将联邦垄断对外贸易视为英国合作的条件，或者主张两国将西方世界划分成不同的竞争性贸易体系——一个朝着俄罗斯发展，另一个走得更远吗？我无法相信这一点。因此我的第一直觉告诉我：这种噩梦般的想法可以克服我们身上的懒惰和不妥协。但是真的如此吗？我不知道。这种想法要么是一种高超的英国外交政策，要么是一个自由社会结束多数自由社会的绝佳计划。

试图解释并批判贝弗里奇的计划时，我没有公正地对待这本著作。这本著作结构合理、文笔出色、内容充实、数据详实；风格与文法体现了作者作为一名资深记者的水准；本书没有遗漏主要的政策问题，并且都有所强调。正如讨论的那样，政策建议面面俱到。

当然，本书最精彩的内容是“失业情况”部分，它总结了作者早期的学术成果。很少有人会质疑贝弗里奇在劳动力有组织流动方面的观点，即综合的职业介绍所体系。英国已经在这方面取得了一些进展，美国却没有。

就许多重要的问题而言，例如稳定的价格水平方面，政策判断和支持性观点精彩绝伦。

“在进步社会，政府在价格方面采取的明确政策会成为维持就业政策的一种附属品。虽然凯恩斯并未忽略这一问题，但他也未详细讨论过。

“在未来的英国，过去在价格小幅下降和小幅上升政策方面提出的新颖观点将失去其合理性。价格水平下降提高了食利者的总收入。考虑到严重的国家债务，这是一种劣势。但是这不能证明正确的政策就是提高价格，以此自动减少食利者的债权。未来，老龄人口占总人口的比重会不断提高，数量上最重要的食利者阶层将变成养老金领取者。如果削减食利者的收益或其特定类别的收益是合理的话，那就应该直接征税，例如收遗产税、劳动收入与非劳动收入之间的差额等方式。提高价格水平是一种笨拙的征税方式。”

基于这些观点，贝弗里奇可能会主张与价格水平稳定相一致的最广泛的预算安排。作为一项货币-财政计划，这将开启国际（英美）合作的道路。

贝弗里奇批评通过公共工程的可变支出来稳定总投资或总支出的计划，如利华兄弟公司的宣传册和《白皮书》（White Paper）。贝弗里奇坚决拒绝使用可变的社会保险缴款，提出了可以彻底解决该问题的观点：如果这对社会保险缴款有利，那么对普通税收就更有利。甚至那些缺乏集中自由管制的机构（如投资委员会）都喜欢讨论工业区位问题，这是一个城镇和区域规划问题，觉得有必要研究与法治不太一致的其他管制手段。我们必须要考虑贝弗里奇的观点（和沃斯维克的观点），即劳动力在行业或职业中比在地区间更具流动性。

简言之，第二版《贝弗里奇报告》和第一版一样，值得一读，尤其是对那些不喜欢此计划的人来说。

牛津研究

这里不适合系统评述牛津研究，因为贝弗里奇的书中并未包括这些主要思想与建议。此外，好几篇论文也缺乏新意。最让人生气的就是舒马赫的文章，卡莱茨基和巴洛夫的文章引人思考、善于分析，值得关注。

卡 莱 茨 基

卡莱茨基简明阐述了超凯恩斯主义学说，令人钦佩。我们对卡莱茨基的一般观点并不陌生，他的观点部分以关于企业的（提高风险）资本理论为基础。我认为这种理论具有误导性，因为它假设新投资必须源于传统企业；兴盛的企业越来越难吸引到新资本；相比于小企业，大企业只有在不太有利的情况下才可以获得新资本（包括更高的筹资成本）。我对具有垄断规模的纯私人经济感到失望，希望最后一种影响是现实的。同样，我会发现卡莱茨基对扩大并深化资本的讨论毫无意义，虽然深化资本需要政府采取直接行动这种观点可以准确反映最近英国普遍的竞争程度和企业发展程度。卡莱茨基建议对劳动生产率的提高进行衡量，似乎它不受资本增长的影响，并且建议确定需要多少额外的资本能够实现可持续的充分就业。显然，除了技术创新之外，资本–劳动比例是固定的。深化资本仅取决于这种创新，但是如果这种创新缺乏革命性，那它们就是罕见的或间断的。如果《利息的性质与必要性》（*The Nature and Necessity of Interest*）是新的资本理论，那它的确是一本佳作。有时，卡莱茨基的一般观点，如同他同事的观点一样（除了卡尔多之外），是对现实生活的歪曲，尤其是关于调整收入分配以提高消费的量化可能性问题。

相较于一般观点，卡莱茨基的具体建议更有趣，学术性更强。贝弗里奇采纳了卡莱茨基的利率以及债务政策计划，上面已经提到了。与贝弗里奇相比，卡莱茨基不太担心工资率过快增长，认为这未必导致价格上涨。补贴可以抵消价格上涨，而补贴由对高收入者额外征税来融资。此外，这会减少赤字，因为部分源于储蓄的税收会比补贴开支产生更多的效益。卡尔多的某些算术在这时就有用了。顺便提一下，这种计划开始就对所有职业征收普通消费税（雇主的缴款），会对所有的消费品生产增加普通补贴，总体来说就是对资本-商品生产或实际投资实行差别罚款！

卡莱茨基承认提高个人所得税可能会破坏投资激励。这很容易，仅需要调整个人所得税，以便增值率在贬值前就可以适用于所计算的收入，但要扣减税款以吸引实际新投资。增值率的基础是消费与贮藏。卡莱茨基的同事（不包括贝弗里奇）非常重视这项计划，费雪教授或许也会重视，但是那些熟悉税务流程或会计的人则不然。由于当前投资高但又几乎没有收益，因此新企业必定会惨败。如果考虑亏损结转，那么这项计划只是否定过去投资的贬值，同时允许其在"调整"之后进行投资，并且以最低而不是最高的费率！

相比于其同事，卡莱茨基对这种调整的个人所得税顾虑更多。为此，他提出另一种方法：从年度资本税中资助补贴，即实行统一的一般资产重税。理论上，这种方法通过对贮藏物征收同样的税，可以避免对投资的相对处罚。美国经济学家不可能支持这种财政观点。但是，这篇文章总结精辟，值得关注，体现了新经济学的优势与劣势。

巴洛夫与对外贸易政策

巴洛夫对古典学说进行了猛烈的抨击，体现了新经济学对对外贸易理论做出的贡献。巴洛夫的主要观点如下:(1)一国国际地位动荡后,直接采取歧视性管制使其重新调整,可以在各方面取得成效,而不是坚持全部的传统方法(通货紧缩或贬值);(2)在充分就业计划(货币稳定?)中合作的歧视性国家集团内开展稳定贸易比在更广泛范围内或全球开展不稳定的非歧视性贸易对成员国更有利;(2a)相比于接受美国贷款,参与更广泛的、不稳定的自由贸易或非歧视性贸易体系,英镑区的落后成员国在缺少资本引入的情况下,可能会更加繁荣与进步。

在政府贸易中,正如在集体主义中,可以想象到最不可能的结果。在自由贸易中,货币不稳定性可能是灾难性的,因此我没有理由质疑巴洛夫的观点,除了他在结论部分将自己观点中的“possibly may be”写成了“probably will be”。

只有期望值不变时,这些传统方法才能在整个贸易体系中发挥有效的作用。不然,正如我所言,只有认可并贯彻货币稳定政策,这些传统方法才能在主导国家中发挥有效的作用,或者在经济大国之间开展有组织的合作。除了金本位制下的汇率,旧制度只在相对价格、相对价格水平与工资水平方面是有效的。在金本位制中,每一种国家金融体系就如同银行体系中的一家银行,准备金极少、没有中央国库和中央银行。几乎任何国家安排都可能比参与这种崩溃的银行体系效果更好。即便如此,巴洛夫的观点的唯一优势就是无懈可击,例如保护幼稚产业。

传统的价格理论假设国库可以维持货币整体稳定,含蓄地指出国库对于自由市场经济的良好运行至关重要。旧的对外贸易学说也提出了相应的假设,但是不合常规,因为一个强大的国际国库是无法想象的。但是这些学说也说明了完善的政策目标，即占主导地位的货币的合作稳定和/或拥有灵活的自由市场汇率的特定货币的国内稳定。

传统经济学因其规范的含义和最接近政策目标而广受称赞。传统经济学不是一种制度体系分析，而是一种用于诊断其缺陷，以及在重要方面描述一个良好体系的方法。实际的体系很接近这种良好体系，只要采取适当的措施，就可以更接近这种良好体系。传统经济学的优势在于其内在的政治理念，其智慧在于在法治框架内寻找解决方法，这些解决方法与权力分散或分权化相一致，有助于在实现永久和平的基础上形成广泛的超国家组织。

当然，如果排除自由作为效率自由与能力的一方面，排除责任作为个人与国家进步的一个衡量标准，那么当局管理的另一种体系可能更高效、更先进。具有自由裁量权的当局，无论是无所不知的，还是乐善好施的，在某种意义上可能比包括民主制度、法律制度与竞争性权力分散在内的任何计划都更加有效。发生任何动荡后，当局都可以迅速实现同样的安排，尽管竞争也会慢慢实现或在“不必要的”震荡的情况下实现相同的安排。实际上，当局可以通过预测避免各种动荡。但是我们中有一些人不喜欢当局的统治，部分是因为我们认为当局不明智，并且即便如此，我们仍旧不喜欢它。

我认为发达国家的自由体系是有力的证据：竞争性权力分散更适于工团主义内战和集体主义权力集中。所有更加民主的国家之间开展自由贸易是更加有力的证据。如果一些国家或国家集团可以通过政府贸易获得收益，那么国际组织就没有存在的基础，只可能变成有组织的竞争者。这会让民主国家分裂为相互敌视的阵营，甚至在全世界制造混乱和不安全以及发动侵略。

传统的货币-商业体系虽然漏洞百出，但很大程度上包含了真正的国际组织。这一组织在国家对外贸易措施方面隐含微妙的约束条件或自我克制的禁令。只有在30年代这种组织消失时，它才会显得那么重要。这种损失可能要归责于美国。迈向和平的第一步是重建近期被摧毁的，即在国家商业实践方面重建最低标准的国际行为准则。我们必须进一步开展积极的货币合作，也要将非歧视形式变为现实，更别提“待遇水平”和更加自由的贸易了。但是对这种旧形式上的待遇平等不以为然，认为它不重要是鲁莽的做法，因为这会质疑纯粹形式上的“法律面前人人平等”。

现实政策旨在重建我们过去几乎没有建立的国际组织，这是迈向和平的关键一步。在关税率频繁变化的情况下，形式平等似乎只是在名义上不同于歧视性管制，并且可能会造成更大的伤害。实际上，如果形式平等本质上不太具有歧视性、不太具有约束性（我认为的那样），那就不太可能引发报复或不断的反约束。虽然形式平等可能涉及糟糕的法律滥用与腐败，但它仍旧是法律，是另一种不容忽视的形式问题。

如果巴洛夫指的是欧洲国家在30年代作为国际贸易者的表现不亚于美国，那就让他这么解释吧。巴洛夫力证双边主义是欧洲对我们恶劣行径的回应，并且我们温和地讨论了商业政策中的对外恶行。巴洛夫提出的未来解决方法其实就是对过去的批评。在巴洛夫的政策道路上不存在世界秩序。欧洲的双边主义是对美国通货紧缩的合理回应，这当然不会被认为是国际战后计划的一部分，同样必须提及的是我们的双边对外借贷，即限制性贷款。

巴洛夫的文章诠释合理，主张英美在货币–财政稳定方面的合作。这种观点合理地结合了凯恩斯主义与古典经济学的观点，或许非常精准，但是结论很极端，充满挑衅意味，号召他的居住国、其盟友以及所有经济组织的新成员对抗美国。巴洛夫的两方面结论体现了他们的总体态度。

“弱小而贫穷的国家由于恢复国际市场力量无节制的行动而损失惨重。国际制造商品市场的高度不完善、大型经济地区土地出售权的高风险性和自动获得可能会稳定其存在的劣势。它们的国内投资和经济发展会受到限制，它们的就业政策会受到损害。”

在确保就业的情况下，更加贫穷的国家加入这种区域性集团的巨大优势在于提高生产率，通过有计划地再分配工业资源和技能，推动经济快速发展。这些优势应该确保大多数国家能够坚持，甚至可以避免从出超受到不利影响的国家骗取国外贷款。

巴洛夫和贝弗里奇想要彻底摧毁始于30年代的国际政治经济组织，或许是因为这种组织要求美国领导参与。这可能是对于我们过去恶行的惩罚，可能会扩大英国的相对权力，最终成为强大的帝国。当然，这与国内自由或国际和平相矛盾。美国干涉主义者和亲英派将我们所处的世界描绘成不负责任的孤立主义的结果，即德国胜利的结果。

贝弗里奇–牛津计划的主要批评观点与政治哲学的关系要比它与经济学的关系密切。该计划中的自由主义衰败迹象如下：该计划主要忽视了所有的“自由与组织”难题；该计划以沉重的代价或牺牲其他价值观来单方面追求狭隘的经济目标；该计划想用一种国家经济阻止有效的国际组织或实现西方民主国家间最低程度的团结；

该计划否认制定规则的民主进程，支持对当局的民主赋权，即支持“国民投票式民主”；该计划拒绝民主的权力分散，政府中的分权与联邦主义和工具型政府，支持占主导地位的中央政府权威；该计划消除经济自由作为其他自由的堡垒，终结现代政治与经济的分离；该计划相信政府与当局，不相信社会和负责的自由公民；该计划通过权力下放以终结法治。一些这样扭曲的价值观或许是大萧条和战争不可避免的结果。无论是国家还是个人，对安全的渴望已经成为一种危险的观念，不仅威胁其他价值观，长远来看，也会威胁安全本身。真正的安全需要组织不断分散国内权力和国际权力。贝弗里奇与其同事的计划只阐述了极端的国家集中，这充其量只能实现国内和平，却阻碍了国际和平。

这两本书在一个方面很有说服力：除非美国大胆引领西方世界实现更加自由的贸易和货币稳定，否则就不会实现和平。

注　　释

第　一　章

1. 当然，这是最简单的方法。事后再分配意味着制定措施的艰巨任务，这些措施要减少不平等，而不会产生极其不利的影响，尤其是在生产方面。因此要谨慎、克制地使用这种方法。

2. 存在避免家庭财产过于集中和统一集中的问题，但这个问题不太重要，并且随着每一部税收法案的出台，会变得更加不重要。

3. 此外，糟糕的地方政府主要是一种规模大、人口密度高的大城市现象，因此主张反对集中。超级大都市本身就是一种疯狂的集中化，在良好社会是不可能存在的，主要是遗留的政策失误，例如货物分类。

4. 当然，还有微小政府和微小企业。在这两方面，都存在规模过大和规模过小问题，缺乏中等规模的部门。此外，还有一些特殊的集中化，它们不仅可以偿还成本，如研究、制定标准，保护非常差的社区的安全（例如罪犯或暂时的不足之处）以及征税方面，但条件是可以分享集中强征的税收，不用管控地方开支。谴责所有的集中化，就是谴责组织与秩序，毫无意义。问题不是要避免集中化，而是节约集中化并区别对待各种集中化。矛盾的是，集中化是分散化的必要手段，正如权力集中是权力分散的必要手段一样。

5. 有人将迁移自由视为联邦的主要特征。这是合理的，但是不应该将其等同于自由贸易，或是强大的超国家联邦的必要条件。

6. 美国民主在养老金立法和河流−港口专项拨款上的腐败臭名昭著。但是，随着白银立法，无论是涉及的美元数额还是代议制政府的道德败坏，这种事情与关税补贴相比就微不足道了。正如市政机构一样，与我们看得见的小规模腐败相比，让我们更担忧的是我们无法觉察我们严重背离了法治或对这种背离自鸣得意。未来，关税补贴会彻底减少。在大量联邦公共工程计划中，旧弊端可能再次出现。除了最近的政治权宜之计，也就是说将分配集中于下一任总统选举时的边缘领域，还可以采取什么原则进行分配呢？在“受益领域”获得资助的公共工程是一回事，联邦公共工程又是另外一回事。

7. 这意味着自由要么源自超大型企业，要么源自超大型劳工组织。

8. 自由主义者必须放弃集中化或社会化本质上是单向进程这种观点。这种观点即使不是离经叛道，也是一种语言自杀行为。不管你是否喜欢，他们将会进行许多次这类试验。集体主义者否认它们是试验性的，可能是暂时或过渡性的。

我们总是在政府与私营行业问题上陷入混乱。中央政府控制通常是最可行的策略。实际上，在分权政府或竞争性自愿团体的背景下，这可能是回到令人满意的组织唯一可行的方法。毫无疑问，现在很多欧洲国家面临这种情况，英国的情况稍微好一点。我们自己的铝工业就面临这种情况。异化同社会化一样简单，糟糕的政府运作与良好的政府运作都有可能导致异化。

当时，联邦政府在高速公路建设方面的积极参与和管制是可行的，服务于其目的，但是不久就放弃了。我们的大都市政府现在应该在管辖地区获得更多的土地，即使只是为了再次使其区别于土地的私人使用。或许我们的联邦政府现在应该从事主要的住房工程，即使这会破坏高效的现代建设，废除工会成本不断增加的强制措施和保护主义者的建筑准则。公共健康与大众医疗服务等迫切的福利活动一开始就需要极端的联邦集权，但是一旦开展这些福利活动，解决了主要问题后，就会迅速消除极端的联邦集权。

所有领域都不应该遏制或改变集中化。未来，不同的政府活动（和私营公司）领域或不同时期的同一活动领域会同时集中或分散权责，自由主义者无法理性地反对所有“社会主义”试验，他们不应该害怕试验可能取得成功。自由主义者可能会督促继续在这两方面进行试验，同时节约权力的集中与下放。长远来看（自由主义者必须强调），这种试验不存在偏见，除非是战争和国际无组织引起的偏见。除非爆发全球战争，否则自由主义者的末日预言不切实际，如同所有问题都能得以解决的幼稚观点一样。即使政治经济制度与语言的发展不同，但也并非完全不同。自由主义者不认可歇斯底里，他们必须坚信社会进程与长久的自由。革命或反革命都无法促进这种社会的形成。自由主义者只会像背叛者一样在疯狂呼喊。

9. 如果税收稳定的话，可以征收累进税，有效抑制不平等。制定不会涉及严重社会不经济的高度累进税并不是一件简单的事，但是可以制定，尽管到目前为止任何立法机构都还没有完美地制定出来。

10. 更重要的是有区别地防范侵权诉讼。小企业极其容易受到面对这种诉讼的影响，在这方面的合并与大规模的巨大优势或许是对专利法最严肃的控诉。

11. 后一种竞争让公众付出的代价远高于参与者，虽然参与者从罢工中的获益可能多于损失。

第 二 章

1. 当然，这里提及的规划，如同重商主义一样，意味着对国内外贸易严格管制，对相对价格、相对工资和投资进行广泛的政治管制。

2. 总体而言，与职业领域相比，很容易看到工业领域劳工组织的发展既有优势，也面临实际困难。

3. 对幻想破灭的经济学家和自由主义者来说，在资本主义和整个财产制度中可以获得一种痛苦的满足感，但却因高贵的有财产的绅士的阻挠而溃败。这些人告诉自己的同胞销售税优势显著。

4. 现代银行业的主要做法是维持即期或短期支付债务，同时持有的“现金”只相当于一小部分这类债务。

5. 在与有效竞争相符的企业最大规模方面，必须修正普通认可的概念（尤其是法院）。一般规则与终极目标应该是确定每一行业企业的最大规模，以便于接近完美竞争的结果，即使所有企业都达到最大规模。有人认为在主要的行业，任何所有权部门都不应该生产或管制总产量的5%以上。任何这样的规则都提出了何为商品的难题，即应该如何定义行业或重要的商品类别。应该允许在几年内开展有序的重新调整，充分的限制条件应该逐步生效。在新行业和新产品方面，特殊安排是非常重要的。

6. 应该明确的是，这里提出的措施与银行业的社会化或国有化计划没有任何关系。实际上，在他们考虑的金融体系中，风险最低，政府最不可能控制借贷职能，例如分配投资资金。当前银行最大的失误之一就是银行业特别容易社会化，仅仅是因为银行的不稳定性。如果我们可以将贷款和投资业务与储蓄银行业分开的话，那我们就能够消除在必须避免风险的领域存在的政府管制或社会化的真正风险。

7. 本文限于篇幅，处理货币和银行改革问题必然会出现严重的疏漏，过于简化。要纠正这些错误，就要对以下考虑因素展开讨论：

a. 任何金融体系都有可能出现极端的经济不稳定，同样的资金可以立即用于工业与贸易投资资金和个人的流动现金准备金。我们的金融体系已经建立在资金同时可以使用和投资的幻想上。这种观点适用于储蓄银行（以及许多其他金融机构）和商业活期存款银行业务。如果仅改革活期存款和活期存款账户问题，那么任何改革都无法实现既定目标，只能在名义上将活期存款变为储蓄账户形式。

b. 普遍的短期借贷做法也是经济不稳定的主要因素。这种具有永久性和持续性特征的借款可以满足大部分资本需求量。实际上，现代很少有企业在贸易过程中投资后可以马上撤资。大量的短期商业债务特别不利于稳定，因为一般的偿还债务需求会让工业努力确保资产流动性，虽然这无法成功，也无法造成严重的混乱局面。短期债务如同定期存款，与货币和活期存款相似，因为在平时短期债务是一种具有吸引力、有效的通货替代媒介。个人可以通过短期债务持有流动现金准备金。

为了经济稳定，需要将全部投资（财产）变为剩余权益形式。在不可能实现大规模有序流动的经济中大量到期的合同债务本质上是危险的。长期债务问题不太严重。对货币与金融体系的充分改革需要明确区分货币与货币替代品和投资，也要明确区分根据债务方需求（或拒绝续期）可兑换成货币的债务和仅通过出售给第三方而依赖的债务。银行业，尤其是美联储的作用就是模糊这种区别。

c. 就财政部和国会而言，在财政实践方面，除了紧密合作，货币管理局无法有效实施合理的货币政策规则。终极管制货币（和银行）在于管理政府开支、税收和借贷。建立独立的货币管理局意味着权力划分，这只有在全面协调与合作时才能发挥作用。税收与开支关系的变化，无论是数量还是公债形式，甚至是纳税的特征，都会产生重要的货币影响。如果不重新阐述整个政府财政问题，我们无法详细说明合理的货币与银行业改革。最终必须通过财政安排实施货币政策。

8. 一些研究者认为减少不平等的合理理由是这关乎该体系的政治稳定，其他人则认为这对减少失业和减轻工业波动至关重要。前一种观点虽然说得过去，但混淆了方法与目标。我认为后一种观点对同样的反对意见持开放态度，也对完全虚假的经济学的描述持开放态度。这种观点的支持者提出的方法（在萧条时期广泛工会化、减少工作时间、提高工资率等）让人直接断定累进税是改善收入分配唯一有效的办法。

9. 股本考量明确要求在更加极端的情况下进一步退款，尤其是在人们支付了大部分个人所得税，之后失去其全部收入与财产的情况下。

10. 采纳这条建议时，应适当修改目前有关通过赠与转让财产的不充分和不合理的规定。每次转让财产都应该视为财产前所有者的一次“实现转让”。在放弃财产的情况下，为了达到个人所得税的目的，这种转让应该计算捐赠者的应税收益或损失（关于死者遗产）。被捐赠者在处理通过赠与所获得的财产时，应该根据其获得财产时的价值来计算其收益或损失。

假设琼斯1935年以每股100美元的价格购买了100股普通股股票，1940年通过赠与将这100股转给名叫史密斯的一位亲戚，当时股票市值为200美元。1942年，史密斯以150美元的价格出售这100股普通股股票。现在，根据这里提出的安排，这些转让将产生以下个人所得税报告：对于琼斯，1940年，收益1万美元（赠与时的市值减去原值）；对于史密斯，1940年，通过赠与获得收入2万美元；对于琼斯，1942年，损失5000美元（赠与时的市值减去销售所得的金额）。

使用“实现标准”计算个人所得税时，不允许在没有最终和解，即没有最终计算其收益或损失（或遗产）的情况下就将个人的财产转让出去。由于实际问题是防止大规模避税和故意避税，因此根据行政简化原则，可以不允许扣除通过赠与转让财产的“账面损失”，即使相应的“账面损失”包含在应税收入中。

值得注意的是，关于通过赠与、继承和遗赠转让的财产，采取这里提出的措施将会彻底解决未分配的企业收益问题，这是个人所得税问题，也将消除对这里提出的措施的需求。

11. 值得注意的是，近期美元黄金价值的急剧下降可能为逐步、持续降低关税和提高出口产品，尤其是棉花和小麦的价格（相对于其他价格）创造理想条件（在国际上，这是必要的）。

12. 最近建筑成本的显著上涨就是一个很好的例子，虽然几乎没有在建的建筑物。

13. 还有一方面没有强调，即真正的自由改革必须旨在明确改变经济规则，必须通过名义上具有自由裁量权、决策权的行政机构将管控依赖程度降到最低。我们已经注意到了有关货币和银行业改革问题，但是许多其他领域也非常重要。现在，区分人治与法治具有重要的意义。如果我们朝着人治的方向发展，我们就是在接受或招致法西斯主义。实现独裁的最直接方式就是在具体领域创造许多小型专门机构。对于传统的自由主义者而言，回想总统、财政部部长、《国家工业复兴法案》、美国汽车协会、美国复兴金融公司、美国证券交易委员会已经被赋予的专断权力是件很可怕的事情。无论这种策略在危急情况下是多么的合理，我们必须面对的情况是紧急措施不可能是完全临时的，以及在这种危急情况出现之前我们正朝着这一方向不断迈进。

很大程度上的行政自决对于良政至关重要，但是必须节约行使这种权力。如果在实施新的改革措施方面允许充分的自由，那么我们追求的是减少行政当局权力的速度和经验为更明确的立法规则奠定基础的速度一样快。

第　四　章

1. 参见《商业瓶颈》，瑟曼・阿诺德，纽约：Reynal Hitchcock 出版社，1940 年。

2. 参见《谢克特生蓄公司诉联邦案》（1935 年）。

3. 参见《政府的象征》（1935 年）和《资本主义的神话》（1937 年）。

4. 如果解释我这里不打算提及神学真理或源自上帝、教皇或形式逻辑的“第一原则”，这可能会避免产生误解。

5. 这里不适合详细说明我提出的试验性改革计划。实际上，我必须承认自从我几年前在《论自由放任经济的实证方案：关于自由经济政策的一些建议》（本书第二章）中的“公共政策手册”部分中提出过许多建议之后，我没有在这些方面进一步思考。我相信如果专家采纳了同样的一般观点，他们可以提出更好的具体建议。我希望有人会这么做。

第　六　章

1. 本文的手稿写于1941年。手稿并不计划发表，而是私下提出一些其他话题讨论中出现的观点或偏见。后来，一些友人读到了这篇手稿。其中有人质疑反对者发表的声音，于是把这件事交给了编辑。编辑决定发表后，我在原稿上加了一部分内容和几个脚注。

2. 引自《实践经济学》，庇古，伦敦，1935，第10—11页。

3. 联邦腐败与地方腐败（除了各州机构和地方机构运转不正常以外）之间的主要区别就是地方腐败很丑恶，联邦腐败通常是看似诚实的人所为，采用无懈可击的法律手段来实现。总体而言，民主党认可地方腐败的情况。

4. 最近，有些经济学家和宣传人员提出了基于成人教育和规劝的反垄断计划。似乎需要让企业巨头认识到低价格和大体量的垄断优势（例如传统的边际分析"错误"）。只需要教会劳工领袖将自己视为商人或劳工买卖者。我认为一切都取决于这些弟子们是否是垄断者。如果他们不是垄断者，那就可以使用竞争性营销技术来教他们。应该精心培养和保护垄断者中的经济文盲。更加深入地理解垄断者如何充分行使或主张权力将是国家灾难，也是国际灾难。我完全不相信通过散布幼稚的经济谬论和混乱的价格理论来误导他们（和其他人）的计划。

5. 在本文，最好意识到工会可以发挥多种有效职能。除了与工资率、劳工成本、限制性措施和垄断权或议价能力有关的服务之外，工会可以提供多种有价值的服务。工会不会试图详细列举或评价有益的活动或活动的有益方面。故意忽略意味着工会不愿意去质疑或减少工会主义的益处，只是有可能强调各种考虑因素和方面，而这恰恰是这类经济学家的工作。强调那些可以量化分析或抽象分析的事情并不意味着其他事情就不重要。

还可以提供另外两种解释。首先，对这里忽略的情况进行评价将是不充分的，意味着要求在无法维持所有权的调查领域举行听证会。其次，我希望避开那些狡猾之人的卑劣言论，他们"相信议价，但是……"这里的"但是"指的是从"但实际上不是，除了雇主"到"但不是在只雇用某工会会员的工厂里"。我要对第二种“但是”评述一下。我认为不应该剥夺强大的工会的任何权力，应该逐渐减缓弱小的工会获取权力的速度。只雇用某工会会员的工厂如同公开暴力，是获取权力的重要手段，但作为一项明显的特权或合同规定，权力一旦获得并牢牢掌握的话，权力的行使就根本不重要了。诚然，禁止这种工厂就可以挫败劳工垄断或减轻劳工垄断的观点完全是天真的、错误的。

我希望我可以真诚并且巧妙地提出，强大工会的良好职能应该得到保护和鼓励，糟糕的职能（垄断权）应该被剥夺。和其他人一样，我希望是这种解决办法，但是也和其他人一样，我无法真诚地提出这种建议，因为我不知道如何做到这一点。政治家可能会继续根据每个人的目标倡导计划，没有提及手段或实施情况，也会继续勇敢地反对恶行。教授们狂欢过后，应该回避这种花言巧语般的毒药，重新回到工作岗位。然而，不只是希望建议工会主义的许多合理特征可以得以保留，通过限制工会规模和禁止工会之间共谋来理性维持垄断权。说到这一点，人们必须停下来质问“公司工会”，然后冷静地说，反对公司工会的理由在声称只针对糟糕的公司工会时最充分，而且像手段测试一样，明确说明或仅有不良证据（如历史证据）支持时反对公司工会的理由就不那么令人印象深刻了。

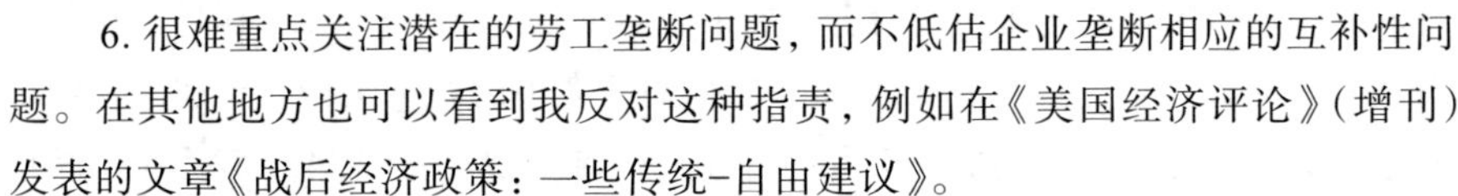

6. 很难重点关注潜在的劳工垄断问题，而不低估企业垄断相应的互补性问题。在其他地方也可以看到我反对这种指责，例如在《美国经济评论》（增刊）发表的文章《战后经济政策：一些传统-自由建议》。

7. 这里可以找到大企业和小企业经济与不经济情况的来源。前者提供了更多的选择与分级方法，后者可以接受更大的质量差异和报酬差异。从社会角度来看小规模化值得称赞，因为它承诺更好地利用优秀的工人与就业，而不是承诺让不合格的工人失业。

8. 这种观点将会解释我为何对劳工买主垄断问题缺乏自信，也就是说我对纯粹经济学理论中纵容劳工垄断的观点不自信。我认为实际上不存在重要的情况会使得雇主面对平均成本（工资）与边际劳工成本之间的巨大差距，并采取行动。无论如何，这种现象是短暂的，提出的解决方法比遭受的苦难更加糟糕。根据卖主垄断者短期的边际成本进行理性分析，如同根据垄断竞争下的边际收入进行相应的分析一样，本质上是不合理的。理智的企业家都不会以鲁滨逊-张伯伦的利润最大化计划为行事依据，如果这么做的话他会失去一切。

顺便提一下，我完全无法接受为劳工垄断和每一次诈骗所做出的辩解——“所有人都在这么做”。据说一名知名教育家最近也辩解道：“不再有任何公共利益，只有利益”。如果这种言论是正确的，无论是道德的还是现实的，我们都应该在军事方面大有作为，主张军事独裁是唯一合理的外交政策，是实现国内和平与繁荣的唯一途径！另一种含义就是到完成其他所有事情的时候才应该做某件事情。

9. 我假设：毫无疑问，强大的工会通常会提供高素质劳工。

10. 如果真的关心小企业（和一些资助他们的误导性建议）的话，那就值得考虑废止《沃尔什-希利法案》。

11. 或许，政府在改善劳动力标准方面的最佳投资就是完善职业介绍所和公共就业机构，促进劳工流动与迁移，系统告知企业家目前或未来劳工过剩的领域。可以并且应该确保企业、行业和地区之间的劳工市场在劳动力供给方面更具有竞争性，更加灵活，也不太垄断。所有这一切都是紧迫的公共事务。

12. 有人可能会意识到随着劳工组织越来越普遍，工会联盟会实行适度的工资要求，在劳工贵族之间实行适度排外的限制性措施。这种工会内部纪律和工会之间的纪律在像瑞典这样的单一民族小国，尤其是强大的自由贸易传统得以补充的话，是真有可能发生的事情。在大国或者文化多样化的群体，这种可能性完全不现实。这种有效的管制涉及政治体制中彻底的宪法改革，即将国会或国家立法机构的地位降至英国王室那样。

有趣的是，瑞典的合作企业履行了我们垄断局的职能，这不是废除该机构的关键原因。

13. 杰哈德·迈耶博士提醒我，戴雪在其著作《19世纪英国法律与舆论关系的演讲》（第二版）第155、156、190、191、467、468页都阐述过这些观点。戴雪让我想到我所阐述的观点，或许边沁和边沁主义者都曾精辟地阐述过。

第七章

1. 作者在文章《论自由放任经济的实证方案：关于自由经济政策的一些建议》（本文收录在《公共政策宣传册》第15卷，第二章）中更加完整地阐述过这些观点。

2. 参见油印版报告《银行业与货币改革》(含补遗和附录),由几位芝加哥大学的经济学家于1933年11月编写并发行。也可以参见注释1提到的宣传册。

3. 该计划的两个特征明显不同,需要评价每个特征的优势。采纳银行业改革的方案时要采纳多种不同的货币安排,包括国际金本位制。

4. 所有改革建议取决于或意味着流通货币(例如活期存款)与非流通准货币(例如定期存款、储蓄账户、短期国库券以及大公司的商业票据)之间的绝对差异,因此遭到了严厉的批评。有些人认为由于储蓄银行业不断扩张的机会,100%准备金制度不一定是令人烦恼的创新之举。这些人实际上建议我们为了微弱的收益去实行彻底的制度变革,他们确实主张大刀阔斧的改革,因为这种改革的预期效果永远不会实现。

5. 如果有人发现这个问题不清楚,下面的讨论因缺乏对货币的明确假设而令人困惑,那么他会假设任何货币体系都不会通过大规模的数量变化来故意抵消速度变化。然而,目的是关注主要通货领域之外的货币因素,并且探究私募融资领域的环境。这种环境将非常有利于在具体货币制度下实现稳定。

6. 可能有人认为,这里的重点放错位置了,所谓的"自愿清算"在数量上比债权人强制清算更为重要。毫无疑问,无法预测未来面临破产威胁的企业已经积累了有大量的现金和准货币,大量减少了可能容易延期或偿还的债务。无论事实如何,这种观点都不重要,正如下面的评论所示:

a. 我们在本文关注的是的货币因素,即金融结构是促进繁荣和加剧萧条的根源。必须将自愿清算视为相对价格失调所致,即自愿清算归因于垄断和其他的价格刚性根源。自愿减少债务和增加现金准备金和准货币可以作为自愿清算的证据。从分析角度来看,必须区分货币因素与非货币因素;从实际政策角度来看,区分与货币、银行业、财政政策和企业金融有关的因素和那些与工业垄断、劳工市场和公共监管公用事业收费有关的因素当然很重要。建议将货币因素广泛地理解并定义为与私募融资其他阶段和银行业有关的因素,就是不去质疑非货币因素的重要性。

b. 考虑到垄断和有限的价格弹性,甚至少数公司偿付提前到期的未延期债务和未偿还债务或抵御潜在困难的做法会导致或加剧失调。这些失调决定公司的清算(暂停投资、货币贮藏),这些公司的债务不会对持续的偿付能力产生任何威胁。无论从量上回答这一问题有多难，都要询问其他领域的非自愿清算造成了多少自愿清算。

7. 尽管这种金融结构简单，但债券市场的分散化会有助于稳定。在一些大型交易中心集中交易债券有力地推动了疯狂的群体性看涨和看跌。在体系中拥有敏感而明显的投机心理晴雨表很危险，因为这些晴雨表很容易实现它们所预测的情况。维持现成的投资资产市场稳定是有可能的，只是会伴随着巨大的风险和高昂的成本。我们太容易在财产权上冒风险，太容易产生一般投资流动性的危险错觉。

8. 对于一些评论家而言，强调到期债券可能导致萧条恶化而没有提及新发行债券可能促进繁荣，这是错误的。完美对称的情况出现可能会掩盖真实的扭曲。除了债务清偿可能发生变化外，远未到期的债务面临着各种销售价格的变化。相比于其他财产权，债券发行时并不近似于货币，更不可能成为用于贮藏的媒介。只有债券快到期时，即只有债券成为短期债务时，它才接近货币范畴或成为重要的货币替代品。显然，这些区别只是与连续量表上不同的度数有关，这必然是关于现实有效的货币和货币职能概念。债券发行产生的通货膨胀效应与债券清偿产生的通货紧缩效应并不同等重要。繁荣时期发行长期债券本身不可能改变通货速度，但是萧条时期债务清偿可能导致之前的债券持有者通过收到的资金数额来增加其现金准备金，即以本就很难或不可能的规模进行贮藏。可以在投机乐观时期集中发行债券，可以通过通胀式减持来吸收发行的债券，但是不能将债券形式视为重要的独立因素，无论是债券、股票还是合伙人股权。

在现有的金融组织中，大量发行债券可能与信贷扩张和减少货币持有量相一致。无论采取何种银行质量控制，无论银行有价债券的实际内容是什么，增加储蓄货币将有助于吸收这些发行的债券。有关工业变动（尤其是长周期）的实证研究可能会对因果关系进行不当推论，或严重低估银行业和该领域改革所取得的成就的重要性。

9. 如果银行只投资长期债务，会产生几大好处。商业不太会遇到无法提取运营资本的情况。银行会失去加速混乱清算的权力，这会危害自身和整个社会。不受资产流动性错误观念影响的银行家必须通过转移其投资，以满足资金需求。即使这不是储户的要求，银行家的判断也会使其维持适当的股东股本作垫。更合理的投资资金分配能够产生可观的收益，因为长期的债券投资将意味着对债务方企业更基本和更深入的分析。当然，体系存在不足，大量资金主要根据借方的短期前景和先于其他债权人进行清算的机会来分配。

当然，对于银行来说也存在一些不足。对未来投资进行细致分析的成本很高。短期票据有一大特点，即很少有人可以说清楚短期票据的价值。因此所有权人、储户和审查者会在相当长的一段时间内意识到银行已经破产，直到这种令人痛苦的状况过去。随着债券投资组合的出现，股东股本的规模会遭到债券兑换价格的严峻考验。

无论如何，可以根据早期资产向后期资产（例如短期商业票据、长期私营债务、联邦政府债券和法定货币）的转移来确定银行债券投资组合的合理变化。

10. 这里不再详细讨论这一问题。参见作者向国际经济关系国家政策调查委员会（哈钦斯委员会）提交的报告，该报告发表在《国际经济关系》（孟菲斯：密歇根大学出版社，1934 年，第 344—349 页）。

需要注意的是，金本位制不会基于符合我们在本文使用的规则去设计货币体系，金本位制只是根据其目标而不是手段，即运行规则，来制定政策。当然，可以制定这些规则。为了说明这一点，国会可以设立拥有大权和明确授权的货币管理局，可以以固定的价格自由买卖黄金，可以确保其黄金持有量与流通货币总量（包括活期存款）之间稳定的比例关系。应该大力支持该计划，还是支持将会制定金本位制体系的实际运行规则的其他计划，这还值得怀疑。

11. 选择特定的价格指数作为明确的政策规则存在许多困难。如果减少货币不确定性，货币管理局仅限于履行严格的行政职能，那么其价格包括在指数中的商品必须是(1)可以（难度很小）根据物理规格来确定的商品；(2)必须是可以在高度有组织和高度竞争性市场中继续交易的商品。该指数必须高度敏感，否则，货币管理局将会在受到严重的干扰后，被迫推延其行动，或（但愿不会如此）预测变化时必须行使自由裁量权。应该排除生产商或政府机构严密管制的价格和未来可能属于这一类的价格。

如果根据这些规格可以制定包容的代表性指数，那么这仍旧不令人满意。这种指数主要受到基本标准化商品的价格控制，带来的将是过度“通货膨胀”的规则，因为这些商品的生产可能受到技术效率进步的显著影响。正是因为这种指数，实际上我们应该远离理想的中性货币。这种指数对源自国外的变化和动乱尤为敏感，可能会决定一些不合理的、只会引起国内骚乱的货币措施。利用由国内商品价格而不是国际贸易价格构成的指数似乎最好。鉴于我们注意到的其他考虑因素，可能无法制定这种完全令人满意的指数。

应该如何权衡这些冲突性考虑因素？要做出明智而实际的决定，可以根据上述提及的秩序来大致推断作者的观点。

12. 有关货币的文献似乎整体上过于强调这种考虑因素，并且根据明确和稳定的货币宪法去降低通过预期进行自主判断的可能性。根据隐含的假设，即了解该政策就是排他占有难以捉摸的货币管理局，这可能是广泛讨论何为货币政策的结果。结果是对可能的政策规则的批判性评价，这种批评主要是关于过渡时期的困难，而不是作为既定预期基础的规则运行。

这种批评显然适用于债务人与债权人之间有关正义的普通讨论。很清楚的是，考虑到货币最低的不稳定性，利息收益差异可以弥补货币规则差异。即使不那么明显和重要，同样的观点在“强制储蓄”和诱发性失调方面也是相关的。如果货币宪法需要提高价格水平，而不是稳定或降低价格水平，那么在劳工市场、雇主和劳工领袖之间，在公共机构和私营机构决定管制价格以及货币市场等每一领域都会改变经济行为。

一般而言，如果经济中不存在这种规则，经济行为深受货币极端不稳定性的影响，那就很难根据经验判断准确的货币政策规则的优势。根据 20 年代及后期的经验来批评价格水平稳定不会有多大影响。改革的主要目标应该是降低未来的这种不确定性。从最终的运作来看，许多不同的规则有可能产生同样的效果。因此恰当的做法就是关注过渡时期出现的困难。

13. 另一种观点是单纯拖延时间不如制定准确但不灵活的货币规则风险大。如果价格指数稳定，那么有组织集团会将管制价格和工资率确立在能够阻止整个经济良好运行的水平。为了防止这种意外情况发生，可以将货币管理局设立成一种垄断控制机构，其隐含政策是故意抬高整个价格水平以抵制垄断价格和工资的每一次增长。

这种疗法通过消除恢复的可能性以减轻病人的痛苦。我们无法利用货币独裁者的鸦片抵制垄断的传染，以长久保护现有的政治经济制度。工资率和运费率方面的不确定性可能和与货币有关的不确定性一样严重，但是制造货币不确定性以期有效地抵制或抵消似乎很愚蠢。货币当局与劳工组织的长期斗争令人担忧。货币当局提高价格水平以减少失业，劳工组织在劳工部的帮助下试图在价格水平变化之前提高工资率，甚至通过提高购买力公然协助货币当局。无论如何，根据这种货币计划，以需要无限的变革式通货膨胀这种方式可以操纵价格体系中的管制部分。实际上，这似乎决定了法西斯主义在这个国家产生的真正威胁和朝着法西斯主义发展的可能路线。如果垄断对资本主义是灾难性的，那么通货膨胀就是资本主义消亡的原因。

14. 作为当前政策存在严重道德风险的证据，我们只能提及立法机构和行政机构导致代议制政府堕落的两个原因：《白银法》和《古费法案》。

15. 这些理由主要与垄断问题有关。有关作者的观点，请参见本章注释1提及的宣传册。

16. 定量政策在这方面走的太远，这是一种争论。如果私募融资领域进行最激烈的改革，货币投机活动将会不断增多、自我恶化。因此，承认货币数量长期稳定的优势时，有人认为应该进行临时改革以抵消速度变化。虽然这种观点本质上值得称赞，但是还没有，也不可能成为具体建议。根据精确的速度统计方法来起草令人满意的规则很困难，但似乎非常关键。如果有人想要基于规则构建体系，那么愚蠢的做法是颁布法律来要求货币数量稳定，但却让管理机构随意做出"临时"改变。

这些考虑因素强调价格指数规则的一大优势，即在明确的长期规则内，价格指数规则可以决定采取合理的措施解决速度变化问题。虽然价格体系更加灵活，短期融资量有限，但定量通货足以快速改变贮藏与减少货币持有量的情况。就其他考虑因素而言，人们普遍认为适度的周期性波动是为货币定量规则的显著优势所付出的代价。为简洁明确，为避免指数固有的局限性，尤其是作为永久性法律的一部分，为摆脱积极货币政策所带来的持续性动乱，为放弃利用强大的行政机构，要做出巨大的牺牲。价格指数规则更适合未来的情况，并且也会是更合适的解决方法，直到可以实现高度竞争的经济，彻底改变私人货币合约的结构。

17. 所谓的"100%"的银行业改革计划很容易被定义为重建整个金融组织的第一步。作为一种孤立措施，这种计划意味着只能逃避（以严重动乱为代价产生很小的影响），应该将分类看作另一种奇怪的计划。

18. 国会和货币当局宣布是时候反对进一步提高美国的价格水平了。这不意味着可以确保早日快速复苏或应该迅速地平衡联邦预算，而是意味着最严重的风险是为调整仍旧阻碍复苏的价格水平失调情况而进一步降低美元的商品价值。合理的计划必须降低高于其他价格的管制价格和工资率。如果要采取合理的预防措施以抵御混乱的繁荣，大规模减少货币持有量和无法控制的通货膨胀，那就必须根据当前的普遍水平去解决相对价格失调的问题。

作为一条永久性货币政策规则，还没有就价格指数稳定达成共识，但是著名的经济学家们一致认为财政政策和银行业政策不应该允许价格普遍提高。无论如何，有了国会决议的支持，货币管理局宣布要行使其所有权力，以阻止价格水平进一步上涨，这是减少未来货币环境不确定性的第一步。有了如此重要的开端，我们就可以继续制定更多政治与经济部门所允许的明确规则。

要理解我们当前面临的风险，片刻反思足以：只考虑一下领导人的政治命运，在即将出现的信用膨胀期间，他会试图阻碍或强制执行实际的抑制措施。自 1929 年以来，我们没有学到任何东西。长期萧条只是让我们想去严惩那些拒绝带来繁荣的人。有时，大谈特谈平衡预算和合理货币的政治领袖会利用这些不灵验的计策，根本不去阻止大规模减少货币持有量和私人信贷扩张。但是现在确立的合理政策规则可以在其他方法无效的领域拯救我们。

19. 作者认为，同样的问题是或应该是有关定性管制信贷与定量管制信贷争议的基本问题。定性管制意味着避免各种明确而有意义的规则，意味着更广泛的政治干预和对恰当的政府职能不太专业的认识，虽然反对政府干预私营企业的人支持定性管制。实际上，定性管制的信贷本质上等同于政治管制私人投资方向。此外，管制通货数量与政治管制作用的最狭义概念相一致，即货币管制最狭义的定义。政治机构更广泛和更直接管制货币数量的支持者大力主张只有最自由竞争应该决定投资资金的分配，即这种分配完全不受国会、财政部、货币当局或以银行家银行的形式出现的银行家组织所影响。

芝加哥学派的支持者主张这种所谓的“100%”计划，认为按照这些方法进行改革能够降低政府日益管制投资方向的风险，即当前银行业社会化的风险和私营银行组织管理“财政计划”的风险。从这点来看，有人可能会谴责赋予了银行特殊地位的大量法律，谴责制定多种监管制度（定性管制），虽然这可以区分银行债务和其他私人债务，并便于其用作货币。如果可以严格区分仓储业务和转移资金业务，可以严格区分资金调用为借贷和投资，那么政府可以将后一种业务的管制局限于提供普通保护措施，防止诈骗，维护投资市场的竞争环境。

“100%”银行业计划具有社会主义特点，因此有人指责定量管制的提倡者企图将银行业务移交给政治家。虽然这两种观点在学术上来讲无足轻重，但是为了通俗讨论，有人会对其进行驳斥，认为定性管制的捍卫者隐含地支持工团主义思想和公司制国家。对谨慎的研究者来说，任务就是谨慎界定竞争管制与政治控制的合理范围，并发现在各自范围内如何充分发挥管制。如果“100%”计划有优势的话，那就是让人们直接关注有关金融体系改革的问题。金融体系的职能复杂性使得有效分析既重要又困难。

20. 国会在任何情况下都是行政机构，能够废除货币当局的权力或抹杀货币当局执行价格指数规则的努力。遵守该规则要求合理的预算措施，因此基本取决于财政收入和拨款措施。货币当局的行政职能可以理解为主要是采取临时措施，以抑制或忽视指数中的小误差。货币当局的主要责任将是向主管和与预算有关的立法机构提供建议。

执行价格指数政策时，注意财政措施的某些特征可能会很有意思。财政变化中旧的不合理部分将会消失。假设“实际生产”持续增长，我们应该习惯于长期预算赤字，同时利息费用减少而不是有息债务相应增长的新现象。这种经历可能会引发广泛的金融混乱，这种观点支持数量规则。利息率提高时财政部会系统地借款，利率降低时财政部会减少其有息债务。换言之，价格最高时财政部公开市场购买其债务，价格极低时会出售其债务。

根据价格指数规则或货币数量规则，无法合理解释联邦债务的复杂体系。财政部的债务限于两种简单的形式，法定货币和公债或永续年金。这有助于删掉关于后代福利和公共设施使用期限的教科书式观点。

21. 有趣的是，本文的整个观点主要强调政府财政问题。储蓄货币和中央银行业务不断增长，不仅使得货币政策缺乏法治基础，没有充分落实，而且财政政策也失去了相应的方向。名义上，这是根据金本位制的要求制定的，可能要承认的是黄金的声誉有时在政府财政中执行某种规则。维持可兑换或赎回规则是法律政策的局限所在，因为这种法律政策仅仅是根据其目的制定的。无法保证预算安排或银行部门的行为真正与持续坚持规则相一致，甚至不可能将规则的违反归责于那些真正负责的人。无论金本位制还存在哪些其他的局限（参见本章注释 10），银行主要负责管理，只是模糊地认识到联邦债务不计后果的累积可能会带来困难。

后果之一就是大众讨论和学术讨论中明显缺少合理的财政原则。关于这方面的论辩，可以参见有关公共财政的教科书。批判没有公认的标准，理智的舆论缺乏真正的基础，因此不可能实现有效的民主管制。在根据金本位制的要求制定的不确定限制条件内，在政府财政领域和银行业领域大有机会倒行逆施，而且政治压力将确保充分用尽这些机会。

金融体系会导致信贷数量发生异常变化，同样也会导致极端的财政变化。在利润扩大和信贷膨胀期间，减少税率，增加开支，收回长期债务，而不是偿还债务和增加债务以允许没收货币。面对生产和就业减少的情况，要增加税收，尤其是重要的消费税，减少开支，通过借贷获得货币，而不是财政部制造货币或从先前积累的余额中释放货币。我们无法从近期对这种反常情况的认识中找到些许慰藉，因为这只是对开支情况的单方面临时调整，或许会造成更大的混乱。应该彻底改变所有既定财政措施，这似乎是纯粹的冷嘲热讽或完全绝望的忠告。就当前金融组织内部改革的可能性而言，这是有意为之。如果缺少准确的既有货币政策规则，合理的财政政策是不现实的，甚至无法制定。但是尽早采取这样的规则或朝着这样的规则迅速发展是完全合理的。

22. 为确保大众支持，强大的道德支持以及政治稳定，基于价格指数规则而利用指数是合理的，因为指数变化大体符合中等收入家庭的生活成本变化。应该适当重视这种考虑因素，但是将这一点加到本章注释 11 中时，我们可以发现可实现的最佳指数必须远远低于此方面的要求或其他当面的特定标准。

23. 参见《国际经济关系》，第 96—98 页。

第　八　章

1. 参见阿尔文·汉森的《财政政策和经济周期》(1941 年)，第 ix 页和第 462 页。

2. 参见《经济周期》(1939 年)，第 1032—1050 页。

3. 这种观点可以让我们从历史的角度理解复苏的原因。但是相比于通货紧缩必须通过货币和财政政策的政治影响产生负面的预期弹性这一事实，这种观点似乎不那么重要。

4. 在另一方面他说道："同样值得怀疑的是能否在降价的过程中构思一种现实的解决方法，以扩大各个行业的生产。如果某行业能够合理假设它面临灵活的需求状况，那么它就能降低其商品价格。但是实际情况并非如此……这意味着降低价格不会增加销售额，扩大生产会增加货币总成本。"

这里对行业来说真实的情况可能对所有的行业或多数行业来说就非常不真实。当然，不能管制其工资或价格的集团无法通过价格或工资妥协让自身处于有利地位。集团通常认为自己缺少理想的纯垄断情况。实际上，这是工团主义组织面临的显著问题。考虑到财政补偿模式，如果都做出让步，所有这类集团(更别提社会其他领域)可能会更好。竞争会迫使它们放弃自残的特权。但是如果没有竞争，就没有办法根据共同利益或甚至垄断者自己的共同利益采取行动。

5. 或许不应该妒忌汉森批评理论而不是理论家的夸张手段，但他的批评过于针对一些无足轻重的人。无法判断出哪位经济学家的观点与被抨击的观点一致。相对价格调整的提倡者通常也极力主张货币政策与财政政策。很少有人假装认为降低刚性价格是阻止通货紧缩的有效手段。或许汉森喜欢过于简单的解释可以解释他这里的难题，这种简单的解释使得汉森的观点与其他观点相对立，被错误地简化为类似的简单性。

6. 参见我对汉森的评论性文章《全面复苏还是停滞？》，《政治经济学》第47卷，第272—276页。

7. 第三章《萧条时期的货币政策》没有提及货币贬值问题。第四章是《复苏时期的财政政策》。

8. 我在提到货币发行时，许多读者更喜欢阅读"向银行借款"的部分；提到借贷时，他们更喜欢阅读"向公众借款"的部分，例如个人和非银行企业。相比于我对银行业改革和金融重建的建议，这里的问题没有主要关注汉森的建议的优势(参见《货币政策规则与当局》，发表于《政治经济学》第44卷，第1—30页)。现在，货币发行概念比向银行借款概念更清晰，因此银行肯定还有额外的货币，而债券不可能保持不变，要么是成为实物，要么成为银行的净增资产。

9. 参见古斯塔夫·卡塞尔《利率的性质与必要性》(伦敦，1903年)。

10. 参见《货币政策规则与当局》和《论自由放任经济的实证方案》(芝加哥，1934年)。

11. 汉森没有说过，如果存在非自愿失业，开支就不会导致通货膨胀。根据劳工成本或刚性工资率不变的假设，虽然这种普遍的教条主义大体合理，但在劳工素质差异巨大的领域是不真实的；在工资率对收入、企业收益和失业的上升高度敏感的情况下，这种普遍的教条主义在单向刚性价格领域更不真实。

12. 疯狂的集体主义者可能会欢迎这项计划给私营企业有可能带来的萎缩和糜烂，但是他们应该感到惊讶的是，资本主义消亡留给新秩序世界的将是工资率问题（少数派）。对于保守派，思考理智而负责任的社会主义者对社会中强大的劳工组织的态度时，可以获得些许痛苦的满足感。

13. 在稳定的指数规则下，很难维持最大限度的货币扩张，并且如果当局谨慎，没有逾越指数规则，就很难达到。因此，可以提出具体观点，认可可忽略不计的上升指数规则，该指数以最低的速率上升，比如说每年 1%。这可以避免稳定指数的“死点”问题，通过要求更多来确保在该规则下的最大扩张。我后悔对贮藏征税的建议做出明显的让步，但是该计划只是简单有效地运用了那条建议，因此如果政治压力迫使我们这么做的话，我们有可能完美地落实这项糟糕的计划。

14. 这体现了超国家货币或世界货币计划的致命弱点。

15. 让我感到惊讶的是像汉森这样聪明的人竟然主张财产税，尤其是出租房，主要从业主转移到了普通民众身上。有趣的是如何利用独特的资本理论和周期理论，让塞利格曼在这方面的观点变得合理。

16. 很少有人意识到销售税和工资税的累退性不如联邦消费税。联邦消费税作为从量税（按照各种价格和质量统一征税），对极低收入弹性的商品进行征收。

17. 请允许我表达对汉森提及的食物券计划的憎恶。我认为食物券作为暂时的措施可能合乎情理，但是它代表了完全不道德的政治推销，把对生产商（最终是地主）的补贴打包其中，在政治上出售为贫民救济金，在对不同农业利益者和部门的相对分配中无限给予行政恩惠。

第 九 章

1. 正如我在其他地方所主张的那样，合理的税改是没有漏洞的个人所得税，基本税率很高，也很稳定，免税水平不同，税收来源广泛。

在这方面，如果货币而不是债务是财政政策或实践的剩余要素，那么对民主进程如何运行这一问题进行推测很有趣。名义上，国会拨款和征税，让财政部在慷慨、弹性和惯例授权的情况下通过借贷弥补赤字，或者利用盈余来减少债务。假设将这种做法反过来，即所有关于销售或购买债务（公债）的法律具有强制性，例如税法；在广泛、容许、持续授权的情况下，通过发行或偿还货币自动解决所有的赤字或盈余问题。可疑的是，如果发行权局限于政府（100% 或最高限度的准备金），那么这项计划将产生比现行政策更负责任的财政政策。

当然，我们的建议介于两者之间。除了公债，不会借贷授权，即财政部在（票据）到期方面没有自由或自由裁量权，连名义利率方面的自由或自由裁量权也没有。由于财政部受到这种限制，并获得稳定价格指数的授权，因此它会拥有慷慨或无限制的货币发行和借贷授权。财政收入盈余或赤字将会决定货币和公债总额的增加或减少，价格水平稳定的必要性将决定货币与公债数量的相对变化。与税收相比，过度的开支将反映公债的增加，或减少债务计划的失败。希望大多数选民理解价格水平稳定的好处，必须保护借贷权不受战事的影响，或者在战争期间不受持久战事的影响。由于债务结构简单，要认识到危害或牺牲这些目标的做法和有效威胁领袖的政治未来的做法，因为他们纵容或支持这些做法。

2. 提及最大化等可能是奢侈的论战，因为“这些条件”本身就意味着确定数量。

3. 就单纯的货币目的而言，公开市场操作应该基于股本而不是货币合约。只有集体主义者可能会理智地提出这种听上去完美却难以实行的货币建议。最终管制的是收入和开支，因此可以在有息债务要求一定管理的领域采取公开市场措施。在纵容政府滥用货币权力的经济中，没有理由羡慕集体主义政府仍然拥有更大的权力。

4. 并未遵循的一点是不应该在繁荣时期偿还债务，尽管在这个时候应该慢慢偿还，并且也根本不可能，除非完全控制通货膨胀。如果在繁荣时期适当维持并提高税率，那么公开市场操作可以体现这个时候的买卖平衡。在萧条或通货紧缩时期，偿还债务作为货币化债券计划的一部分，应该以最快的速度进行。在美好的未来，偿还庞大的战争债务和战前债务将以不同的速度不断进行，这不是前进和后退的问题。保持总量不如最先获得有意义。如果我们的民主在经济上是负责的，那么这场战争之后我们的债券债务至少和20年代债权债务的减少速度一样快。如果为了抵御下一次全面战争引发的通货膨胀，就必须保护借贷权。相对于军队或海军，未行使的权力和财政诚信的记录（我们还有机会开始）现在被严重低估了，但我打赌未来美国会通过真正的财政节俭来保护国内统一，保持士气。

5. 当然，避免不稳定，即让稳定化措施真正生效，可以减少损失。

6. 吹毛求疵的评论家会在这里注意到我的一般规则在利率最大化方面存在例外。

第　十　章

1. 参见《关于债务政策》，《政治经济学》，1944年，第52卷，第356—361页。

2. 价格指数稳定是货币-财政政策的指导原则，这种观点并不是要建议近期发生彻底变革后维持或巩固现有的价格水平。实际上，现在（1945年）可以逐渐地管制通货紧缩；阻止近期的品质退化后，放弃直接管制后，以及货币-财政政策再次与市场联系起来后，对于企业而言，可以在政治上使得价格稳定在1941—1942年的水平。“米达尔领导的（联合国）欧洲经济委员会”向瑞典提出类似的建议：“由于价格上涨快于收入，社会中的这些集团在战争期间的实际收入减少了，它们会通过降低价格水平而不是提高名义货币收入，以恢复之前的实际标准。”

1941—1942年价格水平的优势之一是可以让我们维持货币的当前价值，这是普遍认可的目标。现在和1931—1932年时的情况一样，只坚持这种方法是不可能的。如果只是为了在未来通货膨胀风险或战争时期减少货币期望值的恶化，我们应该改变债权人、领年金者和战时货币贮藏者的财产近期被没收的情况。要实现这一目标，我们会在过渡时期大范围失业方面付出一些代价。但是也有可能不会付出这些代价，除非人们假设战略性工资率的变化无关于货币政策或货币期望值。如果商品价格水平现在比工资率高，那么应该调整价格水平，应该鼓励劳工要求，期望实际工资的增长而不是未来几年货币工资率的提高。货币稳定可能难以实现，除非我们愿意将其视为政策规则或原则，在财政实践中建立货币期望值的基础，即如果不阻止通货膨胀（和通货紧缩）的异常变化，那么它将会被彻底改变。明智的开端就是逐渐改变我们近期的战时通货膨胀。至少，我们应该提前改变货币价值进一步下降的情况，如果货币价值的确下降的话。

3. 是否应该将在兑换成更长期债券和减少流动性特征的过程中产生的变化视为不仅仅是名义上的利率变化，这是一个被忽视的定义问题。提高联邦债务的收益，使其不太等同于货币，并不会提高长期私人投资的资本成本，除非大企业可能会与政府竞争他们可以提供的流动资金。对我来说，当前对确定或控制利率的讨论只是讨论改变政府债务的货币性，除此之外毫无意义。当然政府货币化其全部债务，就可以将其利息降为 0。有人会认为这种措施会降低私营企业的资本金成本吗？只有拥有发行权的政府可以赋予债券资产流动性，但这种流动性产生的低利率可能会刺激政府投资，使其在误导性的利息负担计算方面非常廉价。除了创造通货膨胀的期望值，我无法理解低利率如何促进私人投资。留下大量未证实公债的优势之一就是，我们可以从实证角度发现除了恐慌以外，提高资产流动性是否可以降低其收益。在财政状况良好的社会，公开市场购买公债会降低价格而不是提高价格。

4. 关于货币或资产流动性需求长期增长的实证证据是长期政策的不稳定基础。从货币极端不稳定和不确定性到未来货币价值高度稳定，都无法推测这种需求的发展趋势。提高大众收入某种程度上应该会增加流动准备金需求。但是如果实现并维持货币稳定，那么货币稳定会逐渐减少这种需求。几十年就可以逐渐将全部联邦债务货币化是不现实的，或取决于维持货币稳定和不确定性。如果是这样的话，较少货币数量需要的更大的货币债券可以补偿偿还债券较高的税收成本。如果真是如此，那么长期的债券货币化好坏参半：债券货币化可以减轻税收问题，同时会加剧货币问题。未来货币稳定需要的货币数量越少，这种简单合理的财政稳定手段就越充分，越有效。当然，大众收入所得税的微妙变化就足以产生强大的、及时的货币效应。实际上，公众对货币稳定的信心是实现稳定的主要手段。如果其他条件不变的话，较低的资产流动性需求将会反映这种信心的每一次增加。总体而言，人们希望货币稳定和债务偿还会需要更多的收入而不是开支。

5. 除了实际利润(净实际生产率)的平均期望值之外，与公债相比，资产和股本提供的通货对冲将变得不安全，具有剥削性，以致我们的机构体系无法运行。根据政治通货膨胀-通货紧缩期望值的不对称性，必须向人们支付以放弃通货对冲，除非是资产和股本，尤其是沉没投资中的财产。后一种规定表明了私人投资和利率最近降低的不同原因。

6. 坚持银行业的原因之一是我们无法设立机构来调用中产收入家庭的储蓄。如果立法机构和经济学家更加关注给予我们少量良好的投资信用，不太关注让银行账户和人寿保险安全和可销售，那么我们可能会实现更好的金融组织体系。

第 十 二 章

1. 我这里指的不是说专家没有受到最近对货币传统观念抨击的影响，我指的是如果专家不受传统货币观念的束缚，他们会像心灵主义者一样思考和计划，会过分强调与财政过程相对的银行业过程。

2. 因为从政府领导层那里获得了最终的喘息机会，两党都宣扬并践行的理念是如果物价管理局和其他直接管制的机构中存在最多的无价值工作，那么通货膨胀是最佳的税收形式。

3. 黄金价值显然是一个“法令”(fiat)问题，有趣的是“法定通货”(fiat currency)仍旧是一种污蔑性的说法。

4. 反对补贴的假设是一条重要的自由民主信念。

5. 有人谴责他们的“商品协议”，即使这种协议不只是为了安抚特殊利益，也是失败主义者承认强大的少数派应该针对货币无法实现普遍稳定的可能性制定排他主义的垄断计划!

6. 如果《经济学人》反映的是英国对战后商业政策负责的观点，并且不仅仅是在呈现与我们谈判的政治构想，那我们就失去了和平。

7. 历史学家会嘲笑关于划时代事件起因的这种简单观点。历史学家可能认为我们所犯的货币错误仅仅是深刻历史或文化趋势的表面现象。如果只是因为人类坚持将自己的构想强加于现实，那么过去的远见必然与决定论有关。部分改革者的短浅看法可能是只见树木，不见森林，但是避免了一些具体性措置谬误，至少避免了细节不重要的致命感，这种致命感在可以开展民主讨论的事情上导致玩世不恭和不负责任的态度。实际上，历史学家和全面规划者或革命者一样身陷知识困境，即历史学家知道的不多，无法证明自己的主张，即使是事后聪明。如果强制推行历史学家的整个计划，那么他对过去的整体认识要比激进者对未来的叙述更可信。

博学的读者到处都可以发现我读过哈耶克教授的文章《科学主义与社会研究》，我一直在读厄奈斯特·巴克的著作——《关于政府的思考》。如果有人完全赞同这篇文章表达的观点，那么我力荐这两本书，但是要提醒的是巴克在一些篇幅中似乎无意中否认了对其一般政治观点非常重要的经济学观点，尤其是巴克将工团主义误认为经济民主。

8. 大家可以在这里注意到一种普遍的离经叛道的观点，即我们仅靠财政计策就能解决国内问题，无须担心对国内贸易的限制因素。货币稳定是促进国家内部职能集团之间以及国家之间的个人主义竞争性贸易的有力和必要手段。货币稳定不可能把秩序或和平引入国家对外贸易垄断的竞争之中或辛迪加民主社会的事务之中。除了在商品与服务市场充分自由的国家或者在完全集体主义的国家之外，货币稳定无法确保充分或稳定的就业。

9. 简言之，上述假设的是国内的价格水平或其他国家的收入结构可能是既有的或自主决定的。

10. 对于外行读者而言，这种观点或许值得进一步阐述。假设我们知道各国的价格水平和工资水平，按照各国货币来表示，例如美元、英镑、先令、法郎、马克、克朗、里拉等。我们想说的是，这一问题是按照这种大体可以平衡国际支付的方法确定税率（其他货币的美元价格）。国际支付包括债券支付和代表长期资本流动的债务支付。简言之，就是为了避免讨论多种货币之间的关系，让我们使用先令或英国货币，以代表所有外国货币。

假设如果没有美国的保护性关税，现在 1 英镑兑换 4 美元的汇率能够平衡美国与其他所有国家之间的支付。显然，后来支付会失衡，即如果这里存在保护性关税，那么按照 1 英镑兑换 4 美元的汇率，我们的出口会超过进口（包括长期债券）。如果没有壁垒的情况下这种汇率是合适的，那么 1 英镑兑换 4 美元的汇率对我们的关税体系来说就太高了。如果保留保护性关税，那我们应该确定较低的汇率，比如 1 英镑兑换 3 美元。按照这种较低的汇率，那么进口许多非应缴税或适度缴税的商品就是有利可图的。但是根据自由贸易和 1 英镑兑换 4 美元的汇率，进口就是无利可图的。因此，国内其他行业会失去较高汇率的保护，因为一些行业得到了繁重进口税的过度保护。此外，出口商品的生产也会因此受到影响。能够销售到海外的美国商品如果按照 1 英镑的价格定量出售，那么美国生产商可以获得每单位 3 美元的收益，而不是在没有关税的情况下会获得的每单位 4 美元的收益。

因此，如果我们支持对一些行业征收繁重进口税，这必会损害国内其他行业，包括与其他进口相竞争的生产行业和生产出口商品的行业。统一保护合理汇率既有助于实现更大的贸易总额，也有助于更高效地利用我国的资源。从国际上看，这种保护较少受到专制操纵和不合时宜的操纵，更多是一种对特定进口商品的混合关税，这些关税不断受到政治选票互助和压力集团的影响。

第十三章

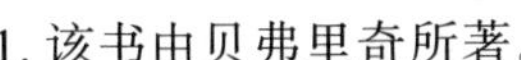

1. 该书由贝弗里奇所著。

2. 参见《贝弗里奇报告——社会保险和相关服务》。

3. 参见《充分就业的经济学——应用经济学的六项研究》，第 vii 页和第 213 页。

4. 作为一般原则，可以规定商业竞争必须是自由的，而不是强制的。如果行业发展的趋势是不同独立部门之间合作或合并，那么政府的发展趋势应该是管制而不是阻止这种趋势。

5. 如果充分就业时期工会坚持不合理的工资要求，那就不可能维持稳定的价格水平。工资决定必须是政府的一项职能。如果充分就业时期私营企业主开始通过有组织垄断和价格操纵来剥削消费者，或出于政治目的而滥用经济权，或者他们在扩张性经济中，即使得到政府的全力支持，也无法稳定投资过程，那么私营企业主就无法长期拥有所有权。

6. 有人可能会问，如果政府想借款 100 万英镑并用于开支，而公众不愿意认购超过 60 万英镑的长期或短期不限量发行的债券，那么情况会怎样？答案很简单。根据一般的经济形势去决定 100 万英镑的赤字开支，那么政府要通过英格兰银行的短期贷款来筹集余款 40 万英镑。政府继续开支这 100 万英镑时，它可以将社会储蓄提高 100 万英镑。这些新储蓄会再次以某种形式持有，例如现金、存款、票据或债券。如果从英格兰银行的借款中开支 40 万英镑，那么这笔钱就增加了该银行的现金基础。银行不希望其持有的现金与存款比率超过通常的比率。因此，银行未来会再次认购这种不限量发行的债券，但公众不想以现金或银行存款的形式持有银行全部的新储蓄(这取决于营业额)，他们也愿意认购不限量发行的债券。银行可以根据公众意愿持有银行存款的程度来认购这些不限量发行的债券。如果公众的现金需求得到了满足，拒绝以额外的银行存款持有当前的新储蓄，那么所有认购的不限量发行债券就都来自公众而不是银行。银行存款和银行资产就会停止扩张。

上述讨论的本质如下：维持稳定的利率首先意味着决定利率应该是多少；其次是根据确定的利率为公民提供的利率恰恰是他们希望的。具体而言，这意味着不限量发行债券不足以解决预算赤字时，就要持有长期债券和短期不限量发行的票据，或从英格兰银行借款来创造额外的现金或央行货币。但这不意味着通货膨胀，因为这种赤字规模可以解决在没有赤字的情况下出现的通货紧缩差距。如果不限量发行的债券超过了政府要求的数量，那么这说明政府提供的利率过高，应该让政府降低利率。

7. 关于这些方面的观点，可以参见《关于债务政策》，《政治经济杂志》第 52 卷，第 356—361 页。公债的优势之一是，公债是通货膨胀的晴雨表。公债价格的变化反映了价格水平的普遍期望值。

8. 此外，这可以被看作是证明利率政策本质上无效的一种方法，因为设想的安排毫无意义，即公开市场操作只有微不足道的活期贷款利率杠杆这种安排。

顺便要注意的是，在美国，糟糕的债务政策的附带优势是我们朝着 100% 储备银行业发展，让银行失去对某些债券的持有资格。简言之，由于低利率和高资产流动性，我们会发现特殊债券具有“存款-发行”的特权。

9. 美国的预测者应该阅读卡尔多的著作，尤其是第 385 页第 41 段：“这一证据证明了收入长期增长，消费也会按一定比例提高(参见克拉克的著作《国民收入与开支》第八章)；储蓄随着收入增长而不成比例地增长是典型的短期现象。”但是，他继续说：

“根据1948年的可使用所得来估算储蓄的最合理假设是，假设对于实际所得因长期因素（例如生产率提高的部分）而提高的部分，储蓄与实际收入以相同的比例增长……对于实际所得因消除失业而提高的部分，储蓄以更高的比例增长……这种假设意味着长远来看，储蓄的所得部分不是随着实际所得额的变化而变化，而是随着就业水平的变化而变化。”

这重述了凯恩斯主义对生活现实的脆弱假设，但是我们应该接受一种大概的假设而不是这种假设。要避免实证抨击的风险，同样要经得起检验。

10. 如果这是“成熟经济”的含义，即商业不再将其资产流动性置于银行的需求之中，那么就赞美上帝实现了成熟的自由裁量权。

11. “首相在估算了充分就业时期公民用于消费与投资的开支数额后介绍了这项预算，根据估算的私人廾支，他一定会建议国家开支必须足以充分利用本国的全部人力资源。”

12. 关于这方面的观点，参见《经济稳定与反垄断政策》，《芝加哥大学法律评论》第十四卷，第338—348页；也可参见本杰明·格雷厄姆的文章《世界商品与世界货币》，《政治经济学杂志》第五十三卷，第279—281页。

13. “如果国内市场的繁荣可以让英国的工业主义者忽视国外市场，那么政府有必要为私人贸易者的出口创造充足的投资或干预出口业务。”

参考文献

"The Tax Exemption Question," *Journal of Business* (State University of Iowa), I, No. 4 (March, 1923), 9–12, 24.

Review: Harry Gunnison Brown, *The Economics of Taxation*, *Journal of Political Economy*, XXXIV, No. 1 (February, 1926), 134–36.

Review: Harrison B. Spaulding, *The Income Tax in Great Britain and the United States*, *Journal of Political Economy*, XXXVII, No. 3 (June, 1929), 373–75.

Review: James W. Angell, *The Recovery of Germany*, *Journal of Political Economy*, XXXIX, No. 2 (April, 1931), 263–66.

"Syllabus Materials for Economics 201." Chicago: University of Chicago Bookstore, 1933 and revised. Pp. 62. (Mimeographed.)

Review: T. E. Gregory, *The Gold Standard and Its Future*, *Journal of Political Economy*, XLI, No. 1 (February, 1933), 137.

"Inflation" (bibliographical note), *Book List*, April, 1933, pp. 221–24.

"Mercantilism as Liberalism," a review article on Charles A. Beard (ed.), *America Faces the Future*, *Journal of Political Economy*, XLI, No. 4 (August, 1933), 548–51.

"Banking and Currency Reform," "Banking and Business Cycles," and "Long-Time Objectives of Monetary Management." Three memoranda, November, 1933. (Mimeographed.)

A Positive Program for Laissez Faire: Some Proposals for a Liberal Economic Policy. "Public Policy Pamphlet," No. 15. Chicago: University of Chicago Press, 1934. Pp. iv+40.

"Currency Systems and Commercial Policy," a memorandum published in *International Economic Relations*, pp. 344–49. Minneapolis: University of Minnesota Press, 1934.

"The Commodity Dollar." A review of George F. Warren and Frank A. Pearson's *Prices*, *New Republic*, January 31, 1934, pp. 341–42.

"Money and the New Deal," a review of Leo Pasvolsky's *Current Monetary*

Issues, *New Republic*, February 21, 1934, pp. 53–54.

"The Gold Cure," a review of Lionel Edie's *Dollars;* Edwin Walter Kemmerer's *Kemmerer on Money;* O. M. W. Sprague's *Recovery and Common Sense;* Eleanor Lansing Dulles's *The Dollar, the Franc and Inflation;* Willard E. Atkins' *Gold and Your Money;* and Francis W. Hirst's *Money, Gold, Silver and Paper*, *New Republic*, June 6, 1934, pp. 106–7.

Review: Sir Josiah Stamp, *Taxation during the War*, *Journal of Political Economy*, XLII, No. 5 (October, 1934), 716–17.

"Economic Reconstruction: The Columbia Report," a review article on *Economic Reconstruction: Report of the Columbia University Commission*, *Journal of Political Economy*, XLII, No. 6 (December, 1934), 795–99.

Review: Bhalchandra P. Adarkar, *The Principles and Problems of Federal Finance*, *Journal of Political Economy*, XLIII, No. 2 (April, 1935), 267–69.

Review: Lauchlin Currie, *The Supply and Control of Money in the United States*, *Journal of Political Economy*, XLIII, No. 4 (August, 1935), 555–58.

"The President's Inheritance Tax Policy," *Polity*, III, Nos. 7 and 8 (July and August, 1935), 124–27.

"Depression Economics," a review of Sir Charles Morgan-Webb's *The Money Depression;* Frederick Soddy's *The Role of Money;* and Anonymous, *Moneyless Government*, *Christian Century*, November 6, 1935, p. 1421.

"Rules versus Authorities in Monetary Policy," *Journal of Political Economy*, XLIV, No. 1 (February, 1936), 1–30. Also published in Findlay MacKenzie (ed.), *Planned Society*. New York: Prentice-Hall, 1937.

"The Requisities of Free Competition," *American Economic Review, Supplement*, XXVI, No. 1 (March, 1936), 68–76.

Review: John Maynard Keynes, *The General Theory of Employment, Interest and Money*, *Christian Century*, July 22, 1936, pp. 1016–17.

Review: C. O. Hardy, *Is There Enough Gold? Journal of Farm Economics*, XIX, No. 1 (February, 1937), 371–73.

Review: Committee on Taxation of the Twentieth Century Fund, Inc., *Facing the Tax Problem: A Survey of Taxation in the United States and a Program for the Future*, *Journal of Political Economy*, XLV, No. 4 (August, 1937), 532–35.

Review: Antonio de Viti de Marco, *First Principles of Public Finance*, and *Grundlehren der Finanzwirtschaft*, *Journal of Political Economy*, XLV, No. 5 (October, 1937), 712–17.

Personal Income Taxation: The Definition of Income as a Problem of Fiscal Policy. Chicago: University of Chicago Press, 1938. Pp. xi+238.

"Capital Gains," a discussion in the Conference on Research in National Income and Wealth, *Studies in Income and Wealth*, II, 255–59. New York: National Bureau of Economic Research, 1938.

Review: A. S. J. Baster, *The Twilight of American Capitalism*, *Journal of Political Economy*, XLVI, No. 5 (October, 1938), 728–29.

Review: Alvin Harvey Hansen, *Full Recovery or Stagnation? Journal of Political Economy*, XLVII, No. 2 (April, 1939), 272–76.

"Problems of Policy in Federal Taxation," *Law School Conferences on Public Law* (University of Chicago Law School), 1940, pp. 1–11.

"Incidence Theory and Fiscal Policy" (summary of discussion), *American Economic Review, Supplement*, XXX, Part II, No. 1 (March, 1940), 242–44.

"For a Free-Market Liberalism," a review article on Thurman Arnold's *The Bottlenecks of Business*, *University of Chicago Law Review*, VIII, No. 2 (February, 1941), 202–14.

Review: Gardner C. Means, D. E. Montgomery, J. M. Clark, Alvin H. Hansen, and Mordecai Ezekiel, *The Structure of the American Economy*, Part II: *Toward Full Use of Resources. A Symposium*, *Review of Economic Statistics*, XXIV, No. 1 (February, 1942), 44–47.

Review: Albert G. Hart and Edward D. Allen, in collaboration with nine other members of the Economics Staff of Iowa State College, *Paying for Defense*, *Harvard Law Review*, LV, No. 5 (March, 1942), 888–92.

"Hansen on Fiscal Policy," a review article on Alvin H. Hansen's *Fiscal Policy and Business Cycles*, *Journal of Political Economy*, L, No. 2 (April, 1942), 161–96.

Review: Lewis Corey, *The Unfinished Task: Economic Reconstruction for Democracy*, *American Economic Review*, XXXII, No. 3, Part 1 (September, 1942), 616–21.

"Trade and the Peace," in Seymour Harris (ed.), *Postwar Economic Problems*, pp. 141–55. New York: McGraw-Hill Book Co., 1943.

"Postwar Economic Policy: Some Traditional Liberal Proposals," *American Economic Review, Supplement*, XXXIII, No. 1 (March, 1943), 431–45.

Review: Roswell Magill, *The Impact of Federal Taxes*, *University of Chicago Law Review*, X, No. 4 (July, 1943), 502–4.

"Postwar Federal Tax Reform." Chicago, 1944. Pp. 140. (Mimeographed.)

"Some Reflections on Syndicalism," *Journal of Political Economy*, LII, No. 1 (March, 1944), 1–25.

"Economic Stability and Antitrust Policy," *University of Chicago Law Review*, XI, No. 4 (June, 1944), 338–48.

"The U.S. Holds the Cards," *Fortune*, September, 1944, pp. 156–59, 196–

200. [The original version of this essay was written in May, 1944, and appear as chapter xii in this volume.]

"On Debt Policy," *Journal of Political Economy*, LII, No. 4 (December, 1944), 356–61.

"A Political Credo" (not previously published).

"International Monetary and Credit Arrangements" (discussion), *American Economic Review*, XXXV, No. 2 (May, 1945), 294–96.

"Should the Capital-Gains Tax Be Repealed?" *Modern Industry*, August 15, 1945, pp. 117–30.

"The Beveridge Program: An Unsympathetic Interpretation," a review article on William H. Beveridge, *Full Employment in a Free Society*, and *The Economics of Full Employment: Six Studies Prepared at the Oxford Institute of Statistics*, *Journal of Political Economy*, LIII, No. 3 (September, 1945), 212–33.

Review: Benjamin Graham, *World Commodities and World Currency*, *Journal of Political Economy*, LIII, No. 3 (September, 1945), 279–81.

Review: William Diamond, *The Economic Thought of Woodrow Wilson*, *Journal of Political Economy*, LIII, No. 4 (December, 1945), 365–67.

"Federal Tax Reform," *International Postwar Problems*, III, No. 1 (January, 1946), 19–30.

"Debt Policy and Banking Policy," *Review of Economic Statistics*, XXVIII, No. 2 (May, 1946), 85–9.

"Income Tax," *Encyclopaedia Britannica* (1946), XII, 135–36.

"Federal Tax Reform," *University of Chicago Law Review*, XIV, No. 1 (December, 1946), 20–65. [Extracts from an unpublished manuscript on "Postwar Federal Tax Reform."]

图书在版编目(CIP)数据

自由竞争的经济政策/(美)亨利·西蒙斯著;武黄岗译.—北京:商务印书馆,2024
(汉译世界学术名著丛书:120年纪念版:珍藏本:增订本)
ISBN 978-7-100-23849-6

Ⅰ.①自… Ⅱ.①亨…②武… Ⅲ.①经济政策—文集 Ⅳ.①F110-53

中国国家版本馆 CIP 数据核字(2024)第 080209 号

汉译世界学术名著丛书
(120 年纪念版·珍藏本·增订本)
自由竞争的经济政策
〔美〕亨利·西蒙斯 著
武黄岗 译
禚明亮 校

商务印书馆出版
(北京王府井大街 36 号 邮政编码 100710)
商务印书馆发行
北京新华印刷有限公司印刷
ISBN 978-7-100-23849-6

2024 年 5 月第 1 版 开本 710×1000 1/16
2024 年 5 月北京第 1 次印刷 印张 19½
定价:106.00 元